COLLECTION CADOT
UN FRANC LE VOLUME
1 fr. 25 cent. pour les pays étrangers.

LOUIS NOIR

LE

COUPEUR DE TÊTES

DEUXIÈME SÉRIE

PARIS
DEGORCE-CADOT, ÉDITEUR,
37, RUE SERPENTE, 37.

LE COUPEUR DE TÊTES

OUVRAGE DU MÊME AUTEUR.

Jean Chacal . . . . 1 vol.

Sceaux. — Imprimerie E. Dépée.

LOUIS NOIR

LE
COUPEUR DE TÊTES

Deuxième série

PARIS
A. DEGORCE-CADOT, ÉDITEUR
37, RUE SERPENTE, 37

LE COUPEUR DE TÊTES

I

Les amours tragiques.

Raoul avait eu hâte de gagner le territoire français, il avait pressé la marquise de quitter l'asile.

Il voulait à ses amours la sécurité, sans laquelle on ne peut se laisser aller tout entier aux ivresses de la possession, aux extases des longs baisers.

Pour la première fois de sa vie, il se sentait gêné par les menaces de mort qui sont, sans cesse, suspendues sur la tête d'un coureur de bois.

Il avait donc emmené la jeune femme à travers la forêt et s'était dirigé vers la frontière de nos possessions algériennes.

Ils avaient voyagé comme deux amoureux voyagent, sans se rendre compte du temps passé en route.

Les souloughis en avant, éclairant la marche et donnant aux amants assez de confiance, pour oublier les dangers du trajet et échanger de folles caresses à chaque pas.

Le lion suivait à distance.

Le chemin avait paru court à la jeune femme, elle l'avait

fait presque toujours suspendue aux bras de son amant, les lèvres sur ses lèvres, son regard noyé dans le sien.

Souvent, sur quelque tapis de mousse, elle avait voulu s'asseoir à l'ombre des arbres touffus, oliviers géants ou gigantesques figuiers, comme il en croît dans l'Atlas.

Et là, oublieuse de la situation étrange où elle se trouvait, fermant les yeux au monde extérieur, elle s'isolait avec lui dans sa passion, se livrant à ces exaltations délirantes qui font de l'amour une folie furieuse; une folie dont les accès laissent le cœur brisé, l'intelligence anéantie, le corps pantelant.

Elle était bien telle qu'il l'avait voulue; elle se livrait sans réserve, tout entière.

Elle l'enlaçait frénétiquement, lui donnait avec fureur mille baisers brûlants; puis tendre, affectueuse, allanguie, elle avait, pour lui, les ineffables sourires de la reconnaissance féminine.

C'est ainsi qu'ils gagnèrent une grotte connue de Raoul et où celui-ci comptait passer la nuit.

Ils s'y installèrent.

Après avoir été sa maîtresse sous les ombrages de la route, elle voulut être sa femme.

Elle avait été belle et passionnée.

Elle se fit gentille et câline.

Elle prépara le repas, courant, allant, venant, fouillant dans son carnier, cueillant les feuilles aux arbres pour en faire des assiettes, puisant l'eau à la source voisine, étalant le biscuit sec, les viandes froides, les fruits frais; puis venant lui demander sa main, en riant et en disant:

— Monseigneur est servi!

Et ils dînèrent gaiement.

— Es-tu content? demandait-elle.

« Suis-je assez ton esclave?

— Trop! répondait-il.

« Tu te révolteras un jour.

— Méchant! tu m'as trop bien séduite, domptée, asservie; tu le sens bien! faisait-elle.

Et son front appelait ses lèvres.

Il paraissait soucieux.

— Qu'as-tu? lui demanda-t-elle.

— Rien ! fit-il.
— Ne mens pas.
« Ton front est attristé.
— Je crains d'être poursuivi.
— Pourquoi ? as-tu quelqu'indice ?
— Non ; mais, chère Marie, quand on possède un trésor inespéré on éprouve toujours quelque vague inquiétude. Qu'un Arabe nous ait vus passer et nous voilà compromis.
— Qu'arriverait-il ?
— Celui qui nous aurait aperçus, avec Sélim sur nos talons, serait allé au village raconter cette aventure extraordinaire et toute la contrée se mettrait à notre recherche.
— Après ? Nous sommes déguisés tous deux en indigènes ; on ne nous ferait aucun mal.
— Qui sait ?
— Allons ! poltron, faut-il te rappeler que je t'aime, surtout à cause de ta bravoure. Si tu trembles, je ne veux plus être ta femme.
— Folle, va !
— Pas tant que tu crois.
— Tu n'as pas conscience du danger.
— Au contraire, seulement tant que je serai avec toi, je me soucierai peu de la mort.
— Hélas ! chère Marie, il est des circonstances où tout mon courage, toute mon adresse ne sauraient te sauver.
— Qu'importe !
— Comment qu'importe ?
— Sans doute. N'avons-nous pas vécu assez ; n'avons-nous pas eu des heures délicieuses, qui nous permettront de mourir sans regrets ?
« Pour moi, je rendrais le dernier soupir dans tes bras, sans une plainte. L'amour ne permet pas d'apprécier la durée ; que nous mourions ce soir ou dans dix ans, la dernière heure venue, nous ne verrons pas derrière nous plus de bonheur que nous n'en avons maintenant.
— Si j'étais sûr de ce que tu dis là, je serais bien tranquille sur l'avenir !
— Peux-tu douter !
Et après cette exclamation, la jeune femme se leva, prenant une résolution subite :

— Pour te prouver que je ne crains rien, dit-elle, nous allons commettre des imprudences; nous irons chasser, tous les deux, sans précautions. Tant pis si nous rencontrons des Arabes; tant pis si nous sommes surpris.

— Mais...

— Tais-toi. Il ne fallait pas douter.

Il sourit et prit son fusil.

Dédaigneux des dangers, ils coururent la plaine, faisant le coup de feu.

Elle s'amusait à charger les armes; elle voulut tirer elle-même; elle reçut sa première leçon de chasseresse et montra une verve et un entrain qui étonnèrent Raoul.

— Antonia n'aurait pas fait mieux que moi, n'est-ce pas?

— Pardieu non! répondait-il.

Et il était ravi.

Ils firent une chasse magnifique.

Les lévriers battaient la broussaille et faisaient lever le gibier; Sélim, grave comme il convient à un lion, se tenait tranquillement derrière les chasseurs; il attendait un geste de Raoul pour bondir sur un sanglier fuyant.

La jeune femme se grisait à ce jeu.

La poésie de la chasse se révélait à elle peu à peu et la fascinait; la nuit vint mettre un terme à cette partie de plaisir.

Elle avait remarqué qu'il écorchait les gazelles et les sangliers tués.

— Pourquoi? lui demanda-t-elle.

— Et notre lit? répondit-il.

« Ne faut-il pas que tu sois moelleusement couchée; je veux te faire une couche royale. »

Ils se souriaient à ce mot.

En entrant à la grotte, elle eut une fantaisie :

— Cher, dit-elle, il a fait une étouffante chaleur; le ruisseau qui coule près d'ici est délicieusement ombragé; prenons un bain.

Ils quittèrent leurs vêtements.

Deux statues antiques, descendues de leur socle et marchant, n'auraient eu ni plus de grâce, ni plus de majesté; c'était un couple divin.

Quand il la vit resplendissante, aux derniers rayons du soleil couchant, il eut des éblouissements; il voulut effleurer d'un baiser ses épaules nues; mais, capricieuse, elle s'enfuit.

Il courut...

Elle s'était plongée dans la source.

L'eau retombait autour d'elle en cascades rutilantes; on eût dit une pluie de perles sur un marbre de Paros.

Il demeura immobile, la contemplant ravi, n'osant plus faire un pas.

Elle, lutine, le provoqua en lui lançant quelques gouttes d'eau au visage.

Il sauta dans la fontaine et ils se jouèrent tous deux, comme des enfants; lui, la plongeant dans le flot pur; elle, cherchant à l'attirer à chaque chute; et leurs rires, résonnant sous la feuillée, se mêlaient aux chants des ramiers et aux refrains du rossignol, préludant à sa chanson nocturne.

Mais au feu, l'on se brûle.

On ne lutine pas longtemps de jolie femme à beau garçon.

Il l'emporta tout à coup brusquement dans ses bras au fond de la grotte, vrai nid d'amour, tapissé de lierre et de vignes sauvages, plein d'ombre et de fraîcheur.

Longtemps, bien longtemps, ils y restèrent cachés.

Et pendant qu'ils oubliaient tout, un orage s'amoncelait sur leur tête.

Les Marocains les entouraient, préparant à cette veille d'amour un lendemain terrible.

Vers dix heures, ils vinrent s'asseoir à l'entrée de la grotte.

Le ciel brillait d'un vif éclat.

La solitude était silencieuse.

De loin en loin, quelques chacals glapissant au milieu des ténèbres, flairant le lion, n'osant point approcher de la grotte.

Sélim dormait couché.

Les lévriers veillaient.

Raoul remarqua qu'ils donnaient des signes d'inquiétude; il s'en préoccupa.

Les interrogeant à la façon des chasseurs, il s'assura qu'ils éventaient l'ennemi.

Il pâlit.

— Qu'as-tu? demanda la marquise.

— On nous a poursuivis! répondit-il.

Et la conduisant vivement dans la grotte :

— Il faut, lui dit-il, rester ici sous la protection de Sélim; je vais aller en reconnaissance.

A sa grande surprise, elle ne s'effraya point et répondit tranquillement :

— Bien, mon ami.

— Tu es donc, décidément, devenue brave, ma chère Marie? s'écria-t-il.

— Mon Dieu oui.

Et elle ajouta :

— Laisse-moi un pistolet.

Il détacha un poignard de sa ceinture et le lui donna en lui disant :

— Je t'ai compris, ceci vaut mieux.

Il écarta les vêtements de la jeune femme, lui montra la place où battait son cœur, et lui dit :

— Si je ne revenais pas et, plus tard, si j'étais blessé gravement, tu te frapperais là d'une main ferme; tu mourrais sans douleur.

— Merci! fit-elle.

Ils échangèrent une étreinte et il partit, laissant à la grotte et le lion et les chiens.

Une heure après, il revenait.

— Eh bien? demanda-t-elle.

— Ce sont les gens du douar que j'ai incendié, répondit-il; ils sont nombreux.

— Combien?

— De trois à quatre cents.

— Tu ne pourras jamais les tuer tous.

— C'est probable.

— Alors, nous sommes perdus?

— Je le crains, ma chère Marie.

— Ne peut-on fuir?

— Impossible.

« Je viens de visiter tous les passages; il n'y en a que dix ou douze, et tous sont gardés.

— Si on essayait de forcer un point, je t'aiderais, et tu peux être sûr de moi.

— Le passage franchi, les cavaliers nous atteindraient toujours facilement.

— Que faire?

— Attendre, et se battre quand ils commenceront l'attaque; nous en tuerons toujours assez pour nous faire un trépas héroïque.

Elle l'embrassa avec tendresse.

— Va, dit-elle, ne regrette rien; je n'aurais jamais aimé sans toi; nos amours auront été courts; mais quelles âmes d'élite ne nous envieraient pas!

Puis questionnant :

— Quand viendront-ils?

— Dans trois ou quatre heures, au soleil levant; ils ne risqueront rien la nuit.

— Les chiens suffisent-ils à notre garde?

— Oui, certes.

— Alors, viens.

Et elle l'entraîna.

— Nous avons encore de belles heures à passer ensemble, lui dit-elle en jetant ses bras à son cou.....

Et elle fut sublime de séductions prestigieuses; ils s'abimèrent tous deux dans un océan de voluptés sans fin.....

II

Un combat homérique.

Le jour vint.
Dès que les premiers rayons du soleil eurent empourpré la cime des montagnes, les Arabes se levèrent en masse et marchèrent sur la grotte.
Ils poussèrent des cris sauvages, provoquant leur adversaire et l'injuriant.
Ainsi font tous les peuples barbares.
Raoul se présenta sur le seuil de la grotte, le fusil en main; sa fière mine en imposa aux assaillants, qui s'arrêtèrent pour le regarder, et dont pas un n'eut d'abord l'idée de tirer, tant était grand le prestige du Coupeur de têtes.
Ils étaient à deux cents mètres environ et formaient un vaste demi-cercle.
En les voyant immobiles, et tout à coup devenus muets, la marquise, qui s'était glissée derrière Raoul, lui dit d'un air surpris :
— On croirait qu'ils ont peur !
— Ils tremblent, en effet, reprit Raoul; ils savent bien que la victoire leur coûtera cher, et que plus d'un mordra la poussière.

Pas un ne faisait un pas en avant.

C'est que le renom du Coupeur de têtes était capable d'intimider les plus braves.

Tant de fois il avait soutenu des combats disproportionnés où il avait vaincu, tant de fois il avait exterminé des ennemis nombreux, braves et bien armés, que cette troupe de cavaliers et de piétons redoutait cet homme seul.

Puis, peu d'Arabes l'avaient vu.

Et tous étaient curieux d'examiner cette belle et grande figure.

Il avait à ses pieds les grands chiens fauves d'Antonio, couple superbe.

A ses côtés Selim.

Sa main, calme, était posée sur la tête du noble animal.

Derrière lui, la marquise, un peu effrayée, se tenait demi-cachée.

C'était là un groupe admirable.

Raoul avait aux lèvres un sardonique sourire; il méprisait ses ennemis.

— Bande de chacals! cria-t-il, quand vous aurez bien rôdé autour des lions, vous vous déciderez peut-être à les attaquer!

Et de toute sa voix :

— Je suis le Coupeur de têtes! J'ai brûlé votre douar, et mes compagnons ont eu vos femmes pour esclaves. Quand vous aurez fini de frémir, je vous attends, poltrons!

Et, brusquement, il ajusta un homme, tira et tua celui qu'il avait visé.

Une clameur furieuse retentit.

La marquise eut un premier mouvement d'effroi bien vite comprimé.

Raoul se retourna vers elle, la vit ferme à son poste et sourit.

— Très-bien, dit-il.

Il lui donna un baiser.

Cependant les cavaliers accouraient furieux et bride abattue.

Raoul les laissa arriver à portée de pistolet sans faire un geste.

Ses deux chiens s'étaient dressés, Sélim s'était rasé prêt à bondir.

Le jeune homme connaissait les habitudes des Arabes; il avait dit à Marie de se jeter à terre quand il le lui commanderait.

Presque sur le point d'atteindre leurs adversaires, les cavaliers déchargèrent sur eux leurs fusils tous ensemble.

Mais au moment où les canons des armes s'abaissaient, Raoul avait lancé Sélim et ses lévriers sur le groupe de guerriers.

En même temps il s'était baissé, et sa compagne l'avait imité.

Toutes les balles s'égarèrent.

Les Arabes sont de mauvais tireurs, surtout quand ils sont à cheval.

Sélim avait bondi.

Il retomba au milieu des chevaux.

Le choc du lion est terrible.

En un instant, une vingtaine de cavaliers furent renversés, et il y eut une scène de désordre indescriptible dans le *goum*.

Les chevaux épouvantés se cabraient, désarçonnant les guerriers; les lévriers, légers et féroces, sautant à la gorge des Arabes, les étranglaient sous leurs dents aiguës.

Sélim était splendide dans cette mêlée; sous sa griffe, les poitrines s'ouvraient béantes; sa gueule broyait bras et jambes; la poussière ensanglantée, l'écume rougie, volaient autour de lui, et les coups de pistolets des Arabes, couvrant ce tableau d'une fumée transparente, ajoutaient encore à sa poésie étrange et pittoresque.

Les chevaux hennissaient, les blessés hurlaient de douleur, les chiens poussaient des rauquements sourds, le lion rugissait, la poudre détonnait, et, du haut de la grotte, la marquise assistait à une des luttes les plus émouvantes qu'un œil humain puisse contempler.

Raoul, aussi indifférent que si rien ne se fût passé, tirait sur l'ennemi.

Il prenait des mains de la marquise l'un de ses deux fusils, — car elle chargeait ses armes, — et il abattait un homme à chaque balle qu'il envoyait dans la mêlée.

Une dizaine de cavaliers, laissant le gros du goum aux

prises avec le lion, se lancèrent de son côté, conduits par le renégat espagnol.

Raoul mit un large couteau à sa ceinture, et se précipita à la rencontre de l'ennemi ; la marquise avait à peine eu le temps de jeter un cri qu'il était au milieu d'eux, et que deux hommes étaient désarçonnés.

Raoul avait sifflé ses chiens.

Ceux-ci, lâchant leur proie, accoururent lui prêter leurs formidables crocs.

C'était chose curieuse de voir les cavaliers saisis à la jambe par la main vigoureuse du chasseur, renversés et poignardés en quelques secondes ; au milieu d'eux, Raoul tourbillonnait avec une foudroyante rapidité.

Le renégat, courant à Marie, venait droit à elle.

La jeune femme se jeta dans la grotte, il mit pied à terre et l'y suivit.

Elle avait en main un fusil, quand l'Espagnol entra, elle lui brisa la poitrine d'une balle presque à bout portant ; elle ne se serait pas crue capable d'un acte de fermeté comme celui-là une minute avant.

Mourir, elle s'y résignait.

Mais tuer quelqu'un !

Elle éprouva une joie bizarre en voyant tomber son adversaire, et se précipita dehors en brandissant son fusil.

Elle était en proie à l'exaltation fébrile du combat ; elle était capable de tout oser.

Raoul avait étendu sur le sol quatre de ses adversaires, qui se débattaient agonisants.

Le reste avait fui.

Sélim avait causé de tels ravages dans le goum, que les cavaliers s'étaient dispersés çà et là ; il y avait comme une trêve causée par la fatigue et l'étonnement ; des deux parts on haletait.

Raoul appela son lion.

En arrivant à la grotte, le jeune homme vit le cadavre du renégat.

— Tu l'as tué ? demanda-t-il.

— Oui ! dit-elle.

Il fut fier de sa maîtresse.

La saisissant dans ses bras, il l'éleva jusqu'à lui et l'embrassa joyeusement.

— Si tu meurs, dit-il, tu mourras digne de moi, ma chère Marie.

« Mais il n'est pas certain que ces chiens d'Arabes seront vainqueurs. »

Il montra le champ de bataille.

Le sang y coulait à flots, et il était jonché de cadavres et de mourants.

Parmi ces derniers, quelques-uns se relevaient pour fuir, tenant de leurs mains crispées leurs poitrines mises à nu par les griffes de Sélim.

Le brave lion tendait vers Raoul son gros mufle rougi; il semblait dire :

— Est-ce bien ?

La jeune femme, prise d'enthousiasme, saisit la grosse tête de Sélim dans ses bras et, sans dégoût, baisa ses narines fumantes.

Les chiens, dressés sur leurs pattes, lui demandèrent la même caresse; elle la leur donna.

— C'est bon, dit-elle, d'être brave, d'avoir à côté de soi un homme courageux et des bêtes qui ne redoutent rien; on se sent joyeux et on meurt crânement.

— Chère Marie! fit Raoul; tu me combles de joie en parlant ainsi.

Elle songeait à son passé en souriant.

— As-tu dû me trouver poltronne ! dit-elle; hier encore j'étais lâche !

— Tu as bien changé.

En ce moment, les Arabes se concentraient pour une nouvelle attaque.

Les gens à pied succédaient aux cavaliers, et s'apprêtaient à renouveler le combat.

— Bon! ceux-là vont nous fusiller, dit Raoul; mais on ne les craint guère.

« Rentrez tous! »

Marie, obéissante, se retira dans la grotte et les chiens aussi.

Sélim avait des velléités de résister.

— Toi aussi, rentre ! dit Raoul en le poussant vigoureusement.

Le lion ne céda qu'à regret.

Raoul avait son idée.

Il se trouvait, à gauche de l'entrée de la grotte, un gros rocher appuyé sur quelques pierres formant des jours sous sa base.

Le chasseur courut à un Arabe mort, prit à celui-ci sa poire à poudre, puis à un autre, et ramassa le plus de munitions possible; il revint précipitamment sur ses pas; fit du fond de la grotte au rocher une traînée; plaça sous le rocher même deux cartouchières pleines et rentra.

Sur la traînée, il déchargea un pistolet, et un rideau de feu monta, alluma la mine improvisée et détermina l'explosion.

Le rocher, soulevé, chancela, roula et vint fermer l'entrée du souterrain, laissant toutefois, par un heureux hasard, un passage assez large pour que Sélim lui-même pût sortir.

Les Arabes comprirent quelle force cette pierre énorme donnait aux assiégés.

Ils poussèrent une vaine et furieuse clameur, à laquelle Raoul répondit par un défi fièrement jeté.

La situation s'améliorait.

Raoul avait repris quelque espoir; mais sur son mâle visage cette lueur de salut n'amena aucune joie.

Pour lui, âme de bronze, peu importait ou la vie ou la mort.

Il s'était tranquillement arrangé un siége avec des débris de pierres, et il s'était placé commodément sur cette banquette improvisée, sa tête dépassant à peine le sommet de la barrière de granit qu'il avait placée entre lui et les assaillants.

Ceux-ci tenaient conseil.

Raoul les laissait discuter sans tirer, quoiqu'ils fussent à portée de fusil.

— Vois donc, dit-il à la jeune femme ; et souriant : Vois donc ces malheureux Marocains tenus en échec par mon rocher et ne sachant plus que faire; ils sont capables de transformer le siége en blocus et d'essayer de nous prendre par la famine.

— Et s'ils en venaient là ? fit la marquise.

— D'abord, il serait trop honteux pour eux de ne pas faire encore quelques tentatives, puis, s'ils nous jouaient ce mauvais tour de nous en réduire à mourir de faim, je les forcerais bien à nous donner une autre fin.

« Je te tuerais d'abord, ma chère Marie; puis je me ruerais sur eux.

« Mais les voilà !

« Attention ! »

Les Arabes s'avançaient en effet, rampant vers la grotte pour éviter les balles.

Raoul avait ramassé, non-seulement les munitions, mais aussi les armes des morts; si bien qu'il disposait d'une douzaine de fusils et d'une trentaine de pistolets.

Ces derniers étaient sous sa main, posés bien à portée, tout armés.

Quant aux fusils, la marquise devait les lui passer un à un.

Raoul laissa les Arabes arriver à cinquante pas, et commença le feu.

Il visait sans hâte, tirait sûrement; sur une douzaine de coups, il n'en manqua pas un; derrière les broussailles, on voyait s'agiter les blessés qu'il avait touchés.

Les assaillants, se voyant mal abrités par les plis de terrain, résolurent de se jeter en masse sur la grotte.

— En avant ! cria le cheik.

Et, tous ensemble, ils se levèrent, coururent résolûment et franchirent rapidement la distance qui les séparait de Raoul.

Les Marocains avaient compris que, plus ils seraient audacieux, mieux ils réussiraient; ils étaient animés d'une rage indicible et hurlaient avec fureur.

Ils étaient ivres de colère, avides de sang, exaspérés; ils arrivaient tête baissée sur l'obstacle.

Raoul, pistolets aux poings, les attendait.

Il tira à dix pas sur les deux hommes les plus rapprochés.

Ils tombèrent.

Il ressaisit deux autres pistolets, tira encore, et fit deux nouveaux cadavres.

Il continua, avec une foudroyante rapidité et une sûreté de regard incroyable, à décharger ses armes, amoncelant les corps devant lui, arrêtant l'élan des Arabes.

La marquise eut en ce moment décisif un mouvement superbe.

Elle vint se ranger auprès de son amant, s'arma, elle aussi, de pistolets et tira sur l'ennemi avec une crânerie héroïque.

— Bravo! lui cria Raoul, bravo! Les lâches! Les voilà qui s'arrêtent.

En effet, les plus braves étant tombés, les Arabes hésitaient devant le feu infernal qui les décimait si rapidement.

— Assez, dit Raoul, alors, assez.

Et se tournant vers son lion, qui se battait les flancs de sa queue avec impatience, vers ses chiens, dont les yeux flamboyaient dans l'ombre, il leur cria :

— Allez, vous autres!

Sélim et les lévriers sautèrent par-dessus le roc, et tombèrent comme la foudre au milieu des groupes, qu'ils écrasèrent et déchirèrent avec une fauve ardeur.

En moins de rien, tout s'enfuit.

En vain les Arabes essayaient de se défendre, de tirer sur ces grands chiens féroces, sur ce lion terrible; ils se tuaient entre eux sans atteindre leurs adversaires, souples, agiles, sans cesse en mouvement, impossibles à viser.

Cette singulière meute fit un carnage horrible, et, devant elle, les hommes semblaient un piètre gibier.

Toutefois, le gros des Arabes s'étant rallié et formé en une troupe compacte, Raoul jugea que plusieurs centaines de balles allaient foudroyer à la fois son lion qui courait bravement de ce côté; le chasseur sortit de la grotte et, dominant le tumulte de sa voix puissante, il rappela Selim, qui d'abord s'arrêta, puis revint docilement sur ses pas avec les lévriers.

Raoul profita de cette sortie pour faire encore une ample provision de poudre et d'armes, ramassées sur le sol ensanglanté.

Il fut surpris du rayonnement joyeux dont la figure de la marquise resplendissait; elle était transformée.

— Aurais-tu donc trouvé le moyen de nous sauver? demanda-t-il.

— Non! dit-elle.

« Pourquoi cette question? »

— Tu parais ravie.

— Je suis grisée par le combat! fit-elle; si bien grisée, que je ne songeais plus à l'issue de cette lutte; je comprends maintenant l'attraction du péril, et je suis prise d'une envie démesurée d'aller me jeter avec toi, notre brave lion et nos chiens, sur tous ces Bedouins-là.

Puis très-cavalièrement :

— Décidément, j'étais née pour être ta compagne, courir les bois, me battre, et je sens en moi l'étoffe d'une femme de guerre très-distinguée. J'en suis venue à ne pas plus faire cas de nos ennemis que de la semelle de ma bottine. Voilà!

— Tu es charmante dans ce rôle-là! fit Raoul; tu avais une vocation décidée pour le métier de chasseresse; dans l'antiquité, les poëtes t'eussent comparée à Diane; tu aurais fait, du reste, une bien jolie déesse.

« Ah! voici du nouveau! »

Il y avait, en effet, grande agitation parmi les Arabes; ils se mettaient en mouvement.

— Tiens, les idiots, s'écria la marquise, voilà qu'ils battent en retraite.

« Ah! mon ami, quel triomphe; nous avons battu l'ennemi; il s'en va.

— Pas encore! fit Raoul; l'assaut est fini; ils ne s'y frotteront plus; le blocus va commencer, comme je l'avais prévu.

— Qu'ils commencent le blocus! fit la jeune femme avec exaltation.

« Nous n'en avons pas moins mis une véritable armée en déroute. »

Et promenant son regard sur le théâtre de la lutte, elle reprit orgueilleusement :

— Il y a une centaine d'hommes tués ou blessés! Une hécatombe.

— Et ce n'est pas fini! dit Raoul. Nous avons des vivres, du bois à deux pas, de l'eau!

— Où est l'eau?

— Sous le sable de la grotte même; nous en trouverons en creusant un peu.

— Et les vivres?

— Ces deux chevaux qui sont tombés devant la roche, et que nous cuirons.

— Mais Sélim dévorera vite ces chevaux.

— Non point. Il se contentera, lui et mes lévriers, de dévorer les hommes morts.

— C'est atroce cela!

— Allons donc! Encore des niaiseries!

Elle hésita, puis avec indifférence :

— Au fait, pourquoi pas! dit-elle.

— Tu deviens magnifique, s'écria Raoul; encore quelques affaires comme celle-ci, et ton éducation sera complète.

La jeune femme songea un peu.

— Que vont-ils faire maintenant? demanda-t-elle. Je suppose qu'ils nous tendront une embuscade.

— Probablement; mais on éventera leurs ruses; j'ai de bons chiens.

Et Raoul installa un de ses lévriers sur sa banquette, derrière la roche, lui recommandant de veiller et en faisant sa sentinelle.

Puis il se mit, aidé de la marquise, à creuser le sable pour trouver de l'eau.

— C'est un heureux hasard que nous ayons une fontaine cachée là, dit la marquise.

— Rien de plus simple que ce prétendu hasard; nous autres chasseurs, nous choisissons d'étape en étape des asiles comme celui-ci; et nous tâchons qu'ils soient munis de tout.

« A travers les rocs, l'eau suinte, tombe dans le sable et y séjourne.

« Il en est ainsi dans presque toutes les grottes; voici le puits fait. »

— Tant mieux, j'avais soif.

— Attends que l'eau soit claire.

« Voilà mon chien qui s'inquiète. »

Raoul se dirigea vers l'entrée, vit son chien agité, l'oreille tendue, les yeux pointés vers le terrain situé au-dessus du repaire.

— Oh! se dit-il, ils essayent de venir par là; nous pouvons être tranquilles, c'est trop escarpé pour qu'ils descendent vers nous.

Il revint au puits.

— Qu'était-ce? demanda la marquise.

— Rien! Nos Marocains sont sur nos têtes; ils tâchent de

se glisser jusqu'à nous; mais c'est tout à fait impossible; je connais la position.

— Alors, on peut se désaltérer paisiblement?

— En toute sécurité.

La jeune femme puisa l'eau dans le creux de sa main et but avec délices.

Le lévrier donna de la voix.

— Bon! Laisse-les, mon vieux Saïd; laisse-les; ils ne peuvent rien, va.

Mais le second se mit de la partie.

— Que se passe-t-il donc? se demanda le chasseur. Est-ce qu'ils auraient l'audace d'attacher des hommes avec des cordes et de les descendre ainsi?

Il sortit avec précaution de la grotte, regarda en l'air et pâlit un peu.

Les Arabes avaient préparé un engin de guerre sur lequel il ne comptait pas.

— Les bandits! murmura-t-il; ils ont préparé des bombes; nous allons être déchirés par morceaux.

Les Arabes avaient, en effet, fabriqué des projectiles creux de la façon suivante :

Prenant des poires à poudre, ils les avaient emplies de balles et de poudre, y avaient adapté des mèches faites avec des haïques déchirés; ils se préparaient à les lancer dans la grotte, du haut des rochers, quand Raoul les aperçut.

Il rentra précipitamment.

— Vite à terre! cria-t-il à sa compagne.

A peine avait-il prononcé ces mots, qu'une poire à poudre roulait dans le souterrain et y traçait des sillons de feu...

III

D'un beau trépas.

Raoul, voyant fumer la mèche du projectile, se précipita vers lui, le saisit et le lança dehors.

Il éclata devant la grotte avec fracas; mais ne produisit aucun effet.

Il attendit, debout, que les Arabes lançassent encore une poire à poudre.

Ils tardèrent.

Devinant que leur idée n'aboutirait à rien, ils raccourcissaient les mèches pour tâcher que la détonation eût lieu dès que leurs bombes d'un nouveau genre auraient touché terre.

La marquise vint se placer à côté de Raoul, voulant partager ses dangers.

— Nous allons jouer une bizarre partie de volant avec nos ennemis, dit-elle en souriant un peu amèrement; nous n'avons que nos mains pour raquettes; il nous faudra de l'adresse.

— Bah! fit Raoul, on en aura.

Puis, entendant du bruit:

— Voilà qu'on nous renvoie le volant, chère amie, dit-il; range-toi un peu, que j'aie mes coudées franches.

Mais au lieu d'une poire à poudre, il en tomba cinq à la fois.

Éclairés par le sentiment de ruse inné chez eux, les Arabes avaient trouvé un bon moyen d'empêcher Raoul de jeter les projectiles dehors; il fallait, en effet, à celui-ci quelques instants pour se débarrasser de plusieurs bombes à la fois.

Il se multiplia; mais il n'aurait pas réussi à se débarrasser des poires à poudre si la jeune femme ne l'eût bravement aidé.

Elle lança deux bombes dehors; la dernière lui éclata presque dans la main; elle ne fut pas blessée; seulement elle eut les cils brûlés et reçut une commotion qui la fit chanceler.

Raoul la reçut dans ses bras.

— Ce n'est rien, fit-elle se remettant aussitôt; plus de peur que de mal.

Elle lui donna un baiser.

— Nous nous en tirerons, n'est-ce pas? demanda-t-elle.

— Peut-être, répondit le chasseur. Je crains qu'ils n'envoient tant de projectiles à la fois, que nous ne puissions nous en préserver.

— Si nous leur envoyions Sélim?

Raoul regarda son lion avec intérêt; on eût dit que celui-ci comprenait.

Sélim avait suivi la dernière phase de cette lutte avec un calme parfait; couché au fond de la tente, sa grosse tête sur ses grosses pattes, il tenait ses gros yeux demi-clos.

On l'eût cru endormi.

Mais point.

Quand le regard de Raoul pesa sur lui, il devina qu'on allait avoir besoin de lui et se leva brusquement.

— Viens! lui ordonna le chasseur.

Il fit quelques larges enjambées et se planta devant son maître, cherchant à lire dans ses yeux ses intentions à son égard.

— Il est évident, dit Raoul à Marie, que si les Arabes persistent à nous bombarder en augmentant le nombre de leurs projectiles, il est évident, n'est-ce pas, que nous et nos braves défenseurs serons hachés en morceaux.

— C'est vrai, fit la jeune femme.

Puis, avec espoir :

— On dirait pourtant qu'ils renoncent à la partie ; on n'entend plus rien.

— Parce qu'il va pleuvoir des poires à poudre ; plus ils tarderont plus il y en aura.

— Tu dois avoir raison.

— Aussi, mourir pour mourir, vaut-il mieux lancer Sélim ; du moins, en éventrera-t-il encore quelques-uns, se vengeant et nous vengeant.

Et s'adressant au lion qui semblait écouter de toutes ses oreilles :

— Sélim, lui dit-il, tu vas sortir tout doucement, tu ramperas sans bruit vers les Arabes, et tu te jetteras sur eux dès qu'ils te verront.

La jeune femme écoutait surprise :

— Penses-tu donc qu'il te comprend ? demanda-t-elle tout étonnée.

— Je n'oserais dire oui, répondit le chasseur ; je ne voudrais pas dire non.

« A coup sûr, il fera ce que je lui ai commandé ; nous n'en sommes pas tous deux à notre première conversation ensemble, et toujours il a paru saisir très-clairement mes ordres.

« Est-ce instinct ?

« Je l'ignore.

« Est-ce intelligence ?

« Je le crois presque.

Puis au lion :

— Allons, va !

— Attends, Sélim, attends, dit la marquise émue, car elle prévoyait que bien des balles allaient trouer le magnifique pelage de son lion.

Sélim s'arrêta à sa voix.

Elle lui jeta ses bras autour de son énorme col et l'embrassa tendrement.

De grosses larmes perlaient sur ses joues.

— Vous avez raison, Marie, dit gravement Raoul, de traiter Sélim en ami et de lui faire ce dernier adieu ; il ne reviendra que mourant, s'il revient ; ce n'est pas une bête fauve qui va mourir pour nous aveuglément ; c'est un ami dévoué et intelligent qui nous sacrifie sa vie.

Et, à son tour, il embrassa son lion.

Celui-ci eut alors un mouvement étrange; il se leva subitement et étreignit son maître qu'il faillit étouffer; si incroyable que paraisse cet élan dans un animal, il ne faut pas nous soupçonner de l'avoir inventé ; ceux qui douteraient de notre véracité n'auraient qu'à lire le livre de Jules Gérard, le regrettable héros de la chasse au lion.

Les lévriers s'étaient levés, eux aussi, pressentant quelque chose d'extraordinaire; ils étaient venus demander leur part de caresses.

— Allez, vous aussi, leur dit Raoul; allez, mes braves bêtes, et tuez-en le plus possible.

Le chasseur et sa compagne étaient profondément attendris; Raoul craignit de se laisser toucher plus qu'il ne l'eût voulu.

— Adrops! ordonna-t-il.

Et lions et chiens se glissèrent dehors.

Mais au détour du rocher, Sélim eut encore un long regard pour ses maîtres.

— Pauvre lion! murmura la jeune femme.

Raoul ne dit rien, il avait les dents serrées convulsivement.

Il écoutait.

Quelques instants à peine s'étaient écoulés, que le bruit d'une lutte épouvantable parvint aux oreilles des fugitifs; la marquise voulut sortir et voir...

Raoul l'arrêta.

— Reste! dit-il.

« Je suis sûr que quelques Arabes nous guettent, l'arme prête et épaulée; ils comptent sur notre curiosité; nous serions tués sûrement.

On avait d'abord entendu le bruit d'une décharge presque générale, ce qui fit supposer à Raoul que le lion avait été découvert avant d'être arrivé sur l'ennemi; il avait dû recevoir plusieurs blessures.

Néanmoins, il se battait avec acharnement, car des clameurs furieuses retentissaient.

Toutefois, le combat fut court.

La mêlée parut se terminer par la retraite de Sélim, dont la masse pesante redescendait les pentes revenant à la grotte.

Les Arabes tiraient à outrance sur lui.

Il parut...

Il avait au moins vingt blessures.

Il n'avait plus que le souffle, et il chancela en entrant au repaire; à peine eut-il fait trois pas qu'il s'abattit comme une masse...

Il était mort.

— Pauvre Sélim, il a voulu revenir mourir ici, dit Raoul; les chiens sont restés là-haut, tués à la première décharge.

« Je n'ai pas entendu leurs aboiements.

— Voici les bombes! cria tout à coup la marquise; écoute, mon ami.

— Qu'ils nous criblent! fit Raoul; nous ne les craignons plus, maintenant.

— Pourquoi?

— Voilà un rempart!

Le chasseur montra le lion.

En effet, en se couchant derrière son cadavre on était abrité.

En somme, la faible enveloppe des poires à poudre ne fournissant que des projectiles insignifiants, les balles seules étaient à craindre; mais elles ne pouvaient traverser le corps d'un lion.

Les Arabes envoyèrent une trentaine de bombes à la fois; Raoul, sûr, ou à peu près, d'être abrité, se coucha à plat ventre avec la marquise derrière le lion mort, et les détonations se succédèrent irrégulièrement sans blesser personne.

Quelques balles seulement frappèrent le cadavre avec un bruit mat qui fit frissonner la marquise malgré elle.

La grotte s'emplit d'une épaisse fumée; les explosions faisaient un épouvantable fracas; pourtant, dans les intervalles, Raoul crut entendre au loin un coup de canon.

— C'est étrange, murmura-t-il.

— Qu'y a-t-il? fit la jeune femme.

— On dirait un coup de canon, répondit le chasseur; est-ce l'effet de l'écho?

La dernière bombe avait éclaté.

Un coup de canon retentit très-distinctement encore; mais, de plus, un obus envoyé par la pièce qui tirait vint tomber au-dessus de la grotte parmi les Arabes qui hurlèrent de fureur.

Puis, la terre trembla sous le galop d'une charge de cavalerie.

Raoul se précipita dehors.

La marquise le suivit.

Ils virent tous deux trois escadrons de cavalerie française fondre comme une avalanche sur les Marocains, qui furent sabrés en un instant.

C'était la délivrance.

La marquise poussa un grand cri et tomba évanouie dans les bras de son amant.

Toute son énergie, si grande dans la lutte, était tombée avec cette joie inattendue.

IV

Le roi du désert.

Le colonel, commandant le bureau arabe du cercle de Nemours, la ville française la plus rapprochée, était à la tête des troupes.

— Nous arrivons à temps, mon cher Raoul, dit-il au chasseur.

« Nous avons fait diligence, je vous assure, et nos chevaux ont volé plus qu'ils n'ont couru.

« Ah ! voilà ce joli garçon qui ouvre les yeux ; tudieu ! le beau jeune homme !

— Vous vous trompez, mon cher colonel, dit Raoul ; ce burnous indigène cache une dame qui, si je ne me trompe, vous est assez proche parente.

— Et qui se nomme...

— Anne-Marie de Nunez, cher cousin, fit la marquise qui s'était remise.

Le colonel, stupéfait, mit pied à terre, baisa galamment la main de la jeune femme et s'écria :

— Comment, cousine, vous retrouvai-je ici, au Maroc, sous la protection de mon ami Raoul ?

— A la suite d'un naufrage où mon mari a péri et où le

comte de Lavery m'a sauvée; nous avons eu les plus étranges aventures, mon cousin.

Le colonel sourit en hochant la tête.

Il examinait le champ de bataille.

Les cavaliers avaient surpris les Arabes massés d'instinct pour résister, au sommet de la grotte; ils les avaient exterminés là.

Aussi pouvait-on distinguer facilement les morts qu'avaient faits les balles de Raoul et de sa meute; il y en avait bien une centaine.

Les chasseurs d'Afrique et les spahis comptaient les cadavres et s'émerveillaient d'en trouver une hécatombe.

— Vous avez fait une merveilleuse défense, mon cher comte, dit le colonel.

— Madame m'y a aidé, fit le chasseur.

La marquise, sans fausse modestie, dit ingénument :

— Mon Dieu! c'est vrai. Je me suis bien battue et je crois avoir été très-brave.

— Vous avez fait le coup de feu? demanda le colonel avec surprise.

— Oui, mon cousin, oui. J'ai même tué de ma main ce grand diable que vous voyez là tout près de la grotte avec la poitrine trouée.

Elle était toute fière de son exploit.

— Bravo, marquise, bravo, s'écria le colonel; mais je ne me serais jamais attendu à cela d'une jeune et jolie Parisienne comme vous.

Les officiers qui connaissaient Raoul vinrent le complimenter et lui serrer la main.

— Holà! vous autres, criait le colonel à ses soldats; que l'on dresse les tentes.

Et il appela un adjudant :

— Vite un gourbi pour moi et mes hôtes, et qu'on nous improvise un déjeuner.

— Dans vingt minutes ce sera prêt, mon colonel, dit le sous-officier.

Il revint vers ses hôtes.

— Expliquez-moi donc, colonel, demanda le chasseur, comment vous êtes venu si à propos; seriez-vous en expédition, par hasard?

— Ma foi, non.

« Mais j'entretiens dans ce pays des espions, dont l'un a vu une bande d'Arabes cernant à la nuit des coureurs de bois.

« Il avait entendu leur conversation.

« Il n'y avait que sept lieues de la grotte à un camp d'observation que j'ai établi sur la frontière; mon chouaf a volé un cheval, et il est venu me prévenir bride abattue.

« J'ai fait sonner à cheval, annoncé à mes lascars (soldats) qu'il s'agissait de vous, et on a dévoré l'espace.

— Mon cher colonel, voilà un service que je n'oublierai de ma vie.

— Ni moi non plus, fit la marquise.

— Mes hommes et moi, n'avons fait que notre devoir, dit le colonel; nous y avons mis plus de zèle que s'il se fût agi du premier venu.

« Mais on nous a préparé un gourbi; permettez-moi de vous y offrir un déjeuner.

Il donna galamment le bras à la marquise et la conduisit sous le toit de feuilles que les soldats venaient d'élever.

Le colonel et ses deux invités s'installèrent; dans la hâte du départ on n'avait emporté que quelques provisions et par bonheur l'ordonnance du colonel n'avait pas oublié plusieurs gourdes de vin.

Les rôdeurs avaient découvert des orangers dans un ravin; ils en firent une délicieuse limonade, qu'ils envoyèrent à leur chef.

Les feux avaient flambé comme par enchantement; les soldats préparaient partout leur cuisine; celle du colonel avait été installée l'une des premières; si bien qu'au bout de peu d'instants le plat de résistance fut prêt.

On le servit.

De magnifiques biftecks !

D'où venaient-ils ?

Des chevaux tués dans le combat.

La marquise ne songea pas à s'informer de leur provenance, elle but et mangea en femme qui meurt de faim et de soif; à peine causait-on.

Elle trouva les grillades délicieuses.

Comme dessert, il y eut des arbouses, des oranges et des

grenades ; les ravines voisines étant des plus fertiles, les fruits abondaient.

Quand l'appétit de ses convives fut calmé, le colonel dit à Raoul :

— Vous allez trouver au camp un singulier personnage, mon cher comte.

— Qui donc ?

— Le sultan du désert, ce jeune homme qui, à la tête d'une troupe de Touareggs, a tant fait parler de lui en ces derniers temps.

— Ah ! ah ! fit Raoul, un bandit !

— Un grand chef !

— Oui, mais un brigand.

« Que vous veut-il ?

— Il est venu proposer son alliance à la France et nous l'avons acceptée.

— Vous avez eu tort.

— C'est mon avis.

« Mais j'ai obéi à des ordres supérieurs.

— Tant pis pour ceux qui les ont donnés.

Le colonel approuva d'un geste.

— Nous voilà reposés, dit-il en se levant, nos chevaux ont mangé l'orge ; il faut partir. Je n'ai que peu de monde avec moi et nous sommes en plein pays ennemi ; voilà beaucoup de fumée sur les montagnes, si nous tardons, nous aurons une armée sur les bras ; de toutes parts les villages s'appelent aux armes.

— En selle alors, dit Raoul.

Le colonel fit sonner à cheval.

Pendant que les escadrons se rassemblaient, Raoul et la marquise se dirigèrent vers la grotte pour accomplir un pieux devoir de reconnaissance ; ils y allaient dire un dernier adieu à leur sauveur mort.

— Ce pauvre Sélim ! disaient des chasseurs qui avaient entendu parler du lion du Coupeur de têtes et qui se trouvaient dans la grotte.

La marquise remarqua que les troupiers avaient placé le cadavre à l'entrée même du repaire en le disposant comme s'il eût été vivant ; il produisait, dans cette attitude, un grand effet.

Longtemps après, visitant ces lieux, nous fûmes conduits par nos guides à la *grotte du lion*, nous y vîmes le squelette de Sélim.

Les Arabes ont toujours respecté sa dépouille.

Le colonel fournit des chevaux à ses hôtes ; il avait eu la précaution d'en amener trois.

On prit le chemin de la frontière française.

Il était temps.

Au loin s'élevaient des nuages de poussière soulevés par des nuées de cavaliers marocains qui couraient à toute bride.

La comtesse se retournait de temps en temps et s'apercevait, avec inquiétude, que l'ennemi gagnait du terrain ; elle en fit l'observation à Raoul.

Ils marchaient tous deux à l'avant-garde ; le colonel était en arrière.

— Ma chère amie, dit celui-ci, votre cousin s'éloigne au petit trot ; il a évidemment l'intention de se laisser atteindre ; peut-être veut-il vous donner le magnifique spectacle d'un beau combat de cavalerie.

— Les Arabes sont bien nombreux, mon ami !

— Qu'importe ! Pour les attendre, il faut que le colonel ait pour lui des chances.

Et montrant les soldats :

— Voyez comme les chasseurs rient entre eux ; il y a quelque piége tendu, ma chère.

En effet, au détour d'un chemin creux, la marquise poussa tout à coup un cri de surprise.

La route était bordée par trois bataillons d'infanterie, qui attendaient l'arme au pied.

— Je comprends, dit Raoul.

Et poussant du coude la jeune femme.

— Regardez là-haut ! dit-il.

Elle aperçut, sur les crêtes, des tirailleurs dont les têtes seules dépassaient les escarpements.

Les Arabes étaient au nombre de deux mille presque sur les talons de nos chasseurs.

Sûrs de les atteindre, ils poussaient leurs rauques cris de guerre.

Nos escadrons, traversant les intervalles des bataillons, se rangèrent derrière les fantassins ; l'ennemi arriva sur ceux-ci comme une trombe.

Tout à coup une voix cria : Feu !

Le premier rang tira.

Ce fut une décharge terrible.

Le second rang tira.

Les balles firent un ravage affreux.

D'en haut, il tomba une pluie de plomb ; en deux minutes, les Marocains furent hachés à ce point qu'ils laissèrent plus de cinq cents cadavres sous les baïonnettes des nôtres.

Ils s'enfuirent épouvantés.

Notre cavalerie les poursuivit un instant ; puis elle les abandonna, sûre qu'ils ne paraîtraient plus.

La marquise, qui n'avait jamais vu de combat, fut frappée par cette scène.

La guerre lui parut une chose imposante.

Le colonel, certain que sa colonne ne serait pas inquiétée, en remit le commandement à un chef de bataillon, prit une escorte et emmena ses hôtes à Nemours.

— Nous y serons plus commodément qu'au bivac, dit-il, là du moins vous aurez un lit, cousine.

Le roi du désert, qui avait suivi nos soldats, s'approcha du colonel.

— Je désire te suivre à la ville ! dit-il.

— Tu y seras le bienvenu ! répondit le colonel.

Suivi d'une trentaine de Touareggs montés sur des mahara, le chef saharien accompagna l'escorte.

Le long du chemin, il jetait d'étranges regards sur la marquise.

Après une heure de route, il ralentit un peu l'allure de son coursier ; les siens l'imitèrent.

— Ali, dit-il à l'un de ses hommes, tu vois ce jeune homme qui galope auprès du Coupeur de têtes !

— Oui, sidi, répondit le cavalier.

— C'est une femme !
— Je l'avais deviné.
— Je veux cette femme.
— Tu l'auras.
Le Touaregg reprit son allure première.
Mais il dit encore :
— Il faut l'enlever cette nuit même.
— Ce sera fait, dit le cavalier.

V

D'un festin qui finit mal.

Le soir même de cette journée féconde en événements, un banquet était donné aux héros du drame qui venait de se dérouler si près de nos frontières.

La garnison de la redoute et les colons avaient fait à Raoul une ovation enthousiaste; les officiers lui avaient offert un dîner d'honneur.

La marquise, retirée dans une chambre de l'unique hôtel de la petite ville, se reposait de ses fatigues; Raoul, fêté par tout le monde, répondait aux toasts enthousiastes qu'on lui portait.

Toutes les têtes étaient très-échauffées.

On buvait beaucoup et gaiement.

Le colonel présidait à cette fête.

On était au dessert et l'on faisait sauter les bouchons des bouteilles de champagne, quand on vit entrer, en grande tenue, l'officier de gendarmerie qui remplissait, au camp voisin, l'office de grand prévôt.

On crut que, lui aussi, venait fêter Raoul; on le salua d'un hourra bruyant.

Il resta froid et calme.

Il avait gardé son chapeau sur sa tête et tenait à la main un pli cacheté.

— Lisez, mon colonel, dit-il.

Il se fit un grand silence.

Le colonel pâlit.

Après une hésitation il murmura atterré :

— Faites votre devoir, monsieur.

Alors le prévôt s'approcha de Raoul et le touchant à l'épaule, lui dit :

— Au nom de la loi, je vous arrête!...

VI

Pourquoi et comment Raoul était arrêté.

Pour expliquer l'arrestation de Raoul, il nous faut reprendre notre récit de plus haut.

On a vu, au début de ce drame, Billotte présenter au procureur du roi une jeune fille ressemblant merveilleusement à Jeanne; il parvint sans peine à convaincre et le procureur du roi et les gendarmes et toute la contrée, que cette enfant était sa nièce, sa véritable nièce.

Comment Billotte parvint-il à exhiber si à propos une doublure de Jeanne, pour employer une énergique expression de l'argot des coulisses?

C'est ce que nous allons expliquer.

Comme tout homme qui a son idée fixe, Billotte avait creusé à fond son projet, l'avait envisagé sous toutes ses faces et avait paré à toutes les éventualités.

Lorsque, dix ou douze ans plus tard, la justice eut à débrouiller les fils de l'intrigue tracée par Billotte, les magistrats les plus sagaces furent longtemps déroutés par l'ingénieuse combinaison imaginée par cet homme, type complet de l'astuce la plus savante, de la ruse la plus adroite.

Il semble que ce colosse avait tout prévu.

Au lendemain de la mort des parents de Jeanne, il avait déjà conçu le dessein de l'épouser; il avait mûri, caressé, préparé, examiné sous toutes ses faces et arrêté dans sa tête ce projet qu'il faillit réaliser.

Mais une objection se présentait.

Si Jeanne, malheureuse cependant, tenue avec soin pourtant dans une condition inférieure, refusait néanmoins de se marier : le cas était possible.

Si (il y pensa après le départ du frère) celui-ci revenait, redemandait sa sœur et que celle-ci, n'ayant pas quinze ans, se sachant comtesse, en prenait orgueil pour repousser son oncle ?

Si... il avait pesé toutes éventualités enfin.

Or il trouva, pour sortir d'embarras, une idée merveilleuse dont il se servait à cette heure.

Il pensa à se préparer un en-cas, comme on dit au théâtre, une doublure de Jeanne.

La dépense de la vraie, placée chez une mégère de campagne, coûtait fort peu; en cas d'intervention de la famille, il voulait présenter des quittances respectables qui lui fissent honneur.

Il conserva donc des sommes assez rondes pour l'éducation de sa fausse nièce, qu'il plaça chez une gouvernante.

Si la vraie Jeanne lui manquait de façon ou d'autre, si la justice demandait à voir la pupille, il exhibait l'*en-cas*; maître toujours de la situation, il ne craignait rien.

Cette Jeanne doublure, il l'avait rencontrée en la cherchant patiemment, en explorant hameaux, fermes et villages; il voulait une ressemblance et, avec un flair de limier, il trouva.

Le hasard, du reste, le servit.

Un paysan avait recueilli chez lui une bambine de cinq ou six ans, fille de pauvres gens morts à la peine; Billotte, qui s'extasiait en voyant en elle le portrait frappant de sa pupille, offrit de se charger de l'enfant, ce qui lui fut accordé sans peine.

Quand nous disons offrit, nous nous trompons; il ordonna à un homme à lui de négocier l'affaire.

C'était plus sûr.

Plus la fausse Jeanne grandit, plus la ressemblance devint frappante.

Jeanne était placée à dix lieues du château; Billotte, quoique blessé, se fit traîner jusque-là rapidement.

Billotte, arrivé au village où sa fausse nièce était élevée, envoya le voiturier à l'auberge, vint frapper à la porte de la gouvernante et se fit ouvrir.

— Monsieur Billotte! s'écria la maîtresse de la maison à la vue du régisseur! Vous, à cette heure?

— Oui, moi! fit-il.

Et désignant un siége :

— Asseyez-vous, dit-il, nous allons causer.

La femme à qui il parlait si péremptoirement pouvait avoir quarante ans environ.

C'était une brune qui avait dû être piquante; mais l'âge l'avait fanée.

Sa physionomie annonçait l'intelligence, certaines rides accusaient la passion.

— Madame, lui dit Billotte, vous veniez d'être chassée de la pension où vous étiez sous-maîtresse...

— C'est vrai! fit-elle.

Et avec effusion :

— Je sais que je vous dois tout.

— Laissez-moi continuer, dit Billotte.

« Je vous ai engagée à vous installer ici, je vous y ai acheté cette maison et vous ai fait une rente.

— Je vous en suis reconnaissante.

— Je l'espère. Trois mois après votre installation, je vous ai amené une petite fille de cinq ans, que je vous ai priée d'élever avec soin, ce que vous avez fait.

— Je le devais.

— Cette enfant était ma nièce. Avez-vous bien suivi mes instructions à son sujet?

— Je vous jure que j'ai suivi vos instructions. Elle n'a jamais su que votre petit nom.

— Tant mieux!

— Les gens du voisinage aussi.

— En êtes-vous sûre?

— Sur mon honneur.

Billotte eut l'air de trouver que c'était là un serment peu sérieux; la préceptrice rougit.

— Il faut que je sois bien certain, reprit Billotte, que la petite n'a contre moi aucune répugnance au sujet de ce que vous savez, ceci est important.

— Mais elle vous aime beaucoup.

— Elle m'épouserait?

— Je le crois.

— Enfin, elle n'a aucune amourette en tête?

— Ceci, je vous l'affirme.

— Un dernier mot.

Billotte avait l'air solennel.

— J'ai fait du bien, il m'en a cuit. J'ai recueilli une espèce d'orpheline, j'en ai fait ma servante; cette fille était fort heureuse chez moi; mais il m'advint une singulière aventure; tel que vous me voyez, je suis gravement blessé.

— Grand Dieu!

— Rassurez-vous, je m'en tirerai.

La gouvernante était au comble de la surprise.

Le régisseur reprit :

— J'ai un neveu; il avait de mauvais instincts et s'était enfui; depuis il est revenu.

— J'entends Jeanne! fit la gouvernante.

— Je me hâte. Donc mon neveu, ou un homme qui se dit mon neveu, s'est présenté chez moi hier; il a cru (par suite de quelle aberration! le croyait-il! Feignait-il de croire!), il a cru que cette servante était sa sœur.

— Quelle folie!

— La petite aussitôt s'est imaginé la même chose et cela parce qu'elle ressemble à un portrait de la mère de notre Jeanne; de plus elle m'a accusé...

— De quoi?

— De l'avoir séduite.

— Quelle audace!

— On n'a pas idée d'une pareille perversité. Bref, le frère s'est mis en fureur et m'a voulu assassiner sans rien entendre, sans prendre garde à mes prières. Je le suppliais de venir jusqu'ici, chez vous; mais en vain.

— Le malheureux!

— Bref, me voici.

— Pauvre monsieur Billotte !
— Je vous emmène toutes deux au château ; car on m'accuse, imaginez-vous, d'avoir réduit ma nièce au rôle de servante ; moi qui lui ai fait donner par vous une si belle éducation.

Puis avec crainte :
— Est-elle savante, au moins ?
— Vous pourrez produire Jeanne dans un salon, dit l'institutrice et vous verrez quelles façons, quelle instruction, quelle excellente tenue elle a, cette chère enfant.
— Je crois qu'elle descend.
— En effet.

Le régisseur se pencha à l'oreille de la gouvernante et lui dit rapidement :
— Vous aurez à paraître devant la justice ; pour elle, j'ignore votre passé, c'est nécessaire.
— Comptez sur moi, monsieur.
— Vous avez sans doute été prudente ?
— Nulle ne peut rien me reprocher depuis ma première faute, cher monsieur Billotte.
— Hum ! hum ! fit celui-ci.
— Oh ! monsieur.
— Bah ! Laissez donc ; je sais qu'un certain soir, j'ai entrevu un certain abbé...
— Monsieur ! Mon directeur !
— Très-bien, passons.
— Voilà Jeanne !

Billotte se tut.

Une jeune fille parut.

On eût dit une copie de Jeanne.

Pourtant il y avait des nuances.

Elle était un peu moins blonde.

De là, sur la physionomie, des reflets moins vaporeux, quelque chose de moins vierge et de plus femme.

Les traits étaient moins fins.

L'œil avait moins de profondeur et un éclat plus vif ; le menton s'accusait plus nettement.

C'était surtout aux mains et aux pieds que s'accusait l'imperfection de ce *fac-simile*.

Le pied, quoique petit, n'avait pas cette cambrure artistique qui est un signe de race.

La main, mignonne, était potelée; les doigts, assez jolis pourtant, n'avaient pas d'élégance.

Bref, on eût dit d'une copie faite par un crayon plus lourd que celui qui avait dessiné l'original.

Le moral était encore plus différent que le physique chez les deux jeunes filles.

L'une, la vraie, était douce, avec des élans de fierté; l'autre pétulante, bruyante, sémillante.

La première avait l'instinct du beau.

La seconde aimait le joli.

Bref, pour en finir brutalement peut-être avec cette comparaison, nous dirons que l'une avait de la grâce et des charmes, l'autre des appas et du montant.

Comme par la suite nous aurons en scène ces deux jeunes filles s'appelant toutes deux du même nom, nous prions le lecteur de se souvenir que nous donnons à la fausse Jeanne le prénom de Louisette, qui était vraiment le sien, ce qui évitera toute confusion.

Bonne fille, au demeurant, Louisette.

Étourdie, vive, follette, ayant très-bon cœur, capable de donner un joujou à une pauvrette, une de ses robes à une malheureuse de son âge; mais jalouse.

N'étant que jolie, grâce aux imperfections légères que nous avons signalées, elle détestait les filles à la beauté pure qui s'imposaient à l'admiration et l'écrasaient.

Elle avait en aversion tout ce qui la dominait par le prestige, et ce trait de caractère s'accusait dès l'âge le plus tendre, alors qu'elle refusait de jouer à la poupée avec une bambine de sept ans, qui fut plus tard la célèbre Mlle X... de Provins, dont le profil angélique était déjà remarqué et fort remarquable.

Nous citons ces détails, puérils peut-être, parce que la justice les releva plus tard, et qu'ils expliquent des points obscurs de ce drame dont on eut tant de peine à dérouler la trame.

Louisette, à la vue de son oncle qu'elle n'attendait point, poussa un petit cri joyeux, fit un bond de biche et courut à lui pour l'embrasser avec un véritable élan.

Billotte, il est vrai, n'avait jamais paru devant elle sous son véritable aspect.

Il se présentait en père gâteau.

Comme extérieur, rien de répugnant.

Il avait toujours son habit de ville à boutons d'or; il s'était rasé, lavé, peigné, soigné.

Ce matin-là, il avait négligé ces soins; mais c'était la première fois que pareille chose lui arrivait.

Le franc accueil de Louisette le ravit.

— Là! fillette, fit-il, prends garde.

— Qu'avez-vous donc, mon oncle?

Et elle s'arrêta interdite.

— Je te conterai cela; embrasse-moi gentiment, mais tout doucettement, et défie-toi de me faire mal.

Elle prit ses précautions; mais ses baisers n'en retentirent pas moins sonores et francs.

— Bien! Lâche-moi! dit-il.

— Mon bon oncle! s'écriait-elle avec des démonstrations de joie, vous êtes tout plein aimable d'être venu.

Puis, naïvement :

— M'apportez-vous quelque chose?

— Non!

— Oh! le méchant!

— Je t'emmène!

— Où cela?

— Au château.

— Quel château?

— Le tien.

— Le mien!

Elle rit aux éclats.

Puis, reprenant :

— Un château de cartes?

— Du tout! fit sérieusement Billotte.

— Un château en Espagne, alors?

— Petite sotte! Un beau, bon, vieux et solide château; un manoir, comme ils disent.

— Vous êtes donc riche?

— Non.

— Eh bien! comment me l'avez-vous acheté?

— Je ne l'ai pas acheté.

— Vous vous moquez ?

Billotte lui prit les deux mains, se composa le meilleur visage qu'il put et dit :

— Ma mignonne, ouvre tes oreilles.

— Elles sont *grand ouvertes*, grand'mère, dit-elle en faisant allusion au petit Chaperon-Rouge.

— Tu es riche.

— Ah! ah!

— Très-riche !

— Ah! ah! ah!

— Tu es noble.

Elle rit plus fort.

Billotte s'ennuya de cette incrédulité.

— Mais venez donc, dit-il à la gouvernante ; dites-lui que je ne la trompe pas, je vous prie.

La gouvernante, avec son empire fort naturel sur l'enfant, lui imposa la foi d'un mot et d'un regard.

— Ceci est vrai, chère Jeanne, dit-elle ; seulement votre oncle vous le cachait dans votre intérêt.

— Je ne voulais pas lui laisser savoir qu'elle était la fille d'une comtesse pour la forcer à travailler auprès de vous. Autrement, vous n'auriez pu la garder.

— Vous aviez raison, monsieur Billotte.

— Elle nous aurait tourmentés pour venir au château où je ne pouvais la recevoir à cette époque.

— Mais c'est donc bien vrai !

Et, en disant ces mots, Louisette, en extase, joignait ses mains et levait les yeux au plafond.

Un château ! faisait-elle.

— Vous voilà bien heureuse ! dit l'institutrice.

— Comtesse !

— Et millionnaire, continua Billotte, quand elle aura épousé l'homme que je lui destine.

— Je vais me marier ?

— Oui.

— Avec qui ?

— Avec un homme qui fera ton bonheur.

— Mon Dieu, que je suis contente !

— Ne t'enthousiasme pas si vite.

— Pourquoi ?

3.

— Ce mariage te déplaira peut-être.

— Mon prétendu est donc laid?

— C'est un homme dans mon genre.

La petite, élevée dans une retraite relative, n'ayant jamais lu de romans, n'avait point l'imagination montée.

Pour elle, un mari était un compagnon, un protecteur qui travaillait pour vous et vous payait des toilettes.

— Mais, mon oncle, s'il vous ressemble, je l'aimerai, dit-elle fort ingénument en regardant le régisseur.

— Tu t'en dédiras peut-être.

— Non, mon oncle.

— Tant mieux pour toi.

Il l'attirait sur ses genoux.

— Ne t'appuie pas sur ma poitrine, mais écoute :

Elle buvait ses paroles.

— Ton prétendu, dit-il, est un homme qui peut avoir cinq cent mille francs; tu n'en as guère que deux cent mille; mais tu es jolie et il t'aime; il passe là-dessus.

— C'est un bon homme alors?

La gouvernante sourit.

Billotte reprit :

— Cet homme-là ira loin. Il n'est pas noble, mais il le deviendra et sera très-puissant.

— Il deviendra maire?

Pour elle, maire, c'était le *nec plus ultra* de l'ambition.

— Il sera député! dit-il.

Elle avait entendu parler d'un député, mais n'en avait jamais vu; néanmoins, ce titre était pour elle quelque chose de si grand, qu'elle s'écria :

— Député! C'est à Paris, n'est-ce pas, qu'on est député? On voit le roi, on lui parle?

— Oui! oui!

— Quelle joie!

Puis, mettant sa main sur les lèvres du régisseur :

— Taisez-vous! dit-elle. Ma tête s'en va.

Billotte ne jugea pas à propos d'en ajouter plus long; son effet était produit; il dit à la gouvernante :

— Envoyez quérir le voiturier.

— Nous allons donc de suite au château? demanda Louisette au comble du ravissement.

— A l'instant même.

Elle sautillait comme un faon dans la chambre.

— Celle-là m'épousera les yeux fermés, se dit Billotte.

— Va vite, lui dit-il, préparer tes paquets.

— J'emporte tout ?

— Tous tes bijoux, tes robes, tes colifichets ; laisse ici les coffrets, les petits meubles, ce qui nous encombrerait.

— J'y cours, mon oncle.

Elle s'élança vers l'escalier.

Mais revenant brusquement sur ses pas :

— Que je vous embrasse ! s'écria-t-elle.

Il se prêta à ce caprice de reconnaissance, et il eut trois baisers rapides sur les joues.

Quand elle fut montée dans sa chambre, il se frotta les mains joyeusement en disant :

— Vrai, j'aime mieux celle-ci que l'autre.

Il avait bien raison.

L'autre avait une de ces fines et suaves natures qu'un rustre n'apprécie pas, qui échappent à ses sens grossiers.

L'autre, c'était de l'idéal.

Qu'avait donc à faire de l'idéal ce cuistre aux instincts brutaux, aux appétits sensuels et grossiers ?

Mais Louisette, c'était tout différent.

Elle était de chair et d'os, celle-là.

Elle vous fouettait le sang.

Il était capable d'en devenir amoureux sérieusement, ce bandit qui calculait si juste.

— Ce sera une bonne petite femme, se disait-il. Elle sera gaie, aimable dans mon ménage.

Et avec dédain :

— L'autre, c'était une mijaurée.

Il était enchanté.

— Qu'ils viennent m'embêter à présent ! dit-il. On va leur montrer une nièce, une vraie nièce.

En somme, tout changeait d'aspect.

En produisant Louisette à la place de Jeanne, Billotte donnait à la violence dont il avait été victime un caractère tout autre, et rendait impossible l'acquittement de son neveu ; aussi monta-t-il presque allègrement dans la voiture quand elle arriva, et fut-il prodigue de caresses et d'amabilité à sa prétendue nièce tout le long de la route.

Il consacra trois heures à lui expliquer sa situation et le guet-apens où il avait failli périr (il qualifiait ainsi l'action de Raoul, dont il avait fait un aventurier se donnant à tort pour son neveu).

On atteignit le château vers sept heures du matin.

Le procureur du roi, à la vue de Jeanne, ne douta plus de la culpabilité de Raoul.

Qu'il fût ou non le vrai comte de Lavery, il n'en était pas moins coupable.

Jeanne, la vraie Jeanne, assistait frémissante à cette scène, mais que dire, que faire?

Le régisseur triomphait.

Les coureurs de bois partirent pour Paris.

Il songea, lui, aux moyens de faire arrêter son neveu, qui avait fui.

Il obtint facilement que des mandats d'arrestation fussent lancés contre Raoul dans toutes les villes d'Afrique; car, avec son flair, Billotte devina facilement que Raoul gagnerait l'Algérie le plus tôt possible.

Il y avait devancé son neveu.

Son premier soin avait été d'y aller trouver les autorités, et celles-ci durent lui prêter leur concours en envoyant des ordres à tous les officiers de gendarmerie pour que le comte de Lavery, dit le *Coupeur de têtes*, fût immédiatement appréhendé au corps partout où on le trouverait.

Par malheur, avant que Raoul eût gagné le désert; avant qu'il s'y fût mis en sûreté, les instructions le concernant étaient arrivées aux extrémités les plus reculées de nos frontières.

Et ces instructions étaient des plus sévères.

Le chasseur avait dans un général influent un ennemi mortel, auquel il avait fait une mortelle injure, une de ces injures qu'on ne pardonne pas.

Il avait eu sa femme pour maîtresse.

Cet officier supérieur avait, de sa main, écrit sur chaque copie de l'ordre d'arrestation une recommandation spéciale qui enjoignait la surveillance la plus minutieuse à l'égard du prisonnier, dont l'évasion devait être punie des peines les plus sévères.

L'affaire de Raoul se présentait sous le plus mauvais jour.

La gendarmerie devait apporter les plus grandes précautions à la garde de son prisonnier.

Et, s'il était amené devant le jury, qu'il prouvât ou pas ses droits au titre de comte de Lavery, qu'il prétextât de l'injure subie par Jeanne, il ne devait pas moins en être condamné; toutes les preuves, toutes les chances étaient contre lui.

Et, une fois au bagne, lors même qu'il s'évaderait, il avait une flétrissure indélébile; il était entravé dans tous ses projets; il était sans cesse menacé par le danger d'être pris.

Billotte triomphait.....

Et à l'heure même où s'opérait cette arrestation du coureur de bois, la marquise poussait un cri d'effroi en voyant la chambre qu'elle occupait s'ouvrir tout à coup et livrer passage à trois Touareggs qui se précipitaient sur elle...

VII

L'amour d'un Arabe.

Nous sommes arrivés à un point de notre récit où un type étrange entre en scène.

Ce drame est de l'histoire.

Nos héros ont tous des noms fameux dans les annales de la conquête algérienne.

Tous les vieux soldats d'Afrique ont connu le Coupeur de têtes et l'ont aimé ; tous aussi ont connu le roi du désert Akmet-Ben-Salah, mais tous, en l'estimant, l'ont haï.

Plus grand qu'Abd-el-Kader, ayant des vues plus larges, un esprit plus fécond en ressources, s'étant créé des moyens d'action formidables, le roi du désert mourut au moment où il allait lancer sur nous une formidable armée de cent mille cavaliers qui auraient écrasé notre corps d'occupation. Akmet était le fils d'un de ces puissants chefs du désert qui commandent en rois absolus les tribus sauvages de Touareggs et qui règnent en maîtres sur les villes sahariennes.

Le père, marabout intelligent et savant, rêvait pour son enfant des destinées splendides ; il voulut lui donner une influence immense.

Il avait vu nos officiers et les avait jugés supérieurs aux

Arabes, par la science surtout; il avait voulu que son fils fût savant.

Il l'envoya en France.

Akmet, jeune homme, avait déjà les plus vastes projets, insufflés dès l'enfance par la parole paternelle; il avait au fond de l'âme l'amour du désert, le regret de la patrie; le séjour de la France lui pesait; mais il sentait la nécessité de rester, il resta.

Il avait pour kodja (secrétaire) et pour ami un parent, seul confident de ses pensées ambitieuses; ils étaient plus frères que cousins.

Ensemble, ils bravèrent l'ennui.

Avec une patience inouïe, ils se plièrent à nos mœurs, se firent Français à la surface.

Discrets, fourbes et adroits, ils s'attachèrent à tout voir, à tout entendre, à tout connaître de ce qui les pouvait servir un jour.

Akmet étudia surtout la politique européenne et la guerre; mais il n'avait garde de se dévoiler, affectant des allures de viveur.

Intelligent, observateur, ambitieux, ayant les plus hautes visées, Akmet-ben-Salah tout en ayant l'air de ne s'occuper que d'orgies, de chevaux, de femmes, jetait sur notre société un regard profond, scrutait tout, étudiait tout, se rendait compte de nos ressources et se préparait à une lutte géante contre notre pouvoir.

Nul ne soupçonna ses desseins.

Il se donna comme l'ami des Français, l'admirateur de leur génie; il semblait ne songer qu'à nous prouver son affection et ses sympathies.

Nos mœurs, nos coutumes, nos lois, notre langue, tout ce qui était Français, lui était odieux.

Il nous méprisait profondément; mais le lion du Sahara s'était fait chat pour nous caresser.

Il retourna en Afrique quand il crut en savoir assez, quand Paris, la France, l'Europe, n'eurent plus de secrets pour lui; c'était quelque temps après la prise d'Abd-el-Kader.

Il avait fait un rêve qui attestait la largeur de ses vues, la grandeur de ses aspirations, l'étonnante énergie de son âme.

Il voulait réunir sous sa main toutes les tribus sauvages du Sahara, les lancer sur le territoire français, nous refouler vers la mer et nous y jeter en nous enlevant Alger, Oran et tous nos ports ; il comptait pour réussir sur une guerre européenne.

Ce qu'il mit de patience, de rouerie, de diplomatie habile et persistante au service de son idée est inouï.

Il commença par se faire au milieu des Touareggs une renommée qui lui valut une popularité précieuse ; il creusa des puits, improvisa des oasis, fertilisa des contrées arides, profitant des connaissances qu'il avait acquises à Paris.

Il ne négligea rien pour en arriver à ses fins ; les plus bizarres, les plus petits moyens lui étaient bons.

Il avait étudié les procédés de nos plus habiles faiseurs de tours ; il s'était fait de Robert Houdin (qui a révélé cette particularité), un professeur dont il avait appris tout ce qu'au désert il pouvait faire passer pour des miracles.

Il stupéfiait ses compatriotes par de prétendus prodiges, les terrifiant avec des machines électriques, improvisant des volcans avec de la limaille de fer, employant pour frapper ces peuplades ignorantes les mille moyens dont usent les charlatans pour jeter à nos paysans naïfs de la poudre aux yeux ; le chloroforme jouait un grand rôle dans ces miracles.

Les Sahariens crurent en lui.

Il eut le commandement d'une tribu, puis deux autres se joignirent à lui.

Une guerre heureuse lui donna quarante mille guerriers braves, ardents, dévoués.

Tous gens affamés de pillage.

Il avait continué à paraître bien disposé pour nous ; il suivait nos colonnes avec une escorte.

Mais depuis quelque temps il était disposé à jeter le masque à la première occasion.

Cette occasion était venue.

Nous avions des embarras avec les Beni-Snàssem, embarras suscités par lui, la Kabylie se soulevait, nos troupes étaient en présence de deux révoltes.

Il fit une longue tournée dans nos camps, jugea le moment propice, et de Nemours où cette revue de notre situation se terminait, il allait retourner au Sahara, quand survint l'incident que nous avons décrit.

Son plan était admirable.

Il effraya nos généraux quand ils le connurent.

Il avait, aidé par les fameuses sociétés secrètes dont on a depuis reconnu l'existence, il avait fomenté de toutes parts des insurrections.

Elles venaient d'éclater.

Il comptait, nos troupes une fois dispersées, jeter sur nos détachements les masses énormes de guerriers dont il disposait, et nous écraser en détail.

Puis, voyant des partisans dans Alger même, il voulait y faire entrer par petits groupes, en apparence inoffensifs, l'élite de ses guerriers venus comme de simples marchands, et il se sentait sûr de surprendre en une nuit tous les postes et tous les forts dégarnis pour renforcer les colonnes expédiées dans la plaine.

Maître d'Alger, il avait des canons, des munitions, des moyens d'action puissants.

Il pouvait tout.

C'était, du reste, un type magnifique que cet homme, qui, à trente ans, s'était taillé un royaume dans les fauves régions des sables.

Il avait une de ces belles têtes arabes, aristocratiques, intelligentes, distinguées, aux lignes hardies, aux yeux rayonnants, têtes dominatrices, puissantes par le magnétisme qui s'en dégage.

Elégant, causeur charmant, distingué de manières, hardi cavalier, audacieux dans les pensées, téméraire dans les actes, il était un homme complet et parfait.

Tel était l'homme qui venait enlever madame de Nunez au Coupeur de têtes.

Comment était venu à un pareil homme l'étrange caprice de ravir une femme française ?

A cela deux motifs.

L'un d'ordre général.

L'autre particulier.

Akmet, de la France, ne regrettait qu'une chose : les emmes !

Il avait un harem.

Il avait les plus beaux types de l'Orient; il avait des négresses du Soudan, des juives de Tlemcen, des Mauresques de Tunis, des Circassiennes de Tifflis, des Arabes du Salado, des Kabyles de Djerzera : il avait un sérail de sultan!

Mais il se souvenait de ces Parisiennes fines, spirituelles, enivrantes, qui comprennent si bien le plaisir et l'amour.

Il sentait un vide dans son âme.

Ses femmes étaient de beaux corps sans intelligence, sans grâce.

Elles ne le comprenaient point.

Esclaves soumises, craintives, élevées au fond des harems, ne sachant rien, ne pensant pas, elles satisfaisaient ses sens.

Mais le cœur?

Mais la tête?

Elles ne parlaient ni à l'une ni à l'autre.

Il avait depuis longtemps résolu de s'emparer d'une Française et de s'en faire aimer ensuite.

En voyant la marquise, son choix s'était arrêté sur elle brusquement, en raison de son souvenir passé qu'il rappelait à son kodja Ali.

Ils attendaient avec leur escorte, hors des murs de la redoute, l'arrivée des guerriers qui devaient accomplir le rapt.

A quelques pas de leurs hommes, ils causaient au Français tous deux.

— Pourquoi diable, sidna (monseigneur), demandait Ali avec ce respect familier qui n'abandonne jamais l'inférieur arabe, pourquoi cette femme plutôt qu'une autre?

— Tu ne l'as donc pas reconnue? fit Akmet.

— Non, ma foi.

Le roi du désert sourit :

— C'est parce que tu ne l'as pas aimée; le cœur a plus de mémoire que les yeux.

— C'est vrai.

« Mais l'avais-je donc vue?

— Oui. C'est cette marquise de Nunez qu'à l'Opéra et aux Italiens nous admirions tous deux, et pour laquelle je te disais souvent que je donnerais une de mes cavales ou l'un des ksours de mon père. T'en souvient-il, maintenant?

— Oui, pardieu, et c'est bien elle; en femme, je l'eusse reconnue.

— A cette heure elle a sans doute repris la jupe; elle ne saurait tarder à paraître.

— L'aubergiste est-il bien à nous?

— J'en réponds.

« D'abord il est payé grassement.

« Ensuite il sait qu'un coup de poignard payerait sa trahison; il sera fidèle.

— Et pour passer aux portes?

— N'avons-nous pas le palanquin. Cachée dans les rideaux, bâillonnée, garrottée, elle ne bougera pas, ne dira mot; personne ne soupçonnera rien.

« D'abord les Français se méfient plus de ceux qui entrent que de ceux qui sortent.

« Ensuite ils ont la consigne la plus sévère vis-à-vis des femmes;

« Pas un soldat n'oserait lever les haïques ou les voiles du palanquin qui couvrent une Arabe.

« Du reste, les voilà.

Un palanquin, porté par un mahari, paraissait en effet sur le chemin.

Quatre hommes l'escortaient.

La marquise, surprise par l'apparition inattendue des ravisseurs, n'avait opposé aucune résistance.

Tout d'abord, elle avait vu des indigènes entrer dans sa chambre; mais comment supposer que, dans la redoute même, des Arabes oseraient enlever une Française!

L'idée n'en vint même pas à la jeune femme.

« Ce sont des gens qui se trompent, » pensa-t-elle.

Mais les guerriers du roi du désert s'étaient précipités vers elle, l'avaient bâillonnée et garrottée, puis ils l'avaient affublée d'une robe mauresque, ample et large, apportée par l'un d'eux.

Il commençait à faire sombre.

L'aubergiste maltais étant gagné, tous les gens de la maison étaient écartés.

Les Touaregs purent donc descendre la prisonnière dans la rue, la hisser sur un palanquin porté à dos de dromadaire, et l'attacher sur des coussins.

Après quoi, ils avaient abaissé les rideaux.

Près de l'enceinte, le *roi du désert* attendait.

Quand il aperçut le palanquin, il jeta sur les mahara de ses guerriers un sourire de satisfaction.

— C'est fait, sidna (monseigneur), vint lui dire le chef de ses chaoucks.

— Meler (bien), fit-il.

Et se tournant vers les siens :

— En route! dit-il.

— Par quel chemin? demanda le chaouck.

— Gagnons le Maroc ; nous y serons dans une heure. Les Français n'ont pas de mahara comme nous; bien fins s'ils nous attrapent, nos bons alliés d'hier.

Le mahari (au pluriel mahara) est une des plus étranges montures que l'homme ait asservies à la domesticité.

C'est un dromadaire-coureur, fin de corps, de tête et de jambes, très-haut monté, et capable de fournir jusqu'à dix lieues à l'heure dans un galop longtemps soutenu; nul cheval ne peut lutter avec lui.

Comme force, il fournit des traites de soixante lieues; comme sobriété, il est admirable.

Il peut rester huit jours sans boire.

Il se contente de diss, d'alpha ou de chardons pour sa nourriture.

Après une longue abstinence, une poignée d'orge relève ses forces.

On l'enterre quand il est jeune, de façon à ce que son col seul dépasse du sol, et on le laisse jeûner jusqu'à ce qu'il soit près de mourir; on lui fait alors avaler du biscuit mouillé, et on le dégage en notant le nombre de jours que le jeûne a duré.

Plus tard, on sait par cette épreuve pendant combien d'heures, devenus adultes, ils supportent la faim.

Tels étaient les merveilleux coursiers qui emportaient au désert Anne-Marie de Nunez.

Akmet et son kodja galopaient en avant du palanquin et devisaient entre eux en arabe.

— Le Coupeur de têtes va rugir de rage, observait Ali d'un ton sérieux.

— Bah! fit Akmet, j'ai tout prévu. Il est homme à me tuer, je le sais, mais demain il aura vécu. J'ai laissé deux de mes serviteurs à Nemours avec ordre de profiter de la première occasion pour lui loger du plomb dans la tête.

— Voilà une bonne précaution, fit Ali en riant.

« Mais nous voici hors du territoire de ces chiens de Français; nous ferions bien, peut-être, de donner à ta jolie marquise de l'air et un peu de liberté; elle doit étouffer.

— Attends encore, fit Akmet, je veux arriver auprès d'une fontaine.

On se remit en course.

Quand il se crut à distance suffisante, il ordonna à ses hommes de débarrasser la Française de ses liens et de son bâillon.

Ce qui fut fait.

— Madame, dit-il en français à la jeune femme qui suffoquait, je suis désolé de vous avoir violentée ainsi; permettez-moi de vous offrir quelques rafraîchissements dont vous devez avoir grand besoin.

La jeune femme ouvrit de grands yeux étonnés.

Elle ne répondit pas.

Un serviteur apporta une gourde remplie à l'avance de jus de limon.

Akmet la présenta.

— Merci, monsieur, dit la marquise froidement, mais acceptant.

Elle but, puis rendit la gourde sans mot dire.

Akmet s'attendait à des questions.

Ce silence le décontenança.

— Madame, reprit-il, je suis forcé de vous prévenir que toute tentative de fuite m'obligerait, à mon grand regret, croyez-le bien, à prendre des mesures désagréables pour vous; vous serez, je l'espère, assez bonne pour nous épargner cet ennui.

Même silence dédaigneux.

Akmet reprit encore :

— Si, dans la mesure du possible, vous désirez quelque chose, vos souhaits seront aussitôt réalisés.

La jeune femme resta muette.

Akmet, découragé, salua et ordonna que l'on se remît en route.

Les mahara repartirent au galop.

La marquise avait parfaitement reconnu Akmet pour être le chef qui l'avait escortée.

Elle ignorait son passé.

Comment ce jeune homme parlait-il un français si pur, si parisien ?

Pourquoi ces égards ?

Pourquoi ce ton respectueux ?

Elle se posait des questions qu'elle ne pouvait résoudre.

Elle ignorait l'arrestation de Raoul; elle avait bon espoir d'être délivrée.

Elle se disait que, peut-être, ce chef, disposé à la révolte, avait voulu un otage et l'avait choisie; en ce cas, elle comptait sauver son honneur.

Peu à peu cette idée s'enracina dans son esprit, elle se calma, et, le balancement du palanquin aidant, elle s'endormit profondément.

. . . .

Les mahara avaient couru toute la nuit; au jour, ils avaient fait quarante lieues.

Akmet ordonna une halte.

L'arrêt subit éveilla la jeune femme.

— Nous sommes en sûreté ici, dit le chef touaregg à ses hommes.

« Toute la nuit nous avons couru; nous n'avons été rencontrés par personne; le vent a effacé la trace de nos montures; reposons-nous.

« Qu'on monte les tentes, qu'on prépare le repas, et que chacun dorme cinq heures. »

Deux mahara étaient chargés de provisions et de bagages; on les débarrassa de leur fardeau, et l'on improvisa un petit campement.

Une tente pour l'escorte.

Une pour Akmet.

La marquise était demeurée immobile sur son palanquin; on l'y laissa.

Elle regardait les préparatifs que faisaient les Touareggs; cette halte lui paraissait une imprudence.

— Raoul les rattrapera, se disait-elle.

Akmet veilla lui-même à l'installation de la tente destinée à la jeune femme, il y fit dresser un véritable lit de nattes et de tapis moelleux.

— Que fait la Française? demanda-t-il à son chaouck, qui venait de faire plier les genoux au dromadaire qui portait le palanquin.

— Rien, fit le chaouck qui parlait français et qui avait suivi son maître à Paris.

— C'est une grande dame, continua le Touaregg; on ne peut s'y méprendre.

— Je le crois, répondit le chaouck en riant; voilà une bonne prise, sidna, et ce sera là une jolie reine du désert, s'il plaît à Dieu.

— Espérons qu'elle va se décider à parler; jusqu'ici, je n'ai pu en obtenir un mot.

— La peur, sans doute, la rendait muette.

— Non, Ali, c'est l'orgueil qui lui cloue les lèvres, sois-en sûr.

« Pourtant, je m'y suis pris adroitement. »

— Bah! fit Ali, le lion apprivoisera la gazelle; mais il faudra du temps.

Akmet sourit.

Il s'inquiétait un peu du mutisme de la jeune femme; mais il ne doutait pas qu'il n'en arriverait rapidement à l'éblouir.

Il vint la chercher.

— Puis-je vous demander, madame, lui demanda-t-il avec la plus respectueuse politesse, si vous ne désirez pas prendre, dans une tente, un peu de repos?

La marquise ouvrit les rideaux et sauta à terre.

— Où cette tente? demanda-t-elle.

— La voilà, madame.

Et relevant son haïque, il lui offrit son bras.

A sa très-grande surprise, elle l'accepta très-délibérément.

Il la conduisit à la tente et lui dit :

— Madame, vous êtes là chez vous; veuillez commander, et l'on vous obéira.

Montrant ses hommes :

— Tous ces guerriers sont à moi, dit-il, et je ne suis que votre très-humble serviteur.

« A part la liberté, que je ne puis vous rendre, à part le confortable qui vous attend, et dont je ne dispose pas encore;

tout ce que vous souhaiterez sera fait avec empressement.

Il allait s'éloigner.

La marquise lui dit :

— Entrez, monsieur, je souhaite vous parler.

« Elle se décide ! » pensa-t-il.

Il s'attendait à des questions.

— De grâce, madame, fit-il, à défaut de siége, asseyez-vous donc sur cette natte.

— Merci, monsieur.

Et elle suivit ce conseil.

Puis l'examinant de la tête au pied, avec une assurance qui parut embarrasser Akmet, elle lui dit :

— Monsieur, vous parlez français, vous semblez contracter les usages de notre nation, vous êtes peut-être un déserteur, un renégat; mais peu importe.

— Madame...

— Pardon, fit-elle, je vous le répète, peu m'importe que vous soyez ou non cela.

— Cependant...

— Mon Dieu, monsieur, vous êtes un misérable, n'est-ce pas, pas autre chose ?

« La nationalité ne changerait rien à l'affaire. »

Akmet se mordit les lèvres.

La marquise reprit :

— Donc, vous m'avez enlevée.

« Ou c'est par cupidité... »

Akmet protesta d'un geste; elle n'y prit garde, et continua d'une voix ferme :

— Si c'est pour avoir une rançon, conduisez-moi à Nemours, après avoir fait votre prix. Je suis la marquise de Nunez, vous ne me connaissez pas; mais à mon air vous devez voir que je ne mens pas, et que si je vous promets une somme, vous la recevrez intégralement.

— Vingt millions étalés là ne me tenteraient point, fit Akmet, si, pour les avoir, il fallait vous perdre.

— Pour un bandit, voilà une jolie phrase; mais j'ai le madrigal en horreur.

« Je reprends.

« Si c'est par vengeance que vous avez commis le rapt de

ma personne, vengez-vous le plus tôt possible; car ma situation m'est odieuse.

« Le comte de Lavery vous est odieux peut-être, et vous voulez le frapper dans ma personne.

« Alors, frappez vite !

— Si quelqu'un se permettait de vous toucher du bout du doigt, je le tuerais, dit Akmet.

« Quant au Coupeur de têtes, j'ai à vider une querelle avec lui; mais nous la viderons d'homme à homme, et je me regarderais comme un lâche si je me vengeais sur une femme.

— Alors, je suppose que vous voulez faire de moi un otage, n'est-ce pas, monsieur?

— Non, madame, pas du tout.

« J'aurais tout perdu, vous me resteriez, que je m'estimerais le plus riche des hommes.

— Bon.

« Vous m'aimez ?

— Oui, madame.

La marquise se leva brusquement.

Les yeux étincelants, la lèvre frémissante, elle saisit brusquement la main d'Akmet.

— Écoute-moi bien, lui dit-elle, son regard dardé sur le sien, écoute et retiens :

« A la moindre tentative, à la moindre violence, je me tue; ne l'oublie pas.

« Essaye, et tu verras ! »

Lui lâchant la main, l'éloignant d'elle par un geste brusque, elle entr'ouvrit son corsage, mit à nu sa poitrine palpitante, et lui dit :

— Me voilà !

« Tu es maître de moi, n'est-ce pas?

« Eh bien ! bandit, ose, ose donc, tu verras ! »

Elle le foudroyait par l'énergie sauvage qu'elle déployait devant lui.

Akmet ne s'attendait à rien de pareil.

Cet acte incroyable d'impudeur sublime, cette étrange provocation, la singulière majesté dont rayonnait le front de la marquise, son attitude imposante et fascinatrice le dominèrent.

Il rougit, pâlit et se retira.

4

— Eh bien! maître? demanda le chaouck.
— Ce n'est pas une gazelle, ami, dit Akmet, tu t'es trompé tout à l'heure, c'est une panthère que cette femme.

« Mais, dussé-je risquer de la perdre, dût-elle se tuer, je la veux... je l'aurai!... »

VIII

Le ksour.

Le roi du désert donna l'ordre de se remettre en marche; il avait hâte de gagner le Sahara.

Il paraissait preoccupé.

Le caractère de la marquise lui semblait être un de ceux qu'on n'assouplit pas et qu'on ne brise point ; il craignait de ne jamais réussir.

Mais il songeait à sa puissance, à son prestige, à la vie qui l'attendait et au spectacle imposant qu'elle offrirait à l'œil d'une Européenne ; il espéra...

Ali le vit sourire et lui dit :

— Un rayon de soleil vient de luire sur ton visage et en a chassé les nuages, pour parler comme le poëte Bou-Medim, ton taleb (savant).

« Tu as sans doute trouvé le moyen de vaincre la résistance de la marquise de Nunez ?

— Mon cher Ali, fit le jeune homme, j'ai bon espoir, en effet, de me faire aimer.

« Cette femme, on nous l'a dit, ne connaît l'Algérie que depuis quelques jours.

— C'est vrai.

— Elle regarde tous les Arabes comme des brutes, comme des misérables pouilleux.

— C'est un préjugé français.

— Elle me croit un rénégat, elle s'attend à des mauvais traitements, à l'esclavage dans quelque cahutte, à une vie affreuse au fond du Sahara.

— Il est probable que ce sont là ses idées; mais tu vas la détromper !

— Point.

— Et pourquoi ?

— Pour frapper son imagination tout d'un coup. Je veux l'éblouir, la fasciner, la troubler subitement.

« Plus une femme vous a cru vil, bas, petit, plus elle est disposée à se jeter dans vos bras lorsque vous vous révélez grand et noble à ses yeux.

« Pars.

« Tu feras appel aux goums des tribus, tu assembleras trente ou quarante mille cavaliers dans la plaine devant notre ksour, tu organiseras une entrée triomphale.

— Bravo, sidna, l'idée est excellente.

— Que la casbah (palais et fort) soit prête pour la recevoir; que l'on étale à ses yeux un luxe royal.

« Elle s'attend à trouver une chaumière de pizé, elle verra un palais.

« Elle s'imagine nos femmes en haillons, nos guerriers en guenilles, et l'or resplendira au soleil.

« Va ! »

Le kodja prit les devants. . . . .

. . . .

Le voyage dura quatre jours.

Akmet ne dit pas un mot à la marquise.

Il veillait sur elle, lui épargnait la fatigue, la gêne, l'ennui dans la mesure du possible, mais il s'abstenait de lui dire un seul mot.

Cette conduite bizarre jeta au cœur de la jeune femme une inquiétude vague et une profonde curiosité.

Elle se demandait quels motifs pouvaient inspirer à son ravisseur cette attitude réservée; elle craignait, elle espérait à la fois.

Mais elle se garda bien de questionner.

Pleurer lui semblait indigne d'elle.

Pour tout au monde, elle n'eût pas prié.

Elle attendit.

Le matin du cinquième jour, deux heures avant l'aube, elle fut éveillée par un Touaregg ; le convoi se mit en route assez précipitamment.

Elle eut la pensée que Raoul était à la poursuite du roi du désert.

Mais quand le soleil, brillant tout à coup à l'horizon, éclaira le Sahara, elle comprit qu'elle se trompait ; derrière elle, rien ; devant elle, une oasis.

Cette île de verdure, perdue dans les sables, apparaissait à distance comme un paysage en miniature, un point imperceptible dans l'infini de l'océan aux fauves ondulations !

Les mahara, le col tendu, humectaient avec délices les parfums que la brise apportait du ksour (ville).

Ils redoublèrent leur allure.

L'oasis parut grandir peu à peu.

Les palmiers se découpèrent sur le sol, montèrent, s'exposèrent, dessinèrent des bosquets, auxquels les rayons empourprés du soleil prêtaient une merveilleuse coloration ; on eût dit que cette forêt était en feu ; elle flamboyait merveilleusement au regard, vue sur le fond d'opale dont l'aurore embrasait l'horizon.

A travers les arbres, par les trouées lumineuses, le ksour se profilait avec sa ceinture pittoresque de vieilles murailles brunes, ses maisons blanches et coquettes, son minaret élancé dans l'azur et sa casbah imposante dominant tout de sa masse sombre.

Dans ce tableau poétique, les contrastes se heurtaient violemment.

Le désert, muet, sinistre, mystérieux, s'étendait autour de ce nid humain plein de fraîcheur et de charme ; les arbres attestaient une fécondité inouïe au milieu même de ces espaces arides ; la vie surgissait de la mort ; le bruit du silence.

A ces oppositions vigoureuses les oasis doivent une puissance de tons inouïe.

Ils éveillent dans l'âme un monde d'idées gracieuses et leur aspect frappe, enchante et saisit.

La marquise, distraite malgré elle de ses anxiétés par la

4.

nouveauté du site qui se déroulait autour d'elle, se laissait aller aux impressions de la surprise.

Akmet étudiait les moindres mouvements de son visage; il espérait...

On s'engagea dans les jardins.

Les ruisseaux, serpentant sous l'herbe épaisse, sussurraient doucement, et leurs flots clapoteux léchaient des rives capricieusement découpées où la végétation, d'un vert d'émeraude, jaillissait du fond d'or bruni des sables.

Les palmiers s'élançaient vers l'azur par groupes élégants, le mâle dominant les femelles de son orgueilleux panache, penché vers elles qui semblaient se hausser pour l'atteindre; effort incroyable et touchant de la vie et de l'amour chez les végétaux; effort qu'il faut avoir vu pour l'admirer et le comprendre!

Les figuiers s'étalaient larges et forts, distillant le sucre par tous les pores; les arbousiers, les orangers, les citronniers mariaient leurs fruits d'or et de pourpre, enlaçant leurs rameaux, confondant leurs feuillages; les jardins succédaient aux jardins, unis et séparés à la fois par des haies infranchissables de cactus géants, d'aloès aux dards acérés, de raquettes aux piqûres douloureuses, lavanes aux enlacements inextricables.

Le ksour semblait endormi encore; mais les oiseaux chantaient et les bosquets s'emplissaient de gazouillements qui caressaient délicieusement l'oreille; musique d'amour qui parle au cœur.

En l'écoutant, la marquise poussa un soupir désolé; la pensée de son isolement lui revint.

Mais, soudain, elle fut arrachée brusquement à ses regrets.

En débouchant d'un sentier elle aperçut, entre les jardins et la ville, un immense espace ressemblant aux champs-de-mars de nos places fortes.

C'était un terrain légèrement élevé que l'on n'avait pu irriguer et dont on avait fait l'emplacement des marchés du ksour.

A cette heure, une foule immense, silencieuse, s'y étendait, groupée de la façon la plus pittoresque.

Au premier rang, trente mille cavaliers massés par goums,

sous les étendards de leurs tribus, présentaient aux regards une armée orientale dans toute la splendeur de son originalité.

Tous les costumes de l'Algérie mariaient là leurs couleurs et leurs formes.

Les Touareggs, aux voiles noirs, au sombre manteau, formaient des escadrons d'aspect sinistre sur leurs mahara de fantastique aspect.

Les Arabes étalaient auprès d'eux leurs burnous blancs, éblouissants au soleil, et leurs coursiers numides piaffaient sous leur éperon à la pointe d'acier.

Les écharpes rayées, les longs vêtements zébrés des Mozabites distinguaient leurs guerriers; et les nègres démi-nus, armés de lances, esclaves venus du Soudan, formaient aux hommes libres des escortes comme les serfs du moyen âge à leur seigneur.

Les chichias rouges tranchaient sur les haïques ceints de cordes brunes; les têtes nues des noirs recevaient l'ombre des immenses chapeaux d'alpha tressés que portaient les hommes de grandes tentes.

Les toques dorées des gens des ksours brillaient d'un vif éclat près des calottes blanches des Berbères de l'Aurès.

Mais toutes ces étoffes, ces ceintures, ces vestes et ces coiffures brodées, chamarrées, ruisselantes de dorures, toute cette richesse du vêtement était effacée par la fabuleuse magnificence des armes.

Les garnitures ciselées des longs fusils, les crosses incrustées, les yatagans rutilant de pierreries, les pistolets au bois semé d'arabesques tracées par des pierres précieuses, les poignards aux poignées surchargées de rubis et de perles, tout l'arsenal poétique des pays musulmans jetait au soleil des feux fulgurants, et chaque guerrier semblait environné d'un nimbe lumineux.

C'était d'un effet magique.

Telle était l'armée.

Autour d'elle, une multitude d'hommes, de femmes, d'enfants, non moins parée, non moins brillante, non moins imposante pour le regard et la pensée.

Et tout ce monde, peuple et guerriers, attendait Akmet, le

roi du désert, qui, dans les plis de son burnous, apportait la guerre, la guerre aux Français abhorrés.

Quand parut ce jeune homme, qui représentait les espérances de toutes ces tribus, qui avait galvanisé tous ces sauvages Sahariens, allumé contre nous toutes ces colères, quand ce chef fanatiquement aimé parut, une clameur immense surgit du sein de cette multitude et monta jusqu'au ciel, faisant trembler la terre.

Le désert envoyait à son roi un salut ardent.

Puis les escadrons s'ébranlèrent, derrière eux la foule; une masse de cent mille personnes se rua vers Akmet, qui fut entouré par elle.

Les scheiks, les amins, les vieux chefs se précipitaient vers lui, l'embrassaient avec rage, baisaient ensuite respectueusement les pans de son burnous et l'acclamaient avec passion.

Ce fut une scène indescriptible.

La marquise n'eût jamais cru qu'un homme aurait pu posséder un tel pouvoir.

Les plus rapprochés se jetaient sur Akmet et l'accablaient de leurs démonstrations; ceux qui ne pouvaient l'atteindre cherchaient au moins à toucher son cheval; tous le dévoraient des yeux, et ceux qui ne parvenaient pas à l'apercevoir se dressaient sur la croupe de leurs montures, afin de plonger leur regard au-dessus des autres guerriers.

C'était du délire.

De temps en temps Akmet regardait la marquise à la dérobée; il souriait en la voyant un peu pâle au milieu de toutes ces têtes curieuses qui la regardaient.

Quand l'enthousiasme se fut un peu calmé, le jeune homme poussa son mahara en avant et fendit la foule, qui s'ouvrit respectueusement devant lui; il prit la tête de l'armée, qui se rangea derrière son coursier.

Le cortége se dirigea vers le ksour, où Akmet fit son entrée triomphale.

Les guerriers, derrière lui, tiraient des coups de feu en signe de réjouissance, et le peuple hurlait des yous yous (le vivat arabe).

Ce fut au milieu de ces salves de mousqueterie et de ces ovations qu'Akmet arriva dans sa kasbah.

La marquise, qui regardait les Arabes comme des sauvages et des misérables, vit là, pour la première fois, le luxe des Orientaux et le comprit.

Elle était éblouie.

Elle fut surprise, en entrant dans le palais, de le voir si fastueusement meublé.

Ces tapis, ces lambris dorés, ces voûtes découpées à jour, ces dallages de marbre de l'architecture moresque lui parurent constituer un genre supérieur au nôtre; elle ne s'attendait à rien de pareil.

Akmet, lui-même, la conduisit à la chambre préparée pour elle.

Là, il lui dit :

— Madame, mon peuple m'attend; je dois lui consacrer cette journée; permettez-moi de vous quitter, à mon regret. Quoiqu'une fantasia soit un merveilleux spectacle, je n'ose vous convier à celle qui va se dérouler aujourd'hui devant moi.

« Je crains que vous ne soyez fatiguée. »

Il appela.

Tout un essaim de négresses accourut.

— Voilà vos femmes, madame, dit-il; vos esclaves! L'une d'elles, que voici, parle un peu le français; elle traduira vos ordres aux autres.

En ce moment Ali parut.

— Qu'y a-t-il? demanda Akmet.

— Un message.

— Donne.

Ali tendit à son cousin une lettre écrite en arabe, sur parchemin.

Le roi du désert la lut, puis dit à la marquise :

— Il paraît, madame, que le Coupeur de têtes, votre protecteur, a commis un assassinat?

La marquise pâlit.

— Il aurait, continua Akmet, voulu tuer l'un de ses oncles, en France.

« Saviez-vous cela?

— Oui, fit-elle froidement.

« Raoul avait raison, du reste. Il a gardé, malgré ce prétendu crime, toute mon estime.

— Je n'en doute pas, madame.

« Le comte devait avoir, du reste, des motifs pour poignarder son parent.

« C'est un garçon loyal, que guide toujours un honorable sentiment.

« Mais, s'il n'y a pas crime, il y a eu faute.

— Pourquoi, monsieur ?

— Parce que c'est une faute de laisser vivre un ennemi; et, la preuve, c'est que l'oncle vient de se venger du neveu.

— Comment ?

— En le faisant arrêter.

« Votre ami, madame, sera conduit à Tlemcem, puis à Oran, où on le jugera et où on le condamnera au bagne.

« J'en suis désolé.

« J'ai de la haine contre le comte, je l'aurais combattu avec plaisir, tué avec joie.

« Mais voir un homme de sa trempe aller au bagne, c'est chose navrante.

— Il n'ira pas ! fit la marquise.

— S'il est condamné, pourtant ?

— Il se tuera...

Akmet reçut cette phrase comme un coup de massue; il vit bien que rien n'ébranlerait l'admiration de la marquise pour Raoul.

— En se tuant, il couronnera une vie énergique par une mort héroïque, dit-il.

« Mais on m'appelle, madame, et je me retire. »

Il sortit.

Il dit à son secrétaire :

— Quelle femme !

— Un caractère de fer ! fit celui-ci. Ça ne pliera pas, ça ne cédera pas.

— J'en ai peur.

— Pourtant, l'arrestation du comte aurait dû la briser ; mais elle a montré une fermeté désespérante.

Akmet réfléchit pendant quelque temps.

— Mon cher, dit-il, il faudra des mois et des mois pour dompter cette femme; l'habitude seule pourra l'assouplir à mes volontés.

— Je le crains.

— Elle se tuerait, si je la violentais.

— Ne l'a-t-elle pas juré ?
— Eh bien ! mon cher Ali, on ne la violentera pas; on s'y prendra plus adroitement.
— Que feras-tu donc ?
Akmet ne répondit pas d'abord.
Il appela un serviteur.
— Tu prépareras ce soir, dit-il, des sorbets opiacés; il faut que la dose soit suffisante pour endormir une femme.
— Bien, sidna ! fit l'esclave.
Ali regarda son cousin.
— J'ai compris; dit-il.
— Je n'aurai pas l'âme, fit Akmet; mais du moins j'aurai le corps.
« Et maintenant, en fête !
« Que la fantasia commence...
« Ce soir, la plus jolie Parisienne qui ait paru sous le lustre de l'Opéra sera dans les bras du roi du désert. »
— Et, au réveil, elle ne s'en doutera pas, fit Ali.

IX

Un dîner de la *Maison-d'Or* au désert.

La journée s'écoula en réjouissances.

La marquise, qui avait congédié ses femmes, entendait du fond de sa chambre le bruit du dehors.

Une fois seule, elle s'était mise à pleurer.

Raoul arrêté.

Raoul forçat!

Elle y songeait en frémissant.

Puis elle pensait à la puissance de son ravisseur, à ces milliers de serviteurs dévoués qui l'entouraient; elle voyait Akmet capable de balancer la fortune de la France, et elle se demandait ce que pourrait contre lui Raoul, alors même qu'il serait libre et en mesure de lui porter secours.

Quelque brave, quelque adroit qu'il fût, comment pourrait-il l'arracher des mains d'Akmet?

Le chagrin berce comme le bonheur.

Elle s'endormit en rêvant à sa triste position, mais elle s'endormit bien déterminée à ne pas supporter le déshonneur.

Elle ne s'éveilla qu'au soir.

Une négresse épiait son réveil.

L'esclave la conduisit au bain, puis l'habilla; la marquise se laissa faire.

Quand elle fut prête, Akmet se présenta.

— Madame, lui dit-il le visage souriant, veuillez accepter mon bras.

— Mais, monsieur...

— J'ai une bonne nouvelle à vous apprendre.

« Veuillez venir jusqu'à la salle à manger, où l'un de mes parents, un charmant garçon, nous tiendra compagnie, si vous y consentez.

« En dînant, nous causerons. »

La marquise accepta le bras qu'Akmet lui tendait et le suivit.

Il la conduisit à une chambre coquettement arrangée pour ressembler le plus possible à une salle à manger française, où un dîner à la parisienne était servi.

Si Akmet méprisait les Français, il estimait fort leur cuisine et leurs vins.

Ali attendait.

— Mon secrétaire et mon cousin, Ali-ben-Moussa, dit Akmet, présentant le jeune homme.

— Un de vos admirateurs, madame, dit le jeune homme en s'inclinant devant la marquise.

Celle-ci était fort étonnée.

Cette table, ces manières, ces Arabes parlant français d'une façon correcte, ces aventures si rapidement nouées et dénouées, tout la surprenait.

Conduite par Akmet à la place d'honneur, elle s'assit interrogeant du regard.

— Madame, dit le jeune homme, veuillez m'écouter un instant; notre dîner en sera plus gai.

« Je vous dois dire toute la vérité.

« Je suis Touaregg, chef de presque tout le Sahara, ambitieux et capable de grandes choses.

« Elevé en France, connaissant vos mœurs, j'ai rêvé de vous chasser de l'Algérie, d'être un nouvel Abd-el-Kader, et un Abd-el-Kader heureux.

« Vous avez vu une partie de mon armée, ce matin; vous pouvez juger de mes moyens d'action.

« Mais, en somme, que je réussisse ou non, vous me portez trop peu d'amitié pour que cela vous intéresse ; passons donc à ce qui vous importe.

« Je voulais me révolter contre la France.

« Mais on se défiait de moi.

« J'ai une sœur adorée.

« Le gouverneur de l'Algérie m'avait fait comprendre qu'il ne me tiendrait pour son ami qu'autant que cette sœur serait à Alger, sous ses yeux.

« C'était un otage qu'il voulait. »

Ici Akmet mentait effrontément.

Il continua :

— Au moment où je vous ai vue, j'étais prêt à lever l'étendard de l'insurrection.

« Il me fallait une femme française et de grande maison pour répondre de ma sœur.

« Je vous ai enlevée de préférence à la femme du gouverneur de Nemours, à laquelle j'avais songé d'abord.

— Mais, monsieur, fit la marquise, j'étais déguisée en homme. Puis comment saviez-vous mon rang ?

— Quand on vous a vue une fois, madame, on se souvient toujours de vous.

« A Paris, souvent je vous avais admirée.

« Je ne doute pas que le gouverneur ne m'échange ma sœur contre vous.

« Il y a quelques jours, je vous ai dit (ce qui est la vérité) que je vous aimais.

« Je vous aime encore.

« Je me disais que peut-être me voyant puissant, riche et très-épris, vous me donneriez quelque promesse, et qu'ayant réussi, vous accepteriez une place à mes côtés sur le trône d'Alger ; mais je renonce à cette espérance.

« J'ai compris que vous aimiez le Coupeur-de-Têtes.

« Aussi, madame, ai-je pris la résolution de ne plus vous parler de ma passion que j'étoufferai.

« Vous serez traitée ici le plus confortablement possible ; je tâcherai de vous faire la vie douce et agréable ; puis, quand les négociations que je fais entamer à Alger pour l'échange auront réussi, vous serez reconduite à Biskra où vous emporterez peut-être de moi un bon souvenir.

« Sans doute, je vous aurai ravie votre liberté ; mais j'aurai tout fait pour me faire pardonner, et vous songerez que la délivrance de ma sœur m'imposait des devoirs pénibles. »

La marquise crut à toute cette fable si plausible ; elle se vit bientôt libre.

— Voilà un procédé de galant homme, dit-elle.

— Attendez, madame, je ne mérite pas encore vos remercîments, dit Akmet.

« Mais ce que je vais vous dire vous paraîtra valoir peut-être quelque gratitude.

« J'ai envoyé ordre à mes partisans de la province d'Oran de fomenter une émeute sur le passage du comte, prisonnier ; on le délivrera sur le territoire de la tribu des Traras qu'il doit traverser.

« Je tiens à lui rendre service, pour vous dédommager d'abord de la gêne que je vous impose, puis pour qu'il ne m'en veuille pas trop.

Ici Akmet mentait encore avec audace.

La marquise, emportée par un sentiment de vive reconnaissance, tendit avec effusion la main au jeune homme.

Celui-ci saisit cette main et la baisa avec galanterie.

Puis il dit à la jeune femme :

— Imaginez-vous, maintenant, madame, que vous nous donnez à dîner en votre hôtel à Paris.

« Car vous êtes ici chez vous. »

La jeune femme accepta ce rôle.

Elle était si heureuse, si bien trompée par l'adroite comédie d'Akmet, qu'elle se montra charmante.

Le repas fut des plus gais.

Akmet se montra spirituel et donna de lui la plus haute idée.

Après le dîner, il proposa une promenade à cheval, que la jeune femme accepta.

Il sut ne pas dire un mot, ne pas faire un geste qui pût l'effaroucher.

Elle trouva la promenade délicieuse.

Elle revint au palais touchée des procédés d'Akmet, et disposée à lui pardonner son enlèvement.

Comme elle allait se mettre au lit une esclave apporta un plateau de sorbets.

Elle en prit un.

Puis s'endormit.

. . . .

Une heure après Akmet entrait dans sa chambre.

X

Le silo troué.

Pendant que le roi du désert lui volait la marquise, Raoul était enfermé à Nemours, dans le silo où l'on dépo dinaire les prisonniers arabes.

Esclave de sa consigne, l'officier de gendarmerie la suivait à la lettre.

L'instruction portait :

« Prendre toutes les précautions possibles. »

Or, ce silo était la prison la plus sûre; le prévôt l'avait choisie.

Mais il eut soin que l'on descendît au fond du silo des nattes épaisses, des cigares, du feu, du rhum, tout enfin ce qui pouvait être agréable au prisonnier, auquel le prévôt portait la plus grande estime et n'aurait pas voulu manquer d'égards.

Raoul était enfermé depuis deux heures et gardé par deux factionnaires au sommet du silo, quand parut le colonel commandant la place ; celui-ci se fit descendre auprès du prisonnier.

— Mon cher comte, lui dit-il, prenez votre courage à deux mains.

— C'est fait, dit le chasseur.

« Qu'y a-t-il ?

« Parlez.

— Mon ami, c'est un malheur immense. Vous n'attendez pas un pareil coup : tenez bien votre âme, comme disent les Arabes.

Raoul eut un pressentiment.

— Je comprends, dit-il.

« Marie est enlevée.

— Hélas, oui !

— Par le roi du désert !

— Oui.

Le comte pâlit.

— Elle lui résistera, murmura-t-il, et il la tuera. Elle est perdue !

Puis tout haut, la voix vibrante, le geste indigné, l'œil menaçant :

— Vous êtes gentilhomme, s'écria-t-il, vous êtes colonel, vous êtes son cousin et vous êtes ici, au lieu de poursuivre ce chien d'Arabe !

Le colonel ne broncha pas devant cette apostrophe véhémente.

Il se croisa les bras et dit :

— Je vous croyais plus de force d'âme !

Le comte baissa la tête.

Puis tendant vivement la main au colonel, il lui dit franchement :

— Excusez-moi.

« On peut dompter toutes les passions, sauf l'amour ; cette perte me rend fou.

« J'aurais dû comprendre que votre conduite est à l'abri de tout reproche.

— Jugez-en :

« Le roi du désert a des mahara ; pas un de nos chevaux ne saurait l'atteindre.

— C'est vrai ! dit le comte.

Et avec explosion :

— Mais je vais gagner le désert, moi, s'écria-t-il, j'aurai le temps d'arriver au ksour de ce bandit et je vengerai madame de Nunez.

Le colonel, du doigt, toucha l'épaule du chasseur.

— Vous êtes arrêté ! fit-il.

— Je m'évaderai, dit Raoul.

— Je l'espère, fit le colonel.

Et avec une bienveillance extrême :

— En dehors de ce que mon devoir absolu exige, dit-il, demandez-moi tout ce que vous voudrez et je vous l'accorderai.

— Merci, dit Raoul.

« Demain on me conduit à Tlemcem ; j'aurai combiné un plan de fuite.

« Veuillez venir me dire adieu ; je vous dirai en quoi vous me serez utile.

— C'est entendu ! fit le colonel.

« Au revoir et bonne chance !

— Merci ! dit le chasseur.

Avant de partir, le colonel revint :

— A propos, dit-il en souriant, il court des bruits singuliers sur ce silo.

— Ah ! fit Raoul.

— Oui. On prétend que du temps où les Turcs étaient maîtres de l'Algérie, tous les prisonniers qui étaient enfermés dans ce trou s'évadaient mystérieusement sans qu'on sût comment.

— Une de ces stupides légendes indigènes, comme les Arabes en content.

— Ma foi, non ! dit le colonel.

« J'ai à mon bureau arabe un chaouck qui affirme très-sérieusement la chose.

— Il est fâcheux alors que je n'aie pas le secret de ceux qui ont fui.

« Mais pourquoi remettait-on des coupables dans le silo, puisqu'ils s'évadaient ?

— Il y en a eu cinq ou six.

« Après on ne s'est plus servi de ce cachot.

— Et vous, colonel, pourquoi ne l'avez-vous pas fait combler ?

— Parce qu'après une visite minutieuse, le capitaine du génie de la redoute m'a affirmé que le silo n'avait aucune issue.

« Toutefois vous êtes le premier prisonnier qui y entre, depuis que nous sommes établis ici ; je souhaite que vous soyez aussi heureux que vos prédécesseurs, mon cher.

— Je tâcherai ! fit Raoul.

Le colonel se retira.

Le chasseur, dès qu'il fut parti, se demanda ce que la légende pouvait avoir de vrai ; il avait un vague espoir.

Il inspecta sa prison.

Un silo est une sorte de puits creusé dans le sol.

Plus vaste au fond qu'à l'orifice, il ne laisse arriver le soleil au prisonnier que vers midi ; c'est un triste cachot.

Raoul sonda les parois et ne trouva rien qui ressemblât à un conduit souterrain dissimulé ; or, la fuite n'était possible que par quelque galerie inconnue.

Il se résigna, après un minutieux examen, à attendre au lendemain.

En route il comptait bien trouver une bonne occasion de fuir.

Il s'étendit sur ses nattes et se mit à fumer.

Il avait une bougie allumée et se proposait de l'éteindre quand ses regards furent attirés par une petite inscription en langue arabe, gravée dans une des pierres formant les parois du mur.

« Si tu me pousses, je résiste (portait l'inscription) ; si tu m'attires doucement à toi, je cède aussitôt. »

Et en forme d'indication :

(Paroles du poëte Berim.)

Ceci avait l'air d'une sentence comme les Arabes en ont tant, et qu'ils aiment à retracer partout.

Toutefois Raoul, songeant à ce que le colonel lui avait dit au sujet des évasions précédentes, Raoul supposa que peut-être il y avait là quelque bon avis.

Il s'aperçut que la pierre faisait légèrement saillie au dehors.

Ses soupçons se confirmèrent.

L'officier de gendarmerie avait prié le chasseur de lui remettre ses armes ; celui-ci s'était dépouillé de toutes celles qui étaient passées à sa ceinture ; mais il avait conservé un poignard très-solide à manche court, caché dans sa poitrine, sous sa chemise.

Il le prit et le glissa entre les joints de la pierre, agitant sa lame peu à peu ; il vit avec joie que la pierre se descellait.

Il continua à dégager le moëllon et celui-ci finit par tomber à terre.

Dans le trou béant qui résulta de cette chute, Raoul trouva une boîte ; dans cette boîte un parchemin qu'il déplia.

Il lut ce qui suit en arabe :

« Je suis captif encore.

« Demain, je serai libre.

« Les corsaires turcs de Djemmaa (depuis Nemours) me retiennent prisonnier.

« Ils attendent une rançon que ma femme *infidèle* ne veut pas donner.

« J'appartiens à la ville de Nedramah et j'ai été enlevé dans une razzia.

« Depuis trois mois, je travaille à ma délivrance, l'heure en est venue.

« J'ai préparé cette pierre et celles qui sont autour d'elle, de telle sorte que l'on pût refermer le trou derrière soi.

« Il faut que les Turcs croient à une évasion miraculeuse.

« Je suis poëte.

« Ils ont consenti à me donner de quoi écrire ; j'écris ceci pour les malheureux qui seraient plus tard enfermés ici, comme moi.

« Pour les mettre sur la voie de la délivrance, j'ai couvert les murailles d'inscription ; quand on s'ennuie, on lit tout.

« J'ai pensé que tout prisonnier intelligent finirait par saisir le sens de mon avis, après avoir entendu parler de ma fuite qui, certainement, fera quelque bruit.

« Je conjure ceux qui auront compris, de laisser le parchemin en place et de fermer le passage derrière eux.

« Ça profitera à quelques malheureux.

« Dieu bénira cette bonne action.

« Maintenant, défais encore trois pierres ; passe les pieds en avant ; plus loin le passage s'élargit et tu te retourneras.

« Bouche l'ouverture et fuis.

5.

« Le souterrain passe sous le *rapka* et donne sur la campagne.

« Bonne chance ! »

— Voilà un poëte qui était plein d'humanité, pensa Raoul joyeux.

Il suivit à la lettre les instructions de ce brave homme, s'engagea dans le souterrain, se traîna en rampant d'abord, puis il parvint à une sorte de cage où il put se retourner et cesser d'aller à reculons.

Il se remit en marche.

Mais tout à coup, il sentit un obstacle; le souterrain était encombré.

Il faisait une nuit obscure dans ce couloir étroit, et Raoul, tâtant de sa main l'objet qui fermait le passage, reconnut que c'était un squelette humain.

Il sentit les os claqueter sous ses doigts et il essaya de dégager le cadavre qui résista d'abord.

Mais les tendons étaient pourris et os par os, membre par membre, le chasseur se fit passage libre, glissant par-dessous et derrière lui ces dépouilles d'un malheureux mort depuis longtemps.

Mais qui avait causé cette mort?

Raoul le devina bientôt.

Il entendit bientôt les sifflements sinistres qui annoncent la présence de la vipère; le souterrain recélait un nid de ces reptiles au venin mortel.

L'Arabe, dans sa fuite, avait dû être piqué par un serpent.

Et comme celui-là tue presque instantanément, le malheureux était mort sur place.

La situation de Raoul était terrible.

La vipère cornue est le reptile le plus dangereux de l'Algérie.

C'est un petit serpent irritable, féroce, qui se jette sur tout animal avec une incroyable audace, et ne peut supporter la présence de personne près de lui; sa morsure est si dangereuse que ceux qu'elle atteint tombent foudroyés.

Avancer, c'était se perdre.

Reculer était difficile.

Remuer même était dangereux.

Raoul, perplexe, ne savait que faire; il songea qu'il avait

des allumettes sur lui, et se souvint que les reptiles ont horreur de la fumée et des odeurs fortes.

Il fit flamber une dizaine d'allumettes et les lança devant lui.

Le soufre, en brûlant, dégagea d'âcres senteurs qui emplirent le souterrain, et Raoul entendit les vipères fuir en sifflant lugubrement.

Mais, par excès de précaution, le chasseur se couvrit le visage, en ramenant sur sa figure le capuchon de son caban.

Il déchira sa chemise, et de l'étoffe il s'enveloppa les mains.

Ainsi protégé, il continua à ramper, espérant que les gueules des vipères, s'il en restait, ne pourraient mordre que ses gants improvisés ou la laine de son caban.

Il fit ainsi une dizaine de mètres.

Mais il rencontra un nouvel obstacle; c'était un affaissement de terre.

Le souterrain, effondré en partie, s'était à demi bouché.

Le conduit se rétrécissait à ce point qu'il devenait impossible d'y passer.

Raoul se mit à l'œuvre, creusa le sol de la pointe de son poignard et finit, après plusieurs heures de travail, à se frayer un chemin.

Il avança.

Tout à coup il aperçut une lumière faible pointant devant lui.

Le souterrain allait s'élargissant, et se terminait par une espèce de terrain assez vaste, creusé à coups de griffes; le chasseur y reconnut une tanière, et y vit une panthère couchée sur ses deux pattes et très-inquiète.

Elle avait les yeux fixés devant elle; elle rugissait en sourdine; agitait sa queue en balayant le sol, et semblait furieuse.

Raoul, à cette vue, s'arrêta.

Il comprit tout de suite que quelque chose d'extraordinaire se passait.

Sa position devenait effrayante.

Derrière lui, la captivité.

Devant, une bête fauve.

Pour toute arme, un poignard.

Il se blottit sans bruit et attendit.

XI

A l'affût.

Nemours était un poste de nouvelle création; on venait de l'organiser depuis peu, et avec lui une dizaine d'autres points stratégiques.

Il n'est pas de ville sans gendarmes; le premier soin du gouverneur général de l'Algérie, en créant les nouveaux établissements, avait été de demander en France des brigades de gendarmerie.

Il avait surtout recommandé qu'on lui envoyât des hommes solides.

Un appel avait été fait aux légions; de nombreux volontaires s'étaient offerts.

Parmi eux, le brigadier et le gendarme de Précy-les-Avaloirs.

Ces deux braves avaient appris avec désespoir le départ des coureurs de bois, qui avaient si brusquement quitté le château le lendemain même des événements que nous avons décrits.

Avec eux s'était envolée cette espérance radieuse d'épouser l'Arabesque qui avait fait battre si vivement les cœurs cachés sous les baudriers jaunes.

Quand l'ordre du jour signala une demande de volontaires pour l'Afrique, les deux gendarmes se hâtèrent de se proposer.

Ils étaient purs.

Ils étaient sans tache.

Précy-les-Avaloirs les estimait.

Leurs supérieurs les protégeaient.

Quant à leur bravoure, elle brillait à faire pâlir l'astre du jour.

Ils furent acceptés et envoyés à Nemours, où on leur adjoignit un vieux chasseur d'Afrique nouvellement entré dans la maréchaussée, et qui devait initier les nouveaux venus aux mœurs, us et coutumes du pays.

Donc, ils vinrent au pays de leurs rêves, les deux gendarmes de Précy-les-Avaloirs; ils y vinrent, pensant qu'un jour ils y retrouveraient peut-être l'odalisque qui les avait charmés.

Fiers de leur passé, sûrs de leur courage, ils prirent possession de leur poste avec cette dignité du guerrier sans peur et sans reproches que rien n'étonne.

Mais ils trouvèrent dans l'ex-chasseur d'Afrique un contempteur de leur gloire.

Le chasseur était blagueur, gouailleur, infatué de son mérite. La croix, qu'il avait gagnée par ses actions d'éclat, ses nombreuses blessures, lui donnait une morgue que ne purent supporter longtemps les deux vaillants gendarmes de Précy-les-Avaloirs.

Le troisième jour de leur arrivée, le brigadier prit son camarade à part.

Ils s'en allèrent tous deux, *arcades ambo*, se promener à cheval hors des murs, devisant sur ce qu'ils avaient à faire pour rabattre le caquet de l'ex-chasseur.

— Brigadier, disait le gendarme, m'est avis que l'existence vous est devenue, comme à moi, nauséabonde et pleine d'épines?

— C'est vrai! fit le brigadier.

— Ce chasseur d'Afrique est très-arrogant vis-à-vis de nous; il nous vexe comme si nous étions des conscrits.

— Il nous traite comme des morveux.

— C'est un vil galopin, sauf le respect dû à son âge et à ses services.

— Si nous lui prouvions qu'on le vaut bien, en faisant quelque trait de bravoure ?

— J'y ai pensé.

— Que pourrions-nous imaginer ?

— Ah ! voilà !

« Il faudrait une occasion. »

Comme ils en étaient là de leur conversation, les deux gendarmes virent passer un petit pâtre français qui pleurait.

— Qu'as-tu ? lui demandèrent-ils.

— J'ai perdu un mouton, dit-il, la panthère l'a mangé!

— La panthère ? firent les gendarmes.

— Oui ! fit l'enfant.

« Une grosse panthère.

« Elle est venue se jeter sur le troupeau qui s'est sauvé de tous côtés.

« Je n'ai pas pu rattraper mes bêtes ; elles sont dans les montagnes.

« Les Arabes les voleront.

— Viens ! dirent les gendarmes.

Et le brigadier prit le pâtre devant lui, se faisant indiquer l'endroit où l'accident était arrivé.

C'était à deux kilomètres de Nemours.

— J'ai déjà entendu parler de cette panthère, dit le brigadier.

« Il y a longtemps qu'on s'en plaint dans le pays.

— Voilà l'occasion demandée, s'écria le gendarme ; tuons cette bête malfaisante et ça rabattra le caquet du chasseur d'Afrique.

— Vous avez raison.

Les deux gendarmes, en vrais braves gens qu'ils étaient, parcoururent la montagne pour rassembler le troupeau effaré, tout tremblant encore et épars sur les collines environnantes; puis ils prirent tous leurs renseignements et renvoyèrent le petit pâtre en lui recommandant de ne rien dire sur leur compte dans Nemours.

L'enfant promit et partit.

Les deux gendarmes se mirent aussitôt en quête de la panthère.

Forcée de traîner le mouton qu'elle avait enlevée, elle avait laissé de nombreuses traces sur le terrain.

Les deux gendarmes chargèrent leurs mousquetons et suivirent la piste.

Ils arrivèrent après bien des recherches au fond d'un ravin, tout près de Nemours.

— C'est surprenant, dit le brigadier, cet animal va se loger en ville ; car nous sommes sur la voie ; voilà encore de la laine et du sang sur cette broussaille.

— Cette panthère est des plus fallacieuses, dit le gendarme ; c'est une fine mouche.

« J'ai ouï dire qu'on avait cherché longtemps sa trace sans la trouver.

« Ce n'est pas étonnant.

« Qui aurait cru qu'elle se gîterait presque au pied des murs de la redoute ?

— Nous ! fit le brigadier.

« Vous voyez bien que nous l'avons trouvée !

— Un gendarme est un gendarme ; rien n'échappe à son œil de lynsque.

— C'est égal, fit le brigadier, quoique près de la ville, la tanière est bien choisie.

« On ne peut voir endroit plus désert. »

En effet, le site était sauvage et la solitude était profonde.

Nemours, comme toutes les villes naissantes, avait une enceinte très-vaste ; on prévoit toujours l'augmentation de population.

Vers le ravin dont nous parlons, des escarpements de rocs, sur lesquels courait ce rempart, écartaient les promeneurs.

Personne ne se promenait jamais de ce côté, ni au dehors ni au dedans.

Aussi, n'est-il pas trop étonnant qu'une panthère eût fait élection de domicile là.

L'*Akbar* du temps a du reste raconté en détail la chasse que, d'après lui, nous allons décrire ; chasse dont on parla longtemps en Afrique en raison des péripéties dont elle fut semée.

La panthère avait trouvé, en rôdant quelque nuit, la sortie du souterrain venant du silo ; c'était pour elle un terrier qu'elle n'avait plus qu'à agrandir ; elle s'y installa.

N'y entendant jamais de bruit, n'y voyant personne, elle s'y plut et y resta ; on la cherchait bien loin, elle était là.

C'était une bête fauve énorme qui, chaque nuit, faisait quelque massacre.

Tous les douars environnants tremblaient pour leurs troupeaux.

Deux voyageurs avaient été tués et dévorés ; c'était une de ces panthères que les Arabes appellent mangeuses d'hommes, parce qu'elles ont pour l'homme une haine profonde qui les pousse à se jeter sur lui-même lorsqu'elles sont repues.

Elle était la terreur des bergers et des chasseurs de tout le cercle.

Une prime considérable était offerte à qui la tuerait ; on avait organisé des battues ; on avait fouillé le terrain à cinq lieues à la ronde et on n'avait point trouvé son gîte.

On ne pouvait la supposer établie presque sous l'enceinte de Nemours.

Les deux gendarmes avaient, eux, suivi tout naïvement ses traces récentes et se trouvaient en face de ce terrible adversaire.

La nuit commençait à tomber.

Ils virent très-distinctement la tanière de la panthère et ne doutèrent point qu'elle n'y fût rentrée ; on entendait le bruit de son repas ; les os du mouton craquaient sous sa dent.

Les deux gendarmes se retirèrent d'abord sans bruit, attachèrent assez loin de là leurs chevaux, et revinrent se mettre en embuscade devant le repaire de l'animal.

Ils ne pouvaient grimper jusqu'à lui sans de grands dangers.

Des pentes presque à pic les auraient arrêtés, et si la panthère les avait attaqués pendant l'ascension, ils n'auraient pu tirer sur elle.

Ils résolurent de l'attendre au pied des rochers qu'elle franchissait d'un bond pour sortir de chez elle ; ils se cachèrent là derrière un épais buisson de jujubiers, bravement déterminés à faire feu dès que la panthère paraîtrait.

Une heure, deux heures, trois heures se passèrent sans que rien parût.

L'animal repu s'était endormi.

Les deux chasseurs s'impatientèrent, et le brigadier murmura à l'oreille de son subordonné :

— La s..... g.... est endormie ; elle s'est flanqué une indigestion de mouton.

— Elle ne s'éveillera pas de sitôt ! fit le gendarme ; ça doit être comme les loups ; une fois remplis, ça fait des sommes de douze heures.

— L'éveillons-nous ?

— C'est mon avis.

Le brigadier regarda un instant son camarade.

— Etes-vous solide au poste ? demanda-t-il.

— Oh ! fit le gendarme en pâlissant ; vous m'injuriez, brigadier ; vous savez que je ne *canne* jamais.

— Bien.

« Tenez-vous prêt. »

Les deux gendarmes visitèrent leurs mousquetons, tirèrent leurs sabres du fourreau et les piquèrent dans le sol devant eux, puis le brigadier froidement, sans la moindre émotion, ramassa une pierre et la lança contre le repaire.

Un sourd grognement retentit.

Les deux gendarmes épaulèrent, s'attendant à voir paraître la panthère.

Elle ne bougea point.

Le brigadier envoya une seconde pierre.

Un cri terrible répondit à cette provocation, et la tête énorme de la panthère se montra à l'entrée de sa tanière ; ses deux yeux flamboyant illuminaient l'ombre, et de sa gueule ouverte s'échappaient des rauquements formidables.

Au loin, les chevaux des gendarmes hennissaient de peur...

C'est à ce moment que Raoul arrivait au fond du repaire...

XII

Trépas héroïque.

L'aspect de la panthère est terrible.

En vain s'est-on préparé de sang-froid à la combattre, en vain se croit-on sûr de son courage, les plus braves frémissent au moment où elle apparaît.

Entre cette gueule au rictus féroce, ces griffes acérées qui s'étirent et la faible poitrine du chasseur, il n'y a qu'un fusil et la balle qu'il contient; un léger tremblement, un manque de coup d'œil suffit pour manquer le but.

Alors, c'en est fait de l'homme!

Inutilement s'armera-t-il d'un poignard ou d'une épée, la bête fauve, le poignard au flanc, l'épée au ventre, poussera toujours au chasseur et l'atteindra, fût-elle blessée à mort.

Il faut que la balle tue la panthère sur le coup.

Si elle survit, ne serait-ce que deux minutes, celui qui a tiré est un homme mort; il périra, la poitrine ouverte, le crâne broyé.

Les deux gendarmes de Précy s'étaient voués à une mort presque certaine, en prenant la fatale résolution d'abattre la panthère.

Quand elle se montra aux bords de son repaire, ils eurent

un pressentiment sinistre; malgré leur intrépidité, ils pâlirent.

Fermes à leur poste, néanmoins, intrépides, ils domptèrent cette défaillance.

— Feu ! fit le brigadier.

Il tira.

Le projectile atteignit la panthère à la patte, et la lui brisa.

Mais elle bondit.

Le gendarme tira au vol.

La balle traversa le ventre de l'animal, qui vint tomber à deux pas des gendarmes, et se releva brusquement.

Les gendarmes avaient saisi leurs sabres et s'étaient mis en défense.

Mais ils n'avaient pas idée de ce que c'était qu'une panthère aux abois.

Celle-ci, avec des hurlements terribles, se rua sur eux, et quoique hachée de trois coups de sabre, quoique privée de l'usage d'une patte et mortellement atteinte, elle terrassa en un clin d'œil les deux chasseurs, et leur brisa le crâne entre ses dents; c'en était fait de deux braves......

Mais, aussi, c'en était fait de la bête fauve.

Étendue sur le corps du brigadier, elle expira en exhalant un dernier râle de fureur; elle venait d'apercevoir Raoul.

Celui-ci s'était jeté, pendant la lutte, hors du repaire, poignard en main.

Mais il était trop tard pour sauver les deux gendarmes.

— Pardieu ! se dit Raoul en regardant la panthère, voilà une bête splendide; j'en ai rarement vu d'aussi belle.

Puis, en contemplant les gendarmes :

— Pauvres diables ! fit-il.

« Mais, après tout, ils m'auraient arrêté, et j'étais forcé de les tuer ou de me rendre.

« Leur mort me débarrasse d'une alternative désagréable.

« Puis, voilà un déguisement tout prêt. »

Il était près de Nemours.

De la ville, on avait entendu les coups de feu, on allait s'inquiéter et envoyer quelque patrouille dehors.

Il se hâta.

Il prit à un gendarme son pantalon d'ordonnance; à l'autre sa veste et son képi, choisissant les parties des deux uniformes les moins abîmés par le combat.

Il lacéra les autres vêtements qu'il laissait de façon qu'on les crût déchirés par la griffe de la panthère, puis il se retira.

Il était temps.

Une patrouille accourait.

C'était une escouade de zouaves.

Un caporal la commandait.

— Tiens! dit-il en arrivant sur le terrain, c'étaient de rudes gaillards tout de même, que les deux gendarmes que nous blaguions à cause de leur air novice; ils ont tué la panthère!

— Fameux b......! exclama un zouave.

— La s..... g.... s'est bien défendue, reprit le caporal; elle les a *nettoyés*.

— Mais elle ne mangera plus de moutons!

— Ils ont fait coup fourré!

— Il faut emporter les trois cadavres à Nemours; les gendarmes avaient leurs chevaux. Où sont-ils? On s'en servirait pour le transport.

En ce moment, on entendit le bruit d'un galop rapide, et un zouave s'écria:

— Tiens! un cheval qu'on emmène.

« C'est quelque chapar (voleur) arbi (arabe) qui a entendu les coups de feu, et qui, ayant trouvé les chevaux, en enlève un.

Les zouaves coururent du côté où le galop retentissait; mais ils arrivèrent trop tard.

Un homme fuyait monté sur un cheval; il était trop loin pour distinguer sa forme, et il était impossible de le rattraper.

L'autre cheval, un peu effaré et détaché, allait çà et là au hasard.

Les zouaves le cernèrent.

— Canailles d'Arbi (Arabes), dit le caporal; on les débarrasse d'une panthère, et ça nous prouve sa reconnaissance en volant le chasseur.

On avait rattrapé le cheval.

On revint sur le théâtre de la lutte, et le caporal fit mettre la panthère sur le cheval; les gendarmes furent transportés à bras.

Le lendemain, le colonel faisait rassembler la garnison pour l'enterrement solennel des deux braves morts si héroïquement.

Les zouaves avaient eu une idée originale (historique).

Ils avaient fabriqué un cercueil double, où les deux corps avaient été enfermés ensemble; unis dans un trépas glorieux, ils devaient l'être dans la tombe; sur le cercueil, au lieu d'un drap funèbre, on avait étendu la fourrure de la panthère.

Toute la garnison et la population suivaient le convoi funèbre.

Beaucoup d'indigènes se joignaient aux soldats et aux colons.

C'était un spectacle étrange que celui de cet enterrement.

Ah! si l'âme est immortelle, si l'on survit par delà le tombeau, ces deux héros de la maréchaussée, ces deux guerriers modestes et dévoués, durent, dans le paradis des braves, éprouver un bien *légitime* orgueil.

Ils eurent de nobles funérailles!

Ainsi finirent ces gendarmes fameux.

Toi, voyageur, qui foules le sol algérien, si tu passes près de Nemours, arrête-toi au cimetière de cette redoute, et cherche une modeste croix de pierre surmontée d'un de ces chapeaux (il est de pierre) comme en portent les gendarmes.

A ce signe, tu la reconnaîtras.

Arrête-toi devant elle et lis...

Lis l'épitaphe qui raconte le dernier exploit des deux gendarmes de Précy-les-Avaloirs.

Lis...

Et ton cœur tressaillera d'orgueil.

Tu n'apprendras pas sans émotion que deux Français ont étonné les populations féroces de l'Algérie par le courage qu'ils ont montré en tuant la plus terrible bête fauve dont on eût jamais parlé sur les frontières du Maroc; tu te sentiras orgueilleux d'appartenir à la valeureuse nation qui produit des types aussi chevaleresques.

Et, comme nous le disait un capitaine de gendarmerie, auprès de ce mausolée :

— Si l'on est fier d'être Français en regardant la colonne, on est fier d'être gendarme en regardant la tombe de ces deux braves !...

Requiescant in pace !

XIII

Si!...

Ce n'était pas un Arabe qui avait enlevé le cheval de l'un des gendarmes.

Les zouaves s'étaient trompés en accusant les indigènes de ce larcin.

En entendant la patrouille accourir, le chasseur s'était hâté de prendre possession d'une monture et de s'enfuir au plus vite.

Il gagna d'une traite Tlemcen, qu'il atteignit vers la pointe du jour.

Il laissa son cheval en liberté, attendit l'ouverture des portes, et choisit pour entrer dans la ville le poste gardé par les turcos.

Ceux-ci ont pour les gendarmes une profonde vénération; ils se garderaient bien de se permettre la moindre interrogation à un homme vêtu du respectable uniforme de la maréchaussée.

Une fois en ville, Raoul se dirigea vers la boutique du libraire chargé des fournitures militaires, et fit chez lui quelques emplettes qui lui étaient des plus nécessaires.

Il prit logement dans une modeste auberge; muni des pièces dont il avait besoin, il déclara à l'hôte qu'il était gendarme dans une redoute du sud, et qu'il allait en convalescence.

Puis, après un bon déjeuner, il se fabriqua, avec les imprimés qu'il s'était procurés, un congé de convalescence et une feuille de route qui lui assuraient toute sécurité.

Il employa, pour avoir le timbre de l'intendance, un procédé bien simple : il fit un moule en mastic et y coula du plomb.

Après ce travail il dormit deux heures, puis il se remit en route.

Il était marcheur intrépide.

Vingt-cinq lieues par jour n'étaient rien pour lui; il atteignit Alger en peu de temps.

Il comptait trouver là ses compagnons auxquels il avait donné rendez-vous.

Il rencontra, en effet, à l'hôtel de l'*Aigle-blanc*, sinon la troupe de chasseurs, du moins son chef, Nadief.

Celui-ci, à la vue de son ami, parut soulagé d'un poids immense.

— Te voilà donc enfin ! s'écria-t-il.

— Oui ! dit Raoul.

« Mais il s'est passé d'étranges choses. J'ai fait naufrage; j'ai aimé, j'aime toujours, mais la femme dont j'avais fait ma maîtresse vient d'être enlevée par le roi du désert.

— Nous la délivrerons ! dit Nadief avec le plus grand calme.

— Oui, sans doute.

« Mais... si...

— Si le roi du désert l'a forcée d'être à lui, veux-tu dire ?

— Et c'est probable, fit Raoul d'une voix sombre et l'œil sanglant.

Nadief haussa les épaules avec bonhomie.

— Alors, mon ami, tu t'imagineras avoir une veuve pour maîtresse.

Raoul saisit avec une sorte de fureur la main de son ami :

— J'aime, cette fois; j'aime avec rage, avec frénésie; j'aime follement...

« Je suis jaloux.

« Je ne peux supporter l'idée qu'elle ait appartenu à un autre.

« La pensée seule qu'elle fait partie du harem de ce Touaregg me torture et me tue. »

Et Raoul se mit à arpenter la chambre avec une rage de bête fauve.

Nadief se croisa les bras, toisa Raoul et lui dit en ricanant :

— Je te l'ai toujours dit, mon cher ami, tu as trop d'orgueil et de sot orgueil pour aimer vraiment ; ta souffrance a pour cause bien plus l'amour-propre froissé que l'amour blessé.

Et mettant sa main puissante sur l'épaule du jeune homme, il le força à s'arrêter, à écouter, à s'asseoir.

— Que veux-tu dans une femme ? lui demanda-t-il ; que lui demandes-tu ?

« Est-ce son corps ?

« Est-ce son âme ?

— L'un et l'autre, répondit Raoul.

— As-tu l'amour sincère, profond, entier, de ta maîtresse ? possèdes-tu son âme, enfin ?

— Oui, mais...

— Le corps...

« Nous allons en causer. »

Et Nadiéf s'assit à son tour.

— L'âme se souille, mon cher ami ; une femme qui trompe son amant est une femme que l'amant ne doit jamais revoir ; il n'est plus maître dans son cœur ; il y a honte à lui de revenir à elle.

« Le corps, lui, n'est rien, en somme.

« Je suppose ta maîtresse devenue affreuse par la petite vérole.

« Je te connais.

« Ceci t'importerait peu.

« Tu l'adorerais toujours.

— C'est vrai, dit Raoul.

— Ta maîtresse tomberait dans un cloaque ; son corps serait en contact avec un amas d'immondices ; que ferais-tu, mon ami ?

« Tu conduirais, en riant de l'accident, la jeune femme au

bain, et tu la consolerais de ce petit malheur par un baiser, n'est-ce pas?

« Comparons, si tu y consens, Ben-Akmet à un cloaque, et agissons en conséquence. »

Sur un geste de Raoul, Nadief reprit :

— Du cœur! que diable!

« Tu ressembles à une femme, à une poule mouillée, à un poëtriau sot et sentimental.

« N'es-tu plus un homme?

« Allons, debout!

« Et du courage.

« Je t'ai dit vrai. Des hommes intelligents comme nous ne doivent pas avoir de mesquines passions au cœur.

« Soyons grands!

« Pas de jalousies bourgeoises.

« Pas de niaiseries.

« Ta maîtresse te gardant son âme, son âme pure et sans tâche, tu n'as rien à souhaiter de plus. »

Raoul se leva à cette vigoureuse apostrophe, saisit la main de son ami et la serra avec une vive effusion, en lui disant d'une voix ferme :

— Merci!

« Je suis guéri de cette faiblesse. »

Puis il demanda :

— Et nos compagnons?

— Ils sont dispersés.

« Nous avions six mois devant nous; ils en ont profité pour faire une campagne.

— Fâcheuse affaire! dit Raoul.

— Pourquoi?

— Et la délivrance de Marie?

— Ne suis-je pas là?

— Deux hommes seulement...

Nadief sourit.

— Autrefois tu n'aurais pas dit cela, fit-il; mais l'amour amollit les cœurs.

« N'avons-nous pas fait à nous deux de plus étonnants prodiges que la délivrance d'une femme?

— C'est vrai.

— Du reste, dit Nadief, nous trouverons toujours, s'il le

faut, une dizaine de hardis compagnons en route; tous les coureurs de bois, tous les chasseurs d'autruches que nous rencontrerons se joindront à nous.

— Oh! nous réussirons, s'écria Raoul; je me sens de taille à escalader le ciel pour ravir Marie à qui l'enlèverait jusque-là.

— Tu l'aimes donc bien?

— Avant elle, je ne savais pas ce que c'était que la passion vraie.

Puis tout à coup :

— Mais, ma sœur Jeanne, où est-elle?

— A Blidah.

— Pourquoi pas à Alger?

— Elle a préféré Blidah.

« Du reste, je l'ai suivie là-bas.

« C'est par extraordinaire, et mandé par le gouverneur pour un renseignement sur le Sahara, que je suis ici; je repars de suite, du reste.

« Tu me suis, n'est-ce pas?

— Sans doute.

« Et en toute hâte même.

« Je crains un malheur. »

Nadief, toujours calme :

— Quel malheur?

Raoul, sans répondre directement :

— Un mot d'abord.

« Quel costume porte Jeanne?

— Celui d'une jeune fille française, riche, élégante, comme il faut.

— Quelle imprudence!

— Pourquoi?

— Et mon oncle, malheureux!

— Ton oncle...

« Que diable veux-tu qu'il puisse faire à ta sœur du fond du Berry.

— Mais tu me vois en gendarme, tu me vois déguisé, tu dois supposer que ce n'est pas par caprice que je porte cet uniforme.

— J'ai pensé que tu avais eu la main vive et que tu avais commis un meurtre.

« Tu ne t'en expliquais pas ; je me suis abstenu de t'ennuyer de questions oiseuses.

— Eh bien, mon ami, je suis habillé en gendarme parce que mon oncle est en Algérie, ici peut-être ; parce qu'il m'a dénoncé et fait poursuivre ; parce que j'ai été arrêté et que j'ai dû m'évader.

« Comprends-tu, maintenant ?

— Parfaitement.

Nadief roula tranquillement une cigarette.

— Je croyais le bonhomme bien tranquille au fond du Berry avec sa femme.

— Sa femme...

— Eh oui.

« Cette petite qui ressemble à Jeanne et qu'il fait passer pour sa vraie nièce.

— Il l'a épousée ?

— Oui, mon cher.

« Les bans étaient publiés cinq jours après l'aventure du château.

« Il était marié avant notre départ de Paris ; il n'a pas perdu de temps.

— Il joue serré, cet homme !

« Mais le voilà en notre pouvoir, ici ; il faut s'en débarrasser.

— Comment ?

— En le tuant...

— Impossible !

« La police a l'éveil.

« Le meurtre nous serait attribué, et tu rendrais à jamais ta justification impossible.

« Songe, mon cher, que tôt ou tard il faudra purger ta contumace.

« Tu es condamné, mon ami.

« Mais, avec le temps qui fait tout oublier, après le trépas de ton oncle qu'on hâtera adroitement (fie-toi à moi), sans se compromettre, après de grands services rendus à la France, on pourra te réhabiliter.

« S'il y a mort violente, jamais un jury ne voudra t'acquitter, mon cher.

— C'est vrai.

« Il faut laisser vivre ce misérable. Mais son heure viendra, et je me vengerai.

— En attendant, partons pour Blidah.

« Aussi bien, sans trop m'inquiéter, je crains pour Jeanne ; il faut qu'elle reprenne son costume indigène et qu'elle soit extrêmement prudente. »

Les deux chasseurs se mirent en route pour Blidah, sur deux chevaux que Nadief se procura.

— Mon cher, dit ce dernier en route, ta sœur est blessée à mort, peut-être.

— Que dis-tu ?

— Elle est d'une fierté indicible.

— C'est une Lavery !

— Tant pis !

« Mieux vaudrait qu'elle fût moins sensible aux affronts reçus et moins vindicative.

« Elle est sombre et elle me fait peur.

« L'outrage qu'elle a reçu de ton oncle lui fait entrevoir la vie sous un aspect sinistre.

« Le plus terrible, c'est qu'elle a pris en haine l'enfant qu'elle porte dans ses flancs.

« A certaines heures de délire, elle le maudit comme elle maudit le père.

— Pauvre Jeanne !

— J'ai tout fait pour la consoler sans y réussir.

— J'aurai plus d'influence sur elle que toi.

— Espérons-le.

Les deux chasseurs causèrent ainsi tout le long du chemin, poussant vigoureusement leurs chevaux.

Ils arrivèrent vers le soir à Blidah.

Sur la place de la ville, une foule immense était assemblée, poussant des huées.

— Tiens ! fit Raoul, il y a du nouveau.

— Un rassemblement ! fit Nadief ; à Blidah ! la ville la plus endormie du monde !

« Voilà qui est extraordinaire. »

Ils fendirent la foule.

Ils entendirent des cris bizarres.

Les enfants français, espagnols, arabes, turcs et kabyles criaient chacun en leur langue :

— La voleuse !

« La voleuse ! »

Et ils poussaient des exclamations comme tous les gamins ont coutume de le faire lorsqu'il y a eu arrestation après scandale.

Les colons, plus calmes, suivaient en causant entre eux ; ils semblaient tous très-surpris.

Nadief et Raoul, quoiqu'à cheval, ne pouvaient voir la personne arrêtée.

— C'est quelque vieille pauvresse qui aura volé des fruits, fit Nadief.

— Et interpellant un colon, il lui demanda :

— Qu'y a-t-il donc ?

— On vient de reconnaître ici, pour la complice d'un assassinat, une jeune et jolie fille, dit le colon ; on l'emmène en prison.

Raoul pâlit.

Nadief lui serra le bras :

— Tiens-toi ferme ! dit-il.

« Nous avons besoin de calme.

« Toi, surtout.

« Va à l'hôtel et ne te compromets pas.

— Mais ces misérables qui l'insultent ?

— Je m'en charge.

« Pars.

« Si tu restes, tu es perdu et tu ne la sauveras pas. »

Raoul, par un énergique effort de volonté, se domina, mit son cheval au trot et s'arracha à la violente tentation qui l'obsédait d'ouvrir la foule.

Nadief, lui, piqua vers la diligence d'Alger qui allait partir, arracha le fouet des mains du conducteur et, renversant tout, vint se placer près de Jeanne, que deux gendarmes emmenaient.

L'un lui donnait le bras.

L'autre contenait la meute d'indigènes et d'enfants qui hurlaient contre la voleuse.

Les indigènes, en criant, étaient ravis d'humilier une *Française*.

Les enfants braillaient pour brailler.

Jeanne, la tête haute, l'œil flamboyant, mais affreusement pâle, marchait fièrement.

Tout à coup, Nadief parut.

Le fouet en main, il fit cabrer son cheval devant la multitude qu'il cingla à outrance, et comme les gendarmes s'étaient engagés dans une rue, il barra cette rue à tout le monde.

— Bravo! dit un gendarme indigné de l'acharnement des Arabes; allez-y gaiement. Tout à l'heure nous reviendrons vous prêter main-forte.

— Mais en ce moment, cinq ou six zouaves arrivèrent au hasard de ce côté.

Ils comprirent ce qui se passait, prêtèrent main-forte à Nadief et houspillèrent si bien les plus acharnés, que tout le monde se dispersa.

Nadief leur cria merci et courut à la prison.

On l'y laissa entrer.

Jeanne, à sa vue, se jeta dans ses bras et s'évanouit...

XIV

Maître Billotte est ce qu'il ne se croit pas.

Pour un observateur inattentif, le hasard joue dans la vie des hommes un grand rôle.
Le hasard !
Mot vide de sens.
La plupart des rencontres, sans être voulues par l'homme, sont le résultat de certaines lois fatales, providentielles, faciles à prévoir et à prédire.
Ainsi, l'arrestation de Jeanne étant donnée, la présence de son oncle à Alger devait avoir lieu; il y avait toute probabilité pour cela.
Il était impossible que Marie, jeune femme, nécessairement curieuse, ne fût pas tentée de visiter Blidah, la ville aux orangers, la ville des parfums et des fleurs, le paradis de l'Algérie.
Elle y vint en effet.
Elle y vit Jeanne.
Jeanne, qu'elle exécrait d'instinct, Jeanne, qu'elle pressentait être plus belle, plus distinguée, plus aristocratique qu'elle; la voyant, elle devait éprouver ce mouvement de haine qui étouffe toute pitié.

C'est ce qui advint.

A Alger, Billotte avait fait la connaissance, ou, si l'on veut, renoué connaissance avec un officier français servant aux spahis.

C'était le fils d'une famille bourgeoise que le régisseur avait fréquentée.

Mauvais garnement, bambocheur, ripailleur, mais aventurier d'esprit, audacieux de caractère, Pierre Rimant, après avoir mené une vie de gueux (expression provinciale que l'on comprend même à Paris), fut forcé de s'engager, après une rixe dont les conséquences obligèrent sa famille à prendre des mesures énergiques.

Soldat dans les spahis, il y fut noceur, fricoteur, carottier, mais brave à outrance, adroit et infatigable; il devint brigadier, maréchal-des-logis, sous-lieutenant en très-peu de temps, à la force du poignet; chaque grade représentait quelques beaux coups de sabre.

Il faisait des folies.

On les lui pardonnait.

C'était, du reste, un beau garçon, au visage dur, sec, à l'œil ferme et froid; il avait un regard d'acier qui produisait un effet singulier; un regard glaçant comme on n'aime pas à en sentir peser sur soi.

Mâle, crâne, intelligent, pointilleux sur l'honneur dit militaire (comme s'il y avait plusieurs sortes d'honneur), Rimant était craint, apprécié sinon estimé, mais point aimé du régiment.

En revanche, son type énergique lui assurait sur certaines natures de femme un empire absolu; il était de ces hommes qui n'ont qu'à se montrer dans beaucoup de cas pour réussir.

Chose bizarre!

Ce sont les coquettes, celles qui se jouent des hommes; ce sont les courtisanes; ce sont encore les femmes habituées à la domination dans l'amour, qui s'éprennent le plus vite de ces caractères-là.

Billotte, qui avait connu Rimant, le rencontra à Alger, fut accosté par lui, l'invita à dîner, enchanté d'être piloté par un compatriote; et, loin de toute relation, il prit vite ce garçon en amitié.

Rimant, avec le flair d'un épervier, devina, en voyant Marie, ce qu'il pouvait tirer de cette situation; il la sentit frémir sous son regard; il comprit qu'elle serait à lui et manœuvra en conséquence.

La jeune femme, grisée tout d'abord par le mariage, avait été charmante.

Billotte, son prétendu oncle, avait toujours été bon pour elle; elle avait de plus cette hâte de savoir, cette bonne volonté de l'amour physique qui explique comment les toutes jeunes filles acceptent des unions monstrueuses avec des vieillards.

Dans les premiers temps, elle fut sous le coup des enchantements qu'une jeune fille, qui ne se voyait que de l'aisance, éprouve en se voyant riche, adulée, fêtée, et s'entendant appeler respectueusement madame.

Puis, Billotte s'habillait.

Billotte se soignait.

Mais, peu à peu, le bonhomme se négligea; il fumait et il ne se rinçait point la bouche; il avait l'haleine nauséabonde le matin; le soir il avait bu, il puait le vin, l'eau-de-vie, la nicotine.

Pouah!

On pardonne parfois ces écarts d'hygiène à un joli garçon qu'on aime.

Mais à un gros poussah!

Jamais!

En peu de jours, Marie prit son mari en grippe; elle éprouva pour lui un insurmontable dégoût; elle désira vaguement mieux que lui.

Puis elle le trouvait lourdaud, mal élevé, grossier, bas paysan, ridicule.

Toutefois, fine mouche, naturellement dissimulée, elle ne fit rien voir de ce qu'elle éprouvait, et s'arrangea très-adroitement pour s'écarter de lui.

En le comblant de caresses, elle obtint de faire lit à part, sous prétexte qu'il aimait à fumer en s'endormant et qu'il serait plus libre.

Elle était presque toujours souffrante quand il avait des idées... anacréontiques; elle le tenait à distance par des migraines.

Mais que de caresses, que de flatteries, que de bichonnages et de gentillesses hypocrites pour endormir toute défiance et lui faire croire qu'on l'adorait; elle l'enfonça dans la foi conjugale jusqu'au cou.

Le terrain était prêt pour recevoir la semence quand Rimant parut.

Le gaillard fut adroit.

Il ne se pressa point...

La conquête lui plaisait; elle devait lui faire honneur; il la voulait.

Mais il ne voulut rien compromettre par trop de hâte; il attendit.

C'était un de ces garçons qui ont plus d'amour-propre que d'amour.

Il tenait à une maîtresse comme à un cheval de luxe dont on tire vanité.

Il était de ceux qui affichent leurs bonnes fortunes au soleil.

Aussi ne poussait-il les choses que quand un triomphe complet, absolu, était certain; alors qu'il tenait sous sa main sa victime palpitante, incapable de lui refuser le scandale qu'il désirait.

Car, avant tout, il lui fallait le scandaleux spectacle d'une femme éprise au point de se jeter à sa tête devant tout le monde, d'un mari aveugle au point de ne rien voir de ce qui crèverait les yeux à la foule.

Rimant était devenu en huit jours l'indispensable de Billotte, le cavalier servant de sa femme, l'ami intime de la maison.

Il n'avait qu'un geste à faire pour être l'amant de Marie.

Il était décidé à le faire, ce geste, à la première occasion.

Il proposa une partie de plaisir à Blidah, songeant à tirer parti de ce voyage.

On devait passer trois jours dans cette excursion et rayonner autour de la ville.

Rimant avait imaginé de griser grossièrement, un matin, maître Billotte, de le plonger dans le sommeil de plomb qui suit l'orgie, et d'emmener Marie dans un certain restaurant des environs, où il avait fait préparer un cabinet particulier des plus galants.

Et Billotte avait bu.

Et Billotte s'était soûlé.

Et l'officier avait offert à la femme de l'ivrogne une promenade à cheval.

Et l'on s'était arrêté au cabaret pour y chercher un peu d'ombre vers midi.

Et l'on avait pris le cabinet particulier.

Et...

Et vers le soir on était à la fenêtre, on riait follement, on se moquait du mari, on commençait à s'afficher déjà, on échangeait des baisers.

Une femme de seize ans n'a pas de prudence en amour; c'est l'âge de l'imprudence folle.

Mais voilà que tout à coup survint au galop une jeune fille à cheval.

Elle descendit prestement, s'assit à l'ombre des orangers, sous la fenêtre des amoureux, et Rimant la contemplant se prit à dire :

— C'est étrange, ma chère, voilà ta sœur jumelle. Vois donc un peu.

Et Marie, qui n'avait d'yeux que pour son lieutenant, Marie, qui n'avait pas remarqué encore l'inconnue, Marie fut stupéfaite.

Rimant, qui savait quel levier est la jalousie en amour, murmura :

— Très-jolie, cette petite.

Puis, comme Marie effarée le regardait, mordue au cœur par cette remarque, il continua :

— C'est toi, en plus distingué !

C'en était assez !

C'en était trop !

Marie pâlit.

— Cette femme-là est une voleuse ! s'écria-t-elle. Billotte vous a raconté notre histoire, n'est-ce pas ?

« Vous vous souvenez de cette Jeannette qui se croyait une Lavery ?

— Sans doute.

— La voilà !

— En êtes-vous sûre ?

— Ce doit être elle.

En ce moment, Jeanne remontait en selle; ne se sachant pas observée, elle prit peu de précaution, et le vent soulevant son amazone, montra un bas de jambe ravissant qui séduisit Rimant.

Il s'écria en tortillant sa moustache :

— Quelle cheville charmante!

« Ah! ma chère, vous êtes délicieuse; mais cette petite est à croquer vive.

— Vous me la préférez donc! demanda Marie furieuse et l'œil farouche.

— Que voulez-vous! fit Rimant d'un air roué. Elle est plus réussie que vous!

Marie se mit à pleurer de rage.

— Folle! dit alors le lieutenant redevenant câlin; tu es mille fois plus piquante qu'elle.

« Embrasse-moi et sèche tes larmes, je voulais plaisanter; voyons, donne-moi ton cou à baiser. »

Elle céda d'abord.

Mais inquiète, tourmentée, elle voulut partir, méditant déjà un projet odieux.

Elle sauta sur sa jument et suivit, vers Blidah, les traces de sa rivale.

Elle la rejoignit aux portes de la ville.

— Le Coupeur-de-Têtes, avait dit Rimant, aura amené cette petite ici.

— Il en a fait sa maîtresse probablement, dit Marie; c'est une drôlesse.

Le plan de Rimant, sa tactique, étaient d'humilier celle qu'il possédait.

— Vous insultez cette enfant-là, fit-il sarcastiquement, de la façon la plus injuste.

« Ne faites-vous pas comme elle ? »

Deux grosses larmes vinrent aux yeux de Marie et roulèrent sur ses joues.

Rimant ne la consola pas.

Elle eut une fièvre de rage.

En passant à côté de Jeanne, l'officier se retourna avec affectation.

Marie n'en supporta pas davantage.

Cédant à une irrésistible colère, elle vint droit à Jeanne et la cravacha.

Ce fut subit, inattendu, spontané.

Rimant fut ravi.

Le scandale demandé, il l'avait.

Jeanne, assaillie ainsi, fit cabrer son cheval, se dégagea, saisit brusquement un pistolet dans ses fontes (on sort toujours armé en Algérie), et elle envoya une balle à cette femme qui la frappait.

En ce moment la foule s'ameutait, et deux tricornes surgissaient à l'horizon.

Marie, que sa rivale avait manquée, lança son cheval vers les gendarmes ; Jeanne la suivit au galop, voulant tirer vengeance de l'insulte sanglante qu'elle avait subie et qu'elle ne s'expliquait point.

Mais madame Billotte, le bras étendu vers elle, cria aux gendarmes :

— Arrêtez cette fille !

« C'est une misérable qui a tenté d'assassiner mon mari en France.

« Elle vient de tirer sur moi. »

Puis elle ajouta :

— Il y a un mandat d'amener contre elle ; elle se nomme Jeanne Varignier.

« Allez ! »

Les gendarmes n'avaient pas à hésiter.

Jeanne restait stupéfaite, indécise, abasourdie, la bride flottant au cou de sa monture ; un gendarme saisit les rênes.

— Au nom de la loi, dit-il, suivez-moi !

A ce moment, la jeune fille reprit son sang-froid ; elle vit la foule haineuse, grondant déjà ; elle prévit une esclandre affreuse pour elle.

Rimant était près d'elle.

— Monsieur, lui dit-elle, je vous en supplie, vous qui êtes officier, ne permettez pas qu'on m'arrête et qu'on me conduise en prison au milieu de cette populace. Je suis innocente, je vous le jure.

Le lieutenant n'aurait pu empêcher l'arrestation ; mais il eût dû s'en excuser et protéger Jeanne. Il eut un mauvais mouvement.

En rudoyant la jeune fille, il s'attachait sa maîtresse à jamais.

Jalouse, Marie serait ravie de le voir accabler sa rivale de son dédain.

C'est une grande adresse que d'inquiéter une femme, de lui donner les transes de la jalousie et ensuite de lui sacrifier l'objet de sa haine.

Il toisa Jeanne et lui dit :

— Ma mie, un lieutenant de spahis ne saurait se commettre avec une drôlesse de votre sorte; suivez messieurs les gendarmes, ma petite.

Et à la foule :

— Excusez !

« Un spahi à mademoiselle !

« C'est trop fort. »

Puis il piqua des deux, faisant signe à Marie de le suivre.

Quand ils furent à quelque distance, elle s'enfonça dans une ruelle sombre.

— Ce n'est pas par là ! lui dit-il. Où diable allez-vous donc, Marie?

— Viens ! fit-elle.

Et quand ils se trouvèrent dans l'ombre de cette petite rue étroite, malgré quelques Arabes qui passaient, elle lui donna un baiser.

— Merci ! dit-elle.

« Je vois bien que tu ne l'aimais pas. »

Il sourit en tortillant sa moustache, se promettant de montrer à ses camarades et à tout Alger, qu'une femme était capable de faire pour lui les folies les plus... folles.

XV

Incendie partout.

Une heure plus tard, deux hommes, déguisés en colporteurs juifs, sortaient de Blidah et gagnaient la campagne d'un pas rapide.

C'étaient Nadief et Raoul.

Quand ils furent à quelque distance, Raoul demanda à son compagnon :

— Eh bien ?
— Je l'ai prévenue que nous allions la délivrer, fit Nadief.
— Très-bien !
« As-tu un plan ?
— Oui.
— Lequel ?
— L'incendie.
— Je comprends.

Les deux chasseurs examinèrent le vent et l'état de l'atmosphère, puis ils se regardèrent en souriant d'une façon sinistre :

— Pardieu ! fit Raoul, nous sommes servis à souhait par la brise.

« Elle souffle ce soir comme si elle voulait favoriser nos projets ; la campagne va flamber en moins d'une heure.

— Toute la récolte sera brûlée, et Jeanne sera bien vengée des Blidéens.

— Pauvre petite !

« Si tu voyais quel courage elle a ! Sa fierté est indomptable.

— Elle trouvera ses insulteurs trop punis, car leur fortune va se trouver anéantie ; Blidah, qui a injurié une femme, sera châtié par une atroce famine.

— Tant pis pour Blidah !

« Mais quels côtés prends-tu ?

— Le nord et l'est.

— Bien.

« J'irai donc, moi, à l'ouest et au sud.

— Dans deux heures à la prison.

— J'y serai.

Les deux hommes s'éloignèrent.

Une demi-heure après, on vit de Blidah une grande lumière s'élever vers le nord, marcher, s'étendre, avancer rapidement.

C'était l'incendie.

Les habitants effrayés coururent par les rues, criant des appels :

« Au feu !

« Au feu ! »

En un clin d'œil toute la ville fut sur pied, car le fléau le plus redouté des indigènes, c'est l'incendie dans la campagne.

En Algérie, le soleil dessèche pendant l'été les arbres et les arbustes à ce point, que l'on voit le foin non récolté se tordre et noircir comme s'il avait subi une lente calcination.

Le moindre accident suffit pour embraser des contrées entières.

Alors on voit un rideau de flammes courir sur une étendue démesurée et, poussé par le vent, dévorer tout sur son passage.

Tentes, villages, troupeaux, jardins, moissons, le feu brûle tout.

Aussi, à la première lueur qui parut à l'horizon, le muezzun (prêtre) de la mosquée vint-il au minaret et appela-t-il les croyants à la prière pour fléchir Allah et le prophète.

Car, bizarre apathie ! si les Arabes se trémoussent, crient, hurlent et s'agitent dans les incendies, nul ne songe à les combattre.

On beugle :

— Allah ! Allah ! gib el mor !

« Dieu ! Dieu ! donne de l'eau ! »

Mais travailler !

Jamais !

Laissant les indigènes se livrer à leurs ridicules simagrées, les autorités militaires commandèrent à un détachement de troupes d'aller au pas de course dans la direction du feu pour déblayer devant lui un cordon de terrain, de façon que n'y trouvant rien à brûler, il s'éteignit.

C'est le moyen généralement employé ; moyen souvent impuissant.

Mais à peine le détachement était-il en route, qu'un autre incendie éclata, et qu'il fallut y envoyer encore du monde.

Puis une troisième, puis une quatrième, puis une cinquième lueur parurent, et peu à peu un cercle de feu enveloppa la ville ; l'incendie était partout à la fois.

Alors la terreur fut au comble.

Les bruits les plus absurdes circulaient dans la cité désolée.

A l'état-major, on crut à une révolte des indigènes.

On rappela les troupes.

Puis, comme il fallait sauver les jardins, le général qui commandait fit partir sa cavalerie en avant ; derrière elle, il déploya des tirailleurs ; derrière ceux-ci, des travailleurs le fusil en bandoulière et l'outil en main.

On travailla avec ardeur à entourer les abords de la ville d'un espace vide qui pût préserver ses vergers.

Mais le feu gagnait rapidement le nord et l'est.

La bise soufflait du nord-est.

Sûr des gens de Blidah, très-dévoué aux Français, le général, ayant besoin de bras, dégarnit tous ses postes, les moins importants surtout, et, entre autres, la prison de ville.

Il n'y avait pas à craindre que les détenus se soulevassent ; on ne fait pas une sédition pour quelques mois que l'on a à passer dans une prison qui ne sert qu'à ceux dont les condamnations sont légères.

Le sergent portier-consigne chargé de cette prison resta avec un seul turco pour veiller sur les prisonniers.

Mais deux heures après le commencement de l'incendie, il vit entrer chez lui un gendarme et un colon qu'il ne connaissait pas, mais qui avaient la tournure militaire.

— Bonjour, camarades, dit le gendarme en entrant et en saluant militairement.

— Bonjour! dit le portier-consigne, ou plutôt bonsoir, car il est dix heures.

— Oui, mais il fait jour! fit le gendarme, comme si le soleil luisait.

Blidah, en effet, était illuminé.

— Camarade, dit le gendarme, le capitaine de place m'a rencontré dans les jardins, où je travaillais avec la troupe.

« — Qui es-tu? qu'il m'a demandé.

« — Un gendarme qui va en convalescence et qui fait étape à Blidah, et qui veut se rendre utile, que j'ai répondu.

« — Très-bien, qu'il a dit.

« Puis il a réfléchi.

« — Va-t'en, qu'il m'a dit, à la prison civile, il n'y a pas assez de monde par là; je voudrais que le portier-consigne fasse à chaque instant des patrouilles dans la prison.

« J'ai des raisons pour ça.

« Puis il m'a encore dit :

« — Tu diras au sergent qu'on veille sur la demoiselle qui a été arrêtée.

— Bon! fit le sergent.

« Je saisis.

« Buvons un petit verre, camarade, et nous ferons une tournée ensemble.

« Mais, qui est avec vous?

— Un ancien gendarme que je connais, colon, pour le quart d'heure.

« Un homme sûr?

« Je suis allé le chercher pensant bien faire; car plus on est de gendarmes, mieux ça va, pas vrai?

— Tope là!

« Vous êtes un brave! »

On but, et l'on s'apprêta à faire patrouille dans la prison.

— Faut croire que la demoiselle a de l'importance! fit le gendarme. Le capitaine paraissait très-inquiet.

— Il a tort.

« Ce que je garde est bien gardé; soit dit sans vous offenser, camarade.

« Mais patrouillons, puisque le capitaine a dit de patrouiller.

« Au dehors, d'abord.

« Votre ami va rester avec le turco. »

Les deux hommes sortirent, firent le tour de la prison et rentrèrent.

— Sacré feu! avait dit le sergent-consigne; comme ça flambe!

— Et si c'est une révolte, ça va chauffer encore plus dur, avait répondu le gendarme.

« On se bûchera! »

De retour dans le bâtiment, le portier dit à son aide volontaire :

— Repatrouillons à l'intérieur; quand on a commencé, faut finir.

— Ça va! fit le gendarme.

Ils pénétrèrent dans la cour.

— Où est la demoiselle en question? demanda le gendarme curieusement.

— Dans cette chambre, dit le sergent.

Il montra une porte du rez-de-chaussée donnant sur la cour.

— Bien! fit le gendarme.

Il avait tiré une corde de sa poche et lâchait derrière son dos la main qui la tenait; il continua à suivre le portier.

Tout à coup il le saisit à la gorge, lui serra au cou le nœud coulant, et siffla d'une certaine façon pour appeler son compagnon, qui avait garrotté et bâillonné le turco.

A eux d'eux, ils réduisirent le sergent au silence et à l'immobilité; puis ils coururent à la porte de la détenue.

— Jeanne! criaient-ils, ne craignez rien; c'est nous!

Ils enfoncèrent la porte.

La jeune fille se jeta dans les bras de son frère, qu'elle reconnut sous son déguisement de gendarme.

— Vite, fit Raoul, en route.

Ils sortirent tous trois et gagnèrent les jardins, où un Arabe acheté d'avance tenait à leur disposition trois chevaux et des burnous arabes, rien ne déguisant mieux que ce vêtement.

Un burnous ressemble à cent autres.

Ils s'habillèrent et sautèrent en selle.

Les soldats, à deux cents mètres de là, travaillaient avec ardeur.

— Les chevaux sont bons, dit Nadief; on peut nous interroger; il ne faut pas répondre et piquer des deux vivement.

— C'est entendu ! dit Raoul.

— Nous fuirons vers ce point sombre qui se trouve en face de nous, le feu ne l'a pas encore gagné; nous passerons par là.

Ils s'avancèrent lentement, comme des amateurs *qui se viennent voir.*

Mais arrivés à un certain point, un cavalier approcha.

— On ne passe pas, dit-il, rentrez en ville, et vivement, cria-t-il avec la brusquerie ordinaire des sentinelles parlant aux indigènes.

Raoul demanda à Jeanne :

— Tu n'as pas peur ?

— Non, fit-elle.

— Piquons ! ordonna-t-il.

Ils filèrent tous trois au galop.

Le cavalier tira; sa balle se perdit, mais donna l'éveil.

Tout un peloton accourut à la poursuite des fugitifs.

Ceux-ci gagnaient de l'avant.

Mais tout à coup ils se trouvèrent au sommet d'une éminence qui s'élevait devant eux, et ils reconnurent que le cercle de feu n'était pas interrompu, comme ils l'avaient cru d'abord; le point sombre était formé par le mamelon, qui cachait une partie du rideau de flammes.

A mille pas devant eux, l'incendie qui hurlait et qui s'avançait.

A trois cents pas, les cavaliers qui s'encourageaient par des cris et accouraient.

Pas de fuite possible.

7.

XVI

Panorama imposant.

Les situations les plus périlleuses empruntent parfois une horreur plus grande aux circonstances dont elles sont entourées; le danger des fugitifs était imminent; mais, malgré elle, Jeanne était encore plus impressionnée par le spectacle terrible et grandiose de l'incendie que par la poursuite.

Les flammes s'étendaient à perte de vue, illuminant un des plus pittoresques paysages qui soient au monde, et lui prêtant un aspect féerique.

La plaine fertile, couverte d'orangers et de cactus géants, semblait éclairée par un feu de Bengale gigantesque, et resplendissait sous les reflets d'or et de pourpre dont l'incendie la couvrait au loin.

La ville, avec ses remparts teintés de rose par les lueurs rouges qu'ils reflétaient, avec ses maisons blanches nuancées d'opale, avec sa ceinture enchanteresse de jardins toujours verts, la ville aux parfums, Blidah la jolie, surgissait étincelante, radieuse, et empruntant un fantastique aspect aux incandescences dont elle était enveloppée.

Mais faisant un cycle d'ombre à ce panorama embrasé,

l'Atlas dressait à l'horizon ses cimes perdues dans les nuées, donnant des digues de granit à un océan de feu.

C'était une scène d'une poésie étrange, sauvage, et empreinte d'une grandeur saisissante qui frappait l'âme d'une terreur profonde et d'une admiration fascinatrice.

Jeanne était accablée par ce tableau imposant; elle fuyait d'instinct sans y songer.

Elle voyait devant elle le rideau de feu que la brise secouait follement, le courbant, le pliant, le dépliant, le roulant sans cesse, et, à chaque coup d'aile dont elle le frappait, en faisant jaillir des gerbes d'étincelles et des nuages de fumée lumineuse qui s'épandaient dans l'espace.

Les fauves, effarées, éperdues, couraient en rugissant, tantôt regardant la ville avec effroi, tantôt hurlant contre le fléau qui les poussait devant lui.

Chacals et hyènes, lynx et gazelles, lièvres et perdrix, çà et là une panthère, des bandes de singes de la Chiffa, une multitude incroyable d'animaux de tous poils et de toutes plumes fuyait, ne songeant plus à se déchirer ou à se craindre, passant près de l'homme sans le redouter, sentant qu'un cataclysme le menaçait comme eux.

Jeanne vit un lion (historique) assis sur ses pattes de derrière, l'œil hagard, fixé devant lui, cédant pas à pas le terrain, et reprenant à chaque fois sa position en face de l'incendie dont il semblait étudier les phases diverses.

La jeune fille se laissait inconsciemment entraîner par son coursier, qui suivait les autres, quand tout à coup elle se vit si près du rideau de feu, qu'elle revint au sentiment du danger.

La chaleur était telle qu'elle se sentit suffoquer, et dit à son frère :

— J'étouffe!

Lui, pour toute réponse, cingla le cheval qui bondit plus rapide encore.

— Du cœur! cria Raoul, nous sommes sauvés; laisse-nous agir, et tu verras!

On approchait de la Chiffa, qui devait être le salut des fugitifs.

La rivière était à cent pas.

Longtemps elle avait arrêté l'incendie; peu large, mais profonde, elle fut un obstacle insuffisant.

Les grandes herbes, les lianes, les bosquets de l'autre rive avaient été desséchés par la chaleur qui régnait sur la rive opposée.

Peu à peu, les étincelles lancées en l'air avaient traversé les cours d'eau et formé des foyers sur l'autre bord ; ces foyers commençaient à grandir et à se rejoindre.

Les chasseurs passèrent entre deux d'entre eux; il était grand temps.

Derrière eux, le mur de flammes se forma presqu'aussitôt; obstacle infranchissable.

Les vêtements des fugitifs étaient couverts de flammèches. Le poil de leurs montures était roussi ; eux et Jeanne avaient rabattu leur capuchon sur leur tête; mais les mains avaient été brûlées légèrement.

Heureusement, ils vinrent tomber tous trois au milieu des flots de la Chiffa.

Raoul se hâta de sauter de cheval dans l'eau, au milieu de laquelle il plongea Jeanne.

Ils restèrent ainsi dans le lit du torrent, ayant, hommes et chevaux, la tête seule hors des flots attiédis; encore de temps à autre plongeaient-ils entièrement pour mouiller leur visage et leurs cheveux.

Ils étaient sous un dôme de flammes!

Mais cette situation dura peu.

Le feu s'éteignit assez rapidement sur la rive gauche, et l'espace fut libre.

— En avant! dit Raoul.

Les fugitifs remontèrent en selle et gagnèrent la montagne, refuge assuré.

XVII

Comment Jeanne empêcha Nadief de le suivre.

Lorsqu'ils furent arrivés au sommet de l'Atlas, ils s'arrêtèrent ; les deux hommes attachèrent les chevaux, puis ils revinrent s'asseoir près de Jeanne, qui s'était laissée tomber, épuisée, sur un bloc de rocher.

— Eh bien, sœur, dit Raoul en lui montrant Blidah, te voilà vengée !

« Les jardins brûlent.

« Regarde !

— Vengée ! s'écria-t-elle.

Et d'un bond elle se dressa :

— Vengée !

« Mais elle vit, elle !

« Il vit, lui !

— Je ne voulais parler que des Blidéens, fit Raoul ; quant à *lui* et à *elle*...

Il eut un geste significatif.

Jeanne demanda :

— Tu veux me les tuer ?

— Dès demain.

— Moi, je te le défends.

— Pourquoi ?

— Parce que, s'écria la jeune fille frémissante, parce que je veux qu'ils vivent.

« Je veux qu'ils vivent pour qu'ils soient emprisonnés comme moi, condamnés tous deux au bagne pour la vie, comme voleurs et assassins.

« Le Coran dit :

« Œil pour œil !

« Dent pour dent !

« C'est la vraie vengeance.

« La foule m'a huée, elle les huera ; j'ai été couverte de honte, ils seront avilis.

« Mais, moi, je n'ai souffert qu'une heure, et ils souffriront trente ans !

Raoul, surpris, contemplait avec admiration la jeune fille, qui s'exprimait avec une énergie sauvage.

— Voilà comme nous sommes, nous autres, dit Nadief un peu railleur.

« Rancuneuse famille, que celle des comtes de Lavery ! »

Puis, sarcastique :

— Pourriez-vous dire, chère enfant, comment vous vous y prendrez pour réaliser votre doux projet ?

Jeanne regarda Nadief avec dédain.

— Vous ! dit-elle, vous n'avez rien là,

Et elle montrait la place du cœur.

Elle reprit :

— Vous ne sentez rien.

« L'offense glisse-t-elle donc sur vous comme la pluie sur le roc ?

— Demandez-le à Raoul ! répondit Nadief. Nous avons imaginé des petites vengeances qui ne manquaient pas d'un certain sel.

— Vous me faites bondir, avec votre tranquillité, s'écria Jeanne.

— Vous me faites sourire, avec vos fureurs de petite fille, riposta Nadief.

« Demandez le possible, on vous le donnera.

« D'abord, voici Raoul, qui aime passionnément une femme, à cette heure captive au désert ; il doit la délivrer, et il est pressé d'en finir.

— Qu'il parte.

— Il veut, auparavant, vous donner satisfaction, en tuant vos ennemis et les siens.

— Et moi, je le lui défends !

— Mais, folle que vous êtes, votre idée est saugrenue, ridicule, impraticable.

« Vous imaginez-vous que les tribunaux vont, pour vous faire plaisir, condamner sans motif un officier et une jolie femme.

— Oui, je me le figure.

— Ceci est trop fort !

Raoul intervint.

— Allons, Jeanne, dit-il, pas d'enfantillage ; laisse-nous faire, et contente-toi de laver l'offense dans le sang des offenseurs.

— Non, non, mille fois non !

« Tenez !...

« Vous êtes des hommes, des hommes forts, adroits ; je ne suis qu'une petite fille !

« Eh bien ! je suis plus hardie, plus intelligente, plus puissante que vous.

« Ils seront condamnés !

— Pour cela, il faudrait un bon petit crime ! observa Nadief, ou l'apparence.

— Le crime sera commis.

— Ah !

— Oui, le crime, où les crimes même.

« Il y aura rapt !

« Il y aura vol !

« Il y aura assassinat !

— Tudieu ! comme vous y allez !

« J'avoue pourtant qu'il me paraît difficile de réussir.

— Ne suis-je pas la vivante image de mon ennemie ? demanda Jeanne.

« Ne puis-je voler, tuer, moi qui lui ressemble, et ne peut-on me prendre pour elle ?

« Allez, allez, mes maîtres ! la petite Jeanne vous montrera ce que peut une femme. »

Et à son frère :

— Toi, Raoul, pars.

« Je n'ai pas besoin de toi.

« Vous, Nadief, restez! »

Les deux chasseurs étaient frappés de l'idée bizarre, mais réalisable, qui venait de germer dans le cerveau de cette enfant, illuminée jusqu'au génie de la vengeance par un éclair de haine.

— Tu as raison, dit Raoul.

« Nous resterons tous deux.

« On t'aidera.

— Frère, dit-elle, la vengeance peut attendre; pars au désert, et sauve ta maîtresse.

« Je patienterai.

« Tu dois comprendre que toute insistance de ta part serait inutile, n'est-ce pas?

« Il faut aller au plus pressé. »

Raoul, sans fausse générosité, en convint.

— J'ai besoin d'un protecteur, reprit Jeanne; ton ami Nadief m'est odieux par ses doutes éternels, son sourire railleur, ses sarcasmes; mais je le garde.

« Au fond, il m'aime.

— Comme on aime les enfants gâtés, dit Nadief. Vous êtes tyrannique en diable, chère Jeanne.

« Mais je vous pardonne vos défauts. »

Jeanne haussa les épaules.

Puis allant chercher le cheval de Raoul et le lui présentant, elle lui dit :

— Pars!

« Sauve-la!

« Venge-toi!

« Reviens!

— C'est laconique comme un conseil de Spartiate, fit Nadief.

Raoul embrassait sa sœur.

— Au revoir, Jeanne, dit-il.

— Au revoir, frère, dit-elle.

Nadief et son ami échangèrent une poignée de main énergique.

— Je te la confie, dit Raoul.

— Sois sans crainte! fit le chasseur.

Et ils se séparèrent.

On entendit longtemps résonner sur le sol les sabots de la monture du jeune homme.

Ils le suivirent de l'oreille, lorsqu'il devint impossible de le suivre de l'œil.

Quand le silence se fit, Jeanne se leva, prit tout à coup la main de Nadief, et le regardant entre les deux yeux, elle lui dit :

— Vous, vous allez m'obéir.

« Je veux commencer de suite à me venger ; je ne supporterai aucun retard.

— Vous mentiez donc à Raoul ? s'écria Nadief d'un air de reproche.

— Oui, je mentais.

« Après ?

— Avec votre figure de madone, vous êtes une petite sauvage, un monstre de dissimulation.

« J'en arriverai à vous haïr.

— Haïssez, et obéissez.

— Voyez-vous cela !

Jeanne frappa du pied le sol avec rage.

— Vous ne comprenez donc pas, dit-elle, que Raoul avait besoin de sa liberté ?

— Si fait.

— Comprenez alors ceci encore : c'est que l'affront que j'ai subi et le plan que j'ai conçu ne me permettent pas d'attendre.

— Tant pis.

— Alors, j'agirai sans vous.

« Adieu. »

Elle fit quelques pas vers son cheval ; il la suivit, résolu à s'opposer à sa fuite.

— Auriez-vous la prétention de m'accompagner malgré moi ? demanda-t-elle.

— Certainement, dit Nadief.

— Nous verrons, fit-elle.

Elle sauta en selle.

Il l'imita.

— Nadief, lui dit-elle, je vais m'échapper malgré vous ; souvenez-vous de la leçon.

Et tirant doucement un pistolet de ses fontes, elle l'arma sans bruit.

Nadief souriait, en homme sûr d'empêcher quelqu'un de faire une folie.

Tout à coup elle appuya son pistolet sur la tempe du cheval et tira.

Bête et cavalier tombèrent.

— Je vous verrai à Alger, cria-t-elle, *Hôtel de France*, et vous y enverrai de mes nouvelles; déguisez-vous en Anglais.

« Au revoir !

Et elle piqua des deux.

Nadief jura tous les diables de l'enfer.

Quand il se fut relevé, il aperçut Jeanne disparaissant à l'horizon.

— Quelle fille ! murmura-t-il.

« Je suis écrasé par ce caractère; elle domine le frère et tout ce que j'ai connu de plus énergique. »

Et Nadief demeura longtemps sur place, songeant, assis sur le cadavre de son cheval...

XVIII

Qui prouve qu'il n'y a pas de roses sans épines.

Huit jours après les événements que nous avons racontés, Marie était rentrée à Alger.

Elle ne se doutait guère d'avoir dû le spectacle de Blidah en flammes aux protecteurs de Jeanne, dont l'évasion, du reste, avait fait grand bruit.

Un soir, Marie se promenait, au bras de son amant, dans les environs d'Alger, à Mustapha; elle suivait un sentier ombreux et parfumé.

Ils étaient heureux tous deux, comme on l'est quand l'amour débute.

Ils se tenaient enlacés et échangeaient des baisers à chaque pas.

Tout à coup ils entendirent du bruit, et virent une petite mulâtresse venir à eux, tenant en main un bouquet de roses.

— Quelles magnifiques fleurs ! s'écria Marie.
— Combien ton bouquet ? demanda l'officier à la jeune fille, qui répondit en souriant :
— Il n'est pas à vendre.
Et le présentant à Marie :

— Madame, lui dit-elle, maman vous prie d'accepter ce bouquet.

Marie accepta, surprise.

— Ta mère me connaît donc?

— Non, madame.

— Pourquoi me donne-t-elle des fleurs?

— C'est un usage.

Le lieutenant intervint.

— Quand une jeune fille indigène veut se placer en domesticité, elle offre des roses ou des jasmins à sa future maîtresse en signe d'obéissance affectueuse.

« Cette petite cherche un emploi.

— Tu veux être femme de chambre? demanda Marie à la jeune fille.

— Oui, madame.

— Que sais-tu faire?

— Tout, madame.

« Je coiffe, je repasse, j'habille.

« Ma mère, qui a servi longtemps en France, m'a dressée à mon métier.

— Et que veux-tu gagner?

— Ce qu'on voudra.

Marie se tourna vers l'officier.

— Elle a l'air intelligent, cette petite, dit-elle; j'ai envie de la prendre.

« Je n'ai personne.

— Il est certain que les femmes de l'hôtel vous servent mal.

— Puis elle me plaît, cette enfant.

La petite mulâtresse était charmante.

Teint de bistre, presque noir, c'est vrai, mais délicieuse; profil et taille fine et souple.

Le front, un peu bas, caché sous les cheveux noirs bouclés, était intelligent.

La fillette avait l'air modeste et distingué.

— Conduis-nous à ta mère, dit Marie.

La mulâtresse prit les devants.

On arriva à une maisonnette occupée par un vieux jardinier nègre et une femme blanche d'environ cinquante ans, qui cousait des chemises.

— Voici maman, dit la jeune fille.

Le nègre et sa femme se levèrent, saluant respectueusement les nouveaux venus.

— J'ai envie de vous emmener votre enfant, madame, dit Marie à la mère.

« Voulez-vous me la donner?

— Oui, madame.

« J'espère qu'elle sera heureuse avec vous. »

Et la conversation continua entre Marie et cette femme, entremêlée de quelques mots de la future femme de chambre.

Pendant ce temps, l'officier interrogeait le nègre.

— Comment diable as-tu épousé une Européenne? lui demanda-t-il.

— Mon lieutenant, j'étais au service du dey quand ma femme est venue, prisonnière, à Alger; elle était femme de chambre d'une Française capturée sur un brick.

« J'ai acheté ma femme.

« Plus tard, je l'ai épousée, quand vous êtes arrivés à Alger.

— Drôle d'aventure! dit l'officier.

— Mon ami, fit en ce moment Marie, partons; le marché est conclu.

« La petite viendra me rejoindre ce soir, chez moi. »

Ils s'éloignèrent tous deux.

Quand ils furent assez loin, la petite mulâtresse tira de ses poches une bourse.

Elle fit deux parts.

— Voici pour toi! dit-elle au nègre; tu as très-bien joué ton rôle.

Et à la femme :

— Quant à vous, prenez cet or; vous pouvez retourner à Alger.

« Si ma maîtresse vous rencontrait, dites que vous êtes en commission.

« Si vous me voyez à sa suite, embrassez-moi tendrement.

« Mais, pour ici, la comédie est finie; il n'est pas probable qu'il faudra y revenir.

« Adieu ! »

Et elle quitta la cabane.

XIX

L'enlèvement.

La mulâtresse s'installa dans la maison.

Elle y fut bien accueillie; mais il faut avouer que pas une femme de chambre aussi accomplie ne se fût trouvée dans Alger, voire en France.

Elle capta en peu de jours la confiance de sa maîtresse, et fut adorée de toute la maison; on la comblait de caresses et d'amitiés.

Elle, toute livrée à une pensée cachée, ne cessait d'épier sa maîtresse.

Personne ne s'en douta.

Billotte, seul, prit cette jeune fille en grippe sans trop savoir pourquoi.

Affaire d'instinct.

Il avait, du reste, fini par s'apercevoir que sa femme n'était plus la même pour lui; elle le rudoyait, se cabrait contre ses volontés, le repoussait durement; il s'en inquiéta.

Quand un mari cherche, il trouve.

Billotte trouva que sa femme n'était aimable que pour le beau lieutenant, qu'elle se préoccupait de lui, ne pensait qu'à lui, ne jurait que par lui; une demi-lueur, sinon la lumière, se fit en son esprit.

Il surveilla les amoureux, les surprit échangeant de doux propos, et se fâcha.

Il mit le spahi à la porte.

Il ne crut pas, du reste, à une culpabilité complète; il n'admit pas que sa femme, si jeune, si aimante, — en apparence, — jusqu'alors, pouvait l'avoir trompé; il n'admit que le début d'une intrigue.

Dans l'explication qu'il échangea avec elle, elle sut presque se disculper.

Mais il maintint sa défense de revoir l'officier, et Marie l'en bouda.

Le spahi était furieux.

Un mari est un mari.

Quand il est assez mal élevé pour vous renvoyer, il faut partir.

On a beau être militaire, crâne et décidé, on ne peut lutter.

Pierre en conçut une rancune profonde, et résolut de se venger.

Du reste, il aimait le scandale, les enlèvements, tout ce qui pose un Lovelace.

Il fit tenir une lettre à Marie, et en obtint un rendez-vous.

L'intermédiaire obligé entre eux était la femme de chambre, qui se montra d'une complaisance et d'une discrétion extrêmes.

Les lettres des deux amants leur arrivèrent un peu souillées; mais la jeune fille prétexta que, forcée de les cacher, elle les abîmait un peu.

Détail sans importance.

Lorsque sa maîtresse se rendit au rendez-vous fixé, la mulâtresse la suivit sans qu'on la vît; le lieu convenu était un restaurant.

Les deux amants prirent un cabinet; la mulâtresse loua la pièce voisine.

En Afrique, on construit tout légèrement; partout les cloisons sont minces; là-bas, ce sont des feuilles de papier; on entend tout.

Le spahi demanda au garçon :
— N'y a-t-il personne à côté?
Le garçon, bien payé, répondit :
— Personne!
Les amants se crurent seuls.

Ils tombèrent dans les bras l'un de l'autre; lui, voulant la griser d'amour, elle, affamé de baisers défendus; tous deux surexcités par une absence.

Ils s'aimèrent...

Puis ils causèrent.

La mulâtresse était tout oreilles.

Le lieutenant disait :

— La vie, avec un pareil mari, est impossible; j'ai une solde suffisante; je t'adore, je t'adorerai toujours, quitte cet affreux Billotte.

— Mon ami, quel scandale!

— Tu hésites?

— J'ai peur.

— Alors, tu ne m'aimes pas.

— Et si, ensuite, tu m'abandonnais?

— Jamais!

Et des serments passionnés, appuyés par des protestations ardentes.

— Est-ce entendu?

— Laisse-moi réfléchir.

— Non.

« C'est convenu.

« Je prends un congé d'un mois; j'arrête nos places sur le premier courrier, et nous partons pour Marseille, où nous restons quelque temps.

« Nous reviendrons ensuite.

— Je ne me déciderai jamais.

— Alors, rompons.

« Je suis jaloux, moi!

« Quand je songe que ce vieux misérable te flétrit de ses baisers, je suis furieux.

« Ce partage d'une femme aimée, entre le mari et l'amant, est insupportable. »

Marie entendait avec une joie folle son amant lui parler de jalousie.

Elle le crut sincèrement attaché à elle, et finit par lui accorder tout ce qu'il demanda.

Elle éprouva une joie d'enfant en le voyant épris, et ne sut rien lui refuser.

— Tu penses quitter l'Afrique bientôt? demanda-t-elle, pressant elle-même le dénoûment.

Il l'attendait là.

— Ma chère belle, lui dit-il, il faut me donner le temps de rassembler quelques billets de mille francs pour le voyage et les frais du premier moment; je n'ai que ma solde, et pas d'économies.

— Ne t'inquiète de rien.

« J'ai apporté une grosse dot à mon mari; je possède pour trente mille francs de bijoux; je lui enlèverai une dizaine de mille francs argent.

« J'en ai bien le droit.

« Je l'ai enrichi. »

La voyant bien décidée, il fit mine de repousser cette idée.

— Je ne puis admettre que tu m'apportes l'aisance, dit-il fièrement.

Il se campa sur sa hanche.

— J'aime mieux une médiocrité, une pauvreté, que tu partagerais avec moi, que de te devoir une aisance relative.

— Mon ami, c'est sur ma dot que je prendrai ces faibles sommes.

Il parut réfléchir.

— Les bijoux, soit! dit-il.

« Le reste, non.

— Mais j'ai hâte de partir! Faut-il donc, pour un scrupule, retarder notre bonheur?

— Tu me convaincs.

« Il faut que je te cède tout, même ma dignité; comment me récompenseras-tu? En me quittant un jour, peut-être!

— Jamais! s'écria-t-elle à son tour en lui sautant au cou avec effusion.

Il avait produit adroitement son effet, obtenu ce qu'il voulait; il devint plus sec et plus net avec elle; il la tenait!

— J'aurai ma permission demain, dit-il; partons par le courrier d'après-demain; seras-tu prête pour ce moment-là?

— Oui, dit-elle.

« A propos, emmenons Clara. »

Clara était la mulâtresse.

— Non ! dit-il.

« Elle nous gênerait. »

Puis il reprit :

— As-tu la libre disposition de tes bijoux ? Il est important que rien ne nous contrarie au dernier moment.

— Quant aux parures, elles sont dans ma chambre même, mon ami.

— Et l'argent ?

Il dit le mot brutalement.

— Il est dans la chambre de mon mari ; mais je saurai m'en emparer.

— Tu en es sûre ?

— J'en sais le moyen.

« J'endormirai sa défiance.

— Je t'attendrai au port.

« Tu te présenteras vers midi, heure du départ ; j'aurai un passe-port. »

Elle songeait.

— Ah ! mon ami, quelle aventure !

— Regrettes-tu d'avoir dit oui ?

— Méchant !

« Tu sais bien le contraire. »

Et, mobile comme les toutes jeunes femmes, elle s'écria joyeusement :

— Allons-nous être heureux !

« Plus d'ennuis.

« Plus d'affreuses nuits près d'un homme abhorré, plus de souffrance !

« Toi !

« Toujours toi !

« T'avoir sans cesse à mes côtés, et ne te quitter jamais !

« Quel avenir, Pierre !

— Ce sera charmant !

Et à part lui :

— Quand l'argent sera mangé, ma fille, ça deviendrait bien fastidieux !

« Il faudra bien retourner auprès de son époux, et se passer du lieutenant Pierre. »

Mais tout haut :
— A demain.
« Je t'attendrai ici.
— Quoi !
« Tu auras le temps de me donner encore un rendez-vous, mon chéri !
— Pour toi, je trouverais une heure, fût-ce au milieu d'une bataille, mon ange !
« Viens ! »
Ils s'embrassèrent et se quittèrent.
Une minute après, la mulâtresse sonnait le garçon, qui accourait.
Pour un louis, que n'obtient-on d'un garçon de restaurant !
La mulâtresse lui dit d'un ton d'autorité :
— Vous avez ici un Anglais, n'est-ce pas ?
— Oui, mademoiselle.
« Il s'appelle sir Griffisth.
— Bien.
« Allez lui dire que je veux lui parler, et qu'il se hâte de venir.
— Bien, mademoiselle.
Le garçon courut à la recherche de sir Griffisth, qui vint bientôt.
— Bonjour, Nadief, lui dit la mulâtresse.
— Bonjour, Jeanne.
Et l'examinant :
— Ma chère, vous êtes grimée à ravir, dit-il ; du diable si je vous reconnaîtrais.
— Il ne s'agit pas de me faire des compliments, mon ami, dit Jeanne.
« Je pense que ma leçon vous a profité, et que vous me laisserez agir ?
— Certes, oui !
« Vous n'auriez qu'à me brûler la cervelle, comme vous l'avez fait pour mon pauvre cheval.
« Commandez.
« J'obéirai.
— Eh bien ! mon ami, je veux savoir où il faut frapper un homme pour l'étourdir pendant quelques heures, sans qu'il

meure du coup; d'autre part, il est nécessaire que la blessure soit sérieuse; vous saisissez pourquoi?

— Oui.

« Mais ne pourrais-je porter ce coup moi-même, ma chère Jeanne?

— Non.

« Il faut que ce soit moi.

« Voyons, Nadief, trêve d'observations, et pas de gamineries avec moi.

« Répondez.

— Et si je me tais?

— Je serai forcé de questionner quelque chirurgien et de me compromettre.

— Eh bien! écoutez.

« Vous frapperez l'individu dans le dos, après lui avoir donné un coup de manche de poignard sur la nuque.

« Mais vous n'aurez jamais la main assez ferme pour cela.

— Vous croyez?

« Tenez. »

Elle prit un poignard caché sous ses vêtements, et du manche appliqua un tel coup sur le marbre d'une commode, qu'elle le brisa en dix morceaux, à la grande stupéfaction de Nadief.

— Diavolo! fit celui-ci.

« Quel poignet!

— Vous avez confiance en moi, maintenant, n'est-ce pas, mon cher?

— Vous étiez née pour être reine au pays des Amazones.

« Toute observation étant inutile, laissez-moi vous demander seulement si je ne saurais vous rendre quelque service?

— Si.

« Un grand.

— Lequel?

« Après-demain, trouvez-vous, vers midi, sur le port, déguisé en portefaix maltais, et tâchez de distribuer quelques pièces de monnaie à la canaille, pour qu'elle crie bien.

— Qu'elle crie?

— Sans doute.

— Après qui?

— Contre les voleurs que des gendarmes arrêteront sur le pont des bâtiments.

« Du reste, il y aura des femmes du peuple qui hurleront aussi.

« J'ai pris mes précautions pour cela.

— C'est un rôle peu délicat que vous me donnez là, Jeanne.

« Faire insulter une femme !

— Alors, ne me demandez pas si vous pouvez m'être agréable, mon ami.

« Au revoir. »

Et elle sortit brusquement, fermant la porte au nez de Nadief.

Elle avait le don d'ébaubir le beau chasseur.

XX

L'arrestation.

Le surlendemain, vers dix heures du matin, Jeanne était seule dans sa chambre.

— C'est l'heure ! murmura-t-elle.

« Voyons un peu. »

Elle prépara une cuvette pleine d'eau savonneuse et mordante, y trempa une de ses mains, la frotta, et reconnut que la teinte jaunâtre qui couvrait l'épiderme disparaissait très-facilement.

Puis, dans une autre cuvette, elle retrempa sa main, qui se bistra à l'instant.

— Ceci est bien, murmura-t-elle.

« Voyons les cheveux ! »

Elle tira d'un tiroir une splendide perruque blonde, qu'elle ajusta.

— C'est au mieux ! fit-elle.

Elle serra la perruque.

Elle avait une robe montée en peignoir, pour être plus facilement ajustable, et elle l'essaya ; elle put la mettre et la défaire en un clin d'œil.

Alors elle eut un éclair de triomphe dans les yeux et un rayonnement au front.

On sonna.

C'était Marie qui appelait.

— Ma fille, lui dit la jeune femme, je sors; monsieur est endormi; il fait déjà la sieste.

— Je crois qu'il a un peu bu! hasarda Jeanne d'un air craintif.

— Oui! fit Marie.

Elle sourit.

Elle l'avait poussé à se griser.

— Si monsieur se réveille, dit-elle, vous lui direz que je suis allée à Blidah avec M. Pierre, et que je compte y passer la nuit.

— Votre mari se fâchera.

« Ne m'en veuillez pas, si je vous dis ça; mais je sais qu'il est jaloux.

— Tant pis!

« Je compte que vous lui répéterez ma phrase mot pour mot, n'est-ce pas?

— Si madame l'ordonne!

— Oui.

— Bien, madame.

— Voilà pour la commission.

La jeune femme donna à Jeanne une bourse pleine de menues monnaies.

— Merci, madame, dit Jeanne, merci mille fois. Vous êtes trop bonne.

— Au revoir, petite.

— Bonne promenade, madame.

La jeune femme prit son ombrelle et sortit; elle avait envoyé d'avance à bord une malle pleine d'effets; elle emportait son écrin et un portefeuille bourré de billets de banque soustraits à son mari.

Elle était impatiente.

Au lieu d'attendre midi, elle se rendit de suite à bord.

Le lieutenant s'y trouvait.

— Quelle imprudence! lui murmura-t-il à l'oreille; ce n'était pas convenu.

— Ne crains rien! dit-elle.

« Je lui ai laissé Clara, pour lui dire que je suis allée à Blidah avec toi.

« Il y courra en s'éveillant; ce sera très-amusant; il ne nous trouvera pas.

Le lieutenant se mit à rire...

Pendant ce temps, Jeanne allait s'habiller, et une fois revêtue d'une robe exactement semblable, sauf certains détails de coupe, à celle de sa maîtresse, elle alla trouver Billotte, qui dormait du pesant sommeil de l'ivresse.

Elle entra dans la chambre avec audace, et se mit en devoir de crocheter bruyamment un meuble où Billotte avait coutume de serrer son or.

Elle fit tant de train que l'ivrogne s'éveilla, respirant bruyamment, mais elle n'y prit garde.

Le régisseur se leva, surpris de voir sa femme, — il croyait que c'était elle, — brisant un secrétaire; il devina qu'elle voulait fuir.

Il se jeta sur elle.

— Misérable! s'écria-t-il.

Jeanne se retourna brusquement.

Billotte, encore lourd, titubait; elle put lui donner sur la nuque un coup du marteau dont elle se servait pour casser le meuble.

Il tomba.

Alors, froidement, elle lui planta son couteau dans l'épaule, et se sauva.

En un instant, elle redevint Clara, la mulâtresse, et, sortant de chez elle, elle se mit à crier :

— A moi!

« A l'aide! »

On accourut.

— Mon maître! cria-t-elle.

« Monsieur! »

On se précipita...

On entra...

Et l'on vit Billotte ensanglanté, gisant sur le carreau, tombé sur le ventre.

Les uns s'empressèrent auprès de lui; les autres coururent chercher la police.

Quand elle vint, Jeanne accusa sa maîtresse avec effronterie, et prétendit l'avoir vue fuir vers le port avec son officier habillé en bourgeois.

On supposa que Marie se sauvait par le courrier de Marseille, et le commissaire se rendit en toute hâte au lieu d'embarquement.

Une grande foule le suivit.

Il trouva à bord Marie, tremblante, l'officier furieux.

— Je vous arrête, dit le commissaire.

Ce fut un coup de théâtre.

— Madame venait me dire adieu, dit le lieutenant avec calme.

« Moi, je vais en permission régulière.

« Pourquoi cette arrestation ?

— Parce qu'il y a presque flagrant délit d'assassinat, dit le commissaire, et flagrant délit de vol, j'en suis bien sûr.

Prenant Marie par le bras, il l'obligea de le conduire à sa cabine, et y trouva l'écrin rempli de pierreries et de bijoux.

Il dit alors ironiquement :

— Voici une preuve que madame ne venait pas vous dire adieu, lieutenant.

Puis il ajouta :

— Allez vous déshabiller ; le capitaine vous prêtera des effets bourgeois ; il ne faut pas déshonorer l'uniforme.

— Mais, sacrebleu, dit le lieutenant, que diable me chantez-vous donc ?

« J'enlève une femme !

« C'est mon droit.

« Qu'on m'arrête pour une peccadille pareille, c'est insensé !

— Et le coup de poignard ?

— Que dites-vous ?

— Oui, la blessure du mari !

— Mon mari est donc blessé ? s'écria Marie épouvantée.

— Vous le savez bien !

— Je vous jure...

Trêve d'explications.

« Que le lieutenant s'habille et partons. »

Il fallut obéir.

En débarquant, Marie aperçut une foule immense qui attendait.

Elle eut peur.

Deux gendarmes conduisaient les accusés.

La foule ameutée fit entendre des huées et se montra féroce.

Les deux malheureux furent accablés d'injures grossières Une femme cracha à la figure de Marie ; une autre lui jeta de la poussière.

Il fallut un piquet de renfort pour disperser la populace.

Couverte d'un burnous maure, enveloppée tout entière, Jeanne assistait à cette scène et y prenait un sauvage plaisir.

Profitant d'un moment où la foule poussait les soldats, Jeanne tira une cravache de dessous son burnous et coupa la figure de son ennemie d'un coup furieux ; laissant la cravache, elle se mêla à un groupe et, dans cette espèce de meute, ne fut pas inquiétée.

Elle rencontra Nadief.

— C'est fait, lui dit-elle radieuse ; ils sont pris et seron condamnés.

— Vous les laisserez aller au bagne ? fit le chasseur effrayé.

— Mon cher, vous êtes naïf ! fit Jeanne. Je trouve le bagne bien doux !

— Mais vous êtes vengée !

— Allons donc !

— Le scandale n'est-il pas assez grand !

Jeanne haussa les épaules.

— Si je pouvais, dit-elle, me faire garde-chiourme, je voudrais torturer l'homme à Toulon ; si je pouvais être surveillante à la Roquette, je ferais cruellement souffrir la femme !

« Il ne fallait pas insulter une Lavery.

« Rien n'effacera leur offense.

— Et Billotte ?

— Lui ! fit-elle terrible.

« Lui, je veux qu'il souffre atrocement ; vous verrez, Nadief!

« Et maintenant, partons. »

Ils quittèrent Alger tous deux.

XXI

Comment maître Antoine fait la chasse au lion.

La saison n'étant pas favorable pour aller au Sahara, et commencer la fameuse expédition du trésor, les amis de Raoul s'étaient dispersés en plusieurs camps dans des régions favorables à la chasse.

Une de leurs bandes, composée de cinq hommes, était établie dans la forêt de Bou-Amza, et Antoine en faisait partie.

Le garde-champêtre de Lavery avait tenu bon dans son projet de se faire coureur de bois; il avait suivi Nadief.

Celui-ci, après l'arrestation de Marie, proposa à Jeanne de rejoindre Raoul au désert et de lui amener le renfort de la petite troupe dont nous avons parlé plus haut.

Jeanne accepta.

Ils se mirent en route et hâtèrent leur marche.

Pendant qu'ils se dirigeaient sur ce campement, il s'y passait des faits dignes d'être consignés par l'histoire.

Le garde Antoine, du château de Lavery, livrait à un lion un homérique combat dont il existe encore un monument : c'est un arbre, entouré de pierres, jetées par les indigènes qui passent près de là et qui ont coutume d'élever ainsi, cailloux par cailloux, une sorte de pyramide pour perpétuer le souvenir des actions mémorables.

Donc, Antoine était venu en Afrique, et ses camarades, peu confiants dans ses talents, en firent le muletier, le cuisinier, la femme de chambre et le tailleur de l'association.

On lui fit faire le ménage.

Antoine en fut profondément froissé ; on sait qu'il se vexait facilement.

Il voulait être chasseur.

Il n'avait pas franchi les mers pour jouer de l'aiguille, blanchir du linge et tenir la queue d'une poêle à frire.

Il réclama.

On se moqua de ses réclamations.

Il se fâcha.

On le corrigea.

— Apprenti n'est pas maître ! lui dit son ami, ce grand nègre, si laid, qui avait pris le garde pour son associé.

— Mais quand serai-je votre égal ? avait demandé Antoine.

— Quand tu auras tué ton premier lion, répondirent ses camarades.

Et chaque soir, Antoine entendant le lion rugir, se disait en frissonnant :

« Dire qu'il faudra aller me mesurer avec un animal pareil ! »

Antoine ne s'appelait plus Antoine ; on l'avait surnommé *Ali-Baba*.

Pourquoi ?

Parce qu'il avait adopté un costume si bizarre, si hétéroclite qu'il était fait (au dire de ses compagnons) comme quarante voleurs ; en Algérie, on dit d'un homme qui porte des vêtements usés, fripés, étranges, qu'il est fait comme un voleur.

On lui avait conseillé de quitter son costume de garde et il avait adopté une mise singulière :

Conduit chez un fripier d'Alger, il avait acheté des grosses bottes de matelot ; un pantalon bouffant à la hussarde et une veste de zouave.

Puis, comme manteau, un burnous arabe.

Pour coiffure, il avait essayé de tout ; mais regrettant toujours son chapeau de garde, il avait prié un conducteur de diligence, passant non loin du camp, de lui en rapporter un.

Le conducteur, à défaut du claque des forestiers, s'était procuré un tricorne de gendarme, et Antoine en avait définitivement couronné son chef.

Qu'on juge de l'aspect; mais, en pleine forêt, on s'habille à sa guise.

Antoine *Ali-Baba* prit un bon jour une héroïque résolution.

Il se détermina à tuer son lion; sa position devenait intolérable.

Ses camarades, quand ils s'attaquaient au roi des animaux, l'attendaient face à face et lui logeaient une balle au défaut de l'épaule gauche pour atteindre le cœur; mais Antoine pensa qu'il serait prudent de s'y prendre autrement.

Il songea à monter sur un arbre, et du haut de cet arbre, à envoyer, sans danger, sa balle à son adversaire.

C'était peu héroïque...

Mais la prudence est la mère nourrice de l'existence, le petit-lait de la vie.

Antoine *Ali-Baba*, dit les 40 Voleurs, partit avec son fusil, son burnous, ses bottes et son tricorne, sans prévenir personne.

Il emmenait une chèvre.

Mon gaillard s'installa sur un gros chêne, attacha une ficelle à la langue de la chèvre, tenant en avant le bout de cette ficelle; et, quand il entendit le lion rugir, il se mit à tirer sur la ficelle pour faire crier la malheureuse chèvre.

Le père Antoine avait son fusil prêt et bien chargé; il attendit une heure.

Tout à coup il se fit un grand bruit dans les broussailles; deux points lumineux, phosphorescents, séparés par deux largeurs de main, flamboyèrent dans l'obscurité et l'illuminèrent.

Puis le monstre parut.

Il était énorme.

Sa grosse tête hérissée, son corps nerveux, fouetté par une queue démesurée, les coups de cette queue battant les flancs et capable de tuer un homme, le rugissement terrible du lion voyant la chèvre, la sauvage majesté du roi de la plaine, l'incroyable puissance magnétique du regard, tout enfin dans le lion causa une effroyable peur à maître Antoine.

Il lui advint ce qui advient souvent en pareil cas aux novices.

On est sur un arbre, on s'y croit bien assuré, le lion paraît et l'on éprouve une sueur froide ; il faut se cramponner aux branches pour ne point tomber ; il en est qui tombent.

Maître Antoine, dit *Ali-Baba*, dit les 40 Voleurs, fut de ces derniers.

Il dut sa chute à un mouvement de bravoure qu'il eut malgré sa venette.

Il voulut dompter sa faiblesse, saisir son fusil et tirer.

Mais l'effroi fut plus fort que le courage ; Antoine perdit l'équilibre ; il chancela sur la branche et roula à terre.

Il s'évanouit.

Le lion, étonné de voir descendre de l'arbre un si gros oiseau, quitta la chèvre qu'il flairait, pour courir à Antoine étalé.

Il promena son gros mufle sur le visage du garde, le retourna de la patte pour le flairer... ailleurs, trouva des parfums déplaisants, sans doute, et revint à la chèvre.

Antoine était sauvé.

Le lion étrangla la chèvre et l'emporta dans sa gueule puissante.

Antoine, revenu à lui, ne vit plus ni le lion, ni sa proie.

Il crut rêver.

Il ramassa son tricorne et son fusil, jura qu'on ne l'y reprendrait plus, et revint au camp où il ne souffla mot à personne de son aventure, craignant à bon droit les lazzis.

Mais, peu à peu, analysant les événements de cette nuit, il revint sur sa résolution, et reprit courage en se raisonnant.

— J'ai été bête, murmurait-il ; pourquoi avoir eu peur ?

« Sur l'arbre, je n'avais rien à redouter ; j'y retournerai ce soir.

Il y retourna.

Cette fois le lion vint encore ; ayant trouvé de ce côté une proie la veille, y entendant bêler une chèvre, il accourut.

Malgré tous ses efforts, maître Antoine eut encore une peur épouvantable ; ses dents claquaient, ses membres frissonnaient.

Mais il s'affermit sur la branche, bien à califourchon, le dos en tronc et visant le lion, il le tira et le tomba.

Le lion blessé bondit vers l'arbre, et plongea un regard terrible dans le feuillage ; il aperçut le chasseur et rugit.

Antoine sentit ses cheveux se dresser sur sa tête et sa face blémir.

N'importe, il rechargea son arme.

Malheureusement sa main mal assurée laissa tomber le sac à balle par terre, et voilà maître Antoine sans plomb !

Le lion, se dressant contre le tronc, faisait de furieux efforts pour l'ébranler ; mais il n'y réussissait pas ; il dut renoncer à l'espérance d'arriver jusqu'à Antoine.

Mais un lion ne pardonne pas une blessure facilement.

Celui-là, s'installant au pied de l'arbre, se coucha sur le sol, décidé à prendre son ennemi par la famine ; Antoine comprit et eut un frisson de désespoir.

Le lion se mit à lécher sa blessure, assez légère, du reste, et attendit patiemment, levant de temps à autre, vers le garde, un regard qui paraissait narquois à celui-ci.

Le pauvre Antoine n'avait qu'une espérance ; c'est que ses amis le chercheraient et finiraient par le trouver et le sauver.

Il résolut d'attendre le jour, et de pousser, dès l'aurore, toutes les cinq minutes des appels que ses camarades, en quête de lui, devaient entendre à un kilomètre à la ronde ; faible espoir pourtant.

Le camp était bien éloigné.

Antoine ne se serait jamais attendu à un pareil tour ; il était déconcerté.

Toutefois, il se remit peu à peu ; c'était, au fond, un homme de *ressources*.

Il songea d'abord à ravoir son sac à balles, et, pour ce, il se mit à fabriquer avec son couteau *un crochet*.

Une branche fourchue lui fournit ce qu'il désirait ; il la coupa, et l'arrangea de son mieux pour qu'elle pût harponner le sac.

Il avait de la ficelle sur lui, comme tout bon chasseur ; il attacha son crochet, et le descendit vers le sac à balles, objet de ses plus chères convoitises, instrument de son salut.

Le lion regardait ce manége.

L'œil indifférent, le muffle allongé sur ses pattes, il semblait se soucier fort peu que son ennemi réussît ou pas dans son projet.

Antoine murmurait :

« Imbécile, va !

« Est-ce bête, ces lions !

« Il ne voit pas que, si j'atteins mon sac, je vais le tuer comme un lapin.

« Jobard, va ! »

Et il promenait sa ficelle de façon à ce que le crochet rasât le sac.

Il l'atteignit.

— Bon ! fit-il.

« Nous allons voir ! »

Il tira.

Le lion vit le sac quitter la terre, leva brusquement la patte, et l'abattit sur l'objet convoité par Antoine avec tant d'ardeur.

Le sac tomba.

Antoine faillit tomber aussi, tant la secousse fut rude et inattendue.

Le chasseur, furieux, s'écria :

— Sacré animal !

« C'est malin comme un singe. »

Il avait entièrement changé d'opinion sur l'intelligence de son adversaire, et il regardait, tout penaud, sa ficelle et son crochet.

— Que faire, maintenant? se demanda-t-il; voici le jour qui pointe !

Avec l'aurore, il reconnut qu'il perchait sur un chêne chargé de glands.

Il poussa un cri joyeux.

— Des glands ! s'écria-t-il.

« Voilà mon affaire ! »

Il étendit la main, choisit des glands du calibre de son arme, la chargea, et coucha le lion en joue sur-le-champ.

Ses mouvements, ses exclamations avaient inquiété le lion.

Il se leva grondant, parut comprendre qu'il courait un danger.

Antoine fit feu.

Le gland, quoiqu'un peu mou, pénétra et se logea dans le dos du lion, qui poussa des rugissements de rage.

Antoine rechargeait tranquillement et narquoisement.

Familiarisé avec sa position, il n'avait plus peur; il visait bien, et tirait très-froidement au posé; il logea encore une balle dans le corps du lion.

Exaspéré, celui-ci se mit à attaquer l'arbre de la griffe.

Antoine vit l'écorce, puis le bois voler en éclats sous les ongles acérés de la fauve; il y a peu de gros arbres en Algérie; le chêne ne mesurait que cinquante centimètres de tour, et le lion n'y allait pas de griffe morte.

Il se relevait de temps en temps, se dressait contre le chêne, le secouait avec furie, et recommençait à en hacher la base; Antoine comprit, non sans peur, qu'il devait se hâter de tuer son adversaire acharné, car, s'il ne l'abattait pas, l'arbre ne pouvait résister bien longtemps.

Il tira, tira sans trêve.

Mais nul animal, sinon le tigre, n'a la vie plus dure que le lion.

Les glands, du reste, entraient dans la chair et s'aplatissaient sur les os sans les briser; les blessures qu'ils faisaient n'étaient pas assez graves pour abattre un lion adulte.

Le malheureux chasseur usa jusqu'à sa dernière charge de poudre, logea vingt-sept glands dans le dos du lion, et n'en vint pas à bout.

Le travail de sape avançait.

Peu à peu, le tronc se décharnait, et il était déjà à moitié éventré quand maître Antoine lança son dernier coup.

Après quoi, désespéré, il attendit...

A un certain moment, pourtant, il fit un effort aussi vain que suprême; saisissant son tricorne, il le lança au nez de son adversaire, en lui criant de toutes ses forces :

— Tiens, canaille !

Le lion, aveuglé par la colère, mit le tricorne en mille pièces.

Mais il revint aussitôt contre le chêne, et rejoua des griffes.

L'arbre commençait à craquer, quand l'animal se dressait debout contre lui...

XXII

Où Nadief se prononce.

Pendant ce terrible combat, Nadief et Jeanne se dirigeaient vers le camp.

Ils se trouvaient à une lieue du théâtre de la lutte quand le premier coup partit ; ils causaient, assis sous un arbre.

— Ma chère Jeanne, disait Nadief, vous avez une singulière idée.

« Vous faire chasseresse !

« C'est de la folie !

— Qu'en savez-vous ?

« J'ai un plan.

— Encore la vengeance ?

— Sans doute.

« Ne reste-t-il pas à punir mon oncle, ce misérable qui m'a déshonorée ?

— Et, pour le châtier, il faut que vous soyez coureuse de bois ?

— Oui.

« Je veux trouver quelque solitude profonde, dans cette solitude une grotte.

« Nous enlèverons Billotte, et je l'attacherai comme un

chien au fond de la grotte, où je le supplicierai à petit feu pendant des années et des années; le plus souvent possible!

« Et quand il mourra, je me tuerai, heureuse d'avoir vécu pour me venger; heureuse de mourir, n'ayant plus de haine à assouvir. »

Nadief regarda la jolie tête de Jeanne, et fut frappé du contraste que formait la douceur de ses traits avec les rancunes féroces de son âme.

Jeanne continua :

— Vous concevez, Nadief, que, pour vivre dans cette grotte, il me faut savoir chasser, me défendre, attaquer.

« Donc, je vous prie de faire de moi un coureur de bois.

« Si vous refusez, si vous m'ennuyez d'observations, je trouverai un autre maître d'apprentissage que vous.

— Inutile! fit le chasseur.

Nadief avait l'air sombre.

Elle lui demanda :

— Qu'avez-vous ?

— Rien ! dit-il brusquement.

— Voyons, mon ami, parlez.

Il se fit violence.

— Ce que je vais vous dire, Jeanne, va vous sembler ridicule.

« Écoutez, pourtant.

« Je vous vois vous acharner contre ce Billotte; je vous comprends.

« Mais je vous entends parler de suicide, et je ne vous comprends plus.

« Quoi !

« Vous avez un frère, vous avez des amis, vous aurez un fils ou une fille, et vous parlez de mourir, votre haine satisfaite !

« En vérité, vous n'êtes pas une femme; vous n'avez rien d'humain.

— Possible ! fit-elle délibérément.

« J'ai été torturée pendant quinze ans; j'ai été flétrie !

« Je suis avilie !

« Et vous voulez que je sois douce, aimante, joyeuse, aimable ?

« Vous raillez, Nadief.

« Mon frère se consolera de ma mort, mes amis m'oublieront.

« Quant à l'enfant!... »

Il y eut un silence glacé.

Nadief attendait avec angoisse.

Elle se dressa soudain, les joues pâles, la lèvre colorée, frémissante, l'œil hagard.

— Quant à l'enfant, s'écria-t-elle, il ne vivra pas!...

« Il n'est pas de moi!

« On n'a d'enfants que ceux que l'on conçoit d'un homme aimé.

« Celui-là, je ne le connais pas, ne le connaîtrai point, le hairai.

« Et, faut-il le dire, je l'écraserai au jour de sa naissance.

« Je porte quelque monstre dans mes flancs, je dois l'anéantir.

— C'est atroce! s'écria Nadief indigné. C'est vous qui êtes un monstre.

Elle reçut le choc de ce mot.

Elle regarda Nadief, et se mit à fondre en larmes, s'affaissant sur le gazon.

Le chasseur chercha à la consoler.

— Calmez-vous, Jeanne, dit-il; je comprends votre désespoir.

« Mais n'exagérons rien.

« Vous êtes jeune, pure, malgré l'affront subi involontairement.

« Vous serez aimée.

« Vous aimerez.

— Taisez-vous! dit-elle.

« Je vous défends de parler ainsi.

— Et pourquoi?

— Parce que vous mentez.

« Qui donc peut aimer les femmes déshonorées comme je le suis?

— Tout homme de cœur.

Jeanne sourit tristement.

Nadief était navré.

Mais ce sourire lui arracha un aveu, qu'il eût voulu garder longtemps encore.

— Jeanne, dit-il, écoutez-moi et croyez-moi ; sur l'honneur, je ne mens pas.

« Jeanne, moi qui n'ai que trente ans, moi qui suis jeune encore, et qui peux vous faire asseoir sur un trône quelque jour, moi, je vous aime du plus tendre, du plus ardent, du plus sincère amour. »

Et prenant sa main, il la pressa sur ses lèvres.

Elle le regardait effarée.

— Oui, je vous aime ! reprit-il.

« Croyez-vous que le malheur qui vous a frappée vous rende indigne d'affection ?

« Il vous prête, au contraire, ce caractère auguste de la victime qui inspire la pitié, la vénération, le désir d'adoucir sa douleur.

« Jeanne, je vous aime plus, mère malgré vous, que vierge je vous eusse aimée. »

Elle l'écoutait attendrie.

— Merci, Nadief, lui dit-elle.

« Vous êtes bon, vous !

« Je veux vous consoler.

« Être votre femme...

« Jamais !...

« Mais je vous promets de ne pas me tuer ; vous vivrez avec moi, en frère.

« Nous ferons, avec Raoul, des choses gigantesques ; nous réaliserons vos projets.

« Vous me considérerez comme un homme, comme un ami qu'il faut distraire.

« Quant à l'enfant, on le fera élever loin de moi ; je ne le verrai pas.

« Vous voyez, vous faites de moi ce que vous voulez, mon cher ami.

— Merci, dit Nadief en lui baisant la main ; mais marchons, de grâce.

« Je suis trop ému pour demeurer en place, Jeanne, et je ne voudrais pas me donner le ridicule de vous tourmenter, en demandant plus que votre fraternelle amitié ; à ce que je ressens, je devine que j'aurai du mal à étouffer ma passion pour vous.

— Marchons ! fit-elle brusquement.

9.

Ils allaient tous deux d'un pas fiévreux, quand un coup de fusil retentit.

C'était celui d'Antoine.

Un rugissement ébranla les échos de la forêt et arriva jusqu'à Nadief.

— On chasse le lion là-bas, dit-il.

Mais les coups de fusil continuaient à vibrer, le lion ne cessait de rugir.

Le chasseur murmura :

— C'est étrange.

« Que peut-il se passer là-bas ?

— C'est un combat, fit Jeanne.

— Il est bien long !

« Restez ici, Jeanne.

« Moi, je cours à l'aide du chasseur, un des nôtres sans doute ; il doit être sur un arbre, et bien maladroit, ce qui m'étonne.

— Je vous suis, au contraire.

« Je veux tirer le lion aussi ; Nadief, ne me refusez pas ; j'exigerais.

— Terrible fille ! murmura le chasseur.

Et il lui dit avec un soupir :

— Venez…

XXIII

Jeanne tue le lion de maître Antoine.

Nadief et Jeanne arrivèrent rapidement près du théâtre de la lutte.

Ils virent à travers la feuillée le lion acharné au pied de l'arbre.

Sur la cime, maître Antoine, dans sa tenue bizarre, brandissait son fusil impuissant, et ne cessait de menacer son adversaire à la façon des héros d'Homère, ces guerriers les plus mal embouchés de toute l'histoire ancienne.

Nadief et Jeanne marchèrent ou plutôt rampèrent avec précaution, ils ne furent plus bientôt qu'à cinquante pas du lion.

Celui-ci était horrible à voir.

Le sang lui sortait du corps par vingt blessures, et rougissait sa splendide crinière hérissée sur son cou; il en était arrivé au paroxysme de la rage et à un magnifique déploiement de forces.

— Voici un digne adversaire, murmura Jeanne en souriant; j'aurais plaisir à lui envoyer ma balle et à le tirer.

— Vous ne pouvez le tirer, ma chère amie, dit Nadief; vous n'êtes encore assez sûre ni de votre adresse ni de votre courage.

— Comme adresse, dit-elle, j'ai touché un arbrisseau à deux cents pas.

« Vous m'avez applaudie vous-même.

« Comme courage, quand on dédaigne la vie, on est sûre de soi.

« Du reste, si vous vous opposez à ma volonté, je provoque le lion.

— Dieu vous en garde !

« Tâchez de le surprendre. »

Et à voix plus basse :

— Du silence et du calme.

« Glissons-nous aussi près de lui que possible ; je vous ferai signe de vous arrêter quand il en sera temps ; nous serons sur la même ligne.

« Vous tirerez la première.

« Est-ce suffisant?

— Oui, mon ami.

— Allons alors.

Ils rampèrent avec plus de précautions encore, cherchant à gagner un assez gros chêne, voisin de celui où le garde était juché.

Antoine vit tout à coup ses sauveurs ; il eut l'intelligence assez remarquable de n'avoir pas l'air de les apercevoir ; et, pour leur faciliter leur tâche, il attira vers lui l'attention du lion en lui lançant sa baguette de fusil, son fusil, son burnous qu'il défit, sa veste et (*proh pudor!*) jusqu'à sa culotte.

Le lion écumait.

Ayant atteint l'arbre, Nadief, qui avait fait armer le fusil de sa compagne, lui posa la main sur l'épaule.

Il était temps.

Il la regarda avec curiosité.

Elle semblait aussi à l'aise que si le lion eût été un perdreau.

Elle l'ajusta en toute tranquillité, visant le flanc gauche.

Ne le tenant plus en joue par suite d'un mouvement du lion, elle remit l'arme au pied avec sang-froid.

Nadief sourit.

Le lion représenta le côté, elle fit feu et il roula comme une masse, foudroyé par le coup, se débattant à peine.

Antoine, penché sur sa branche, suivit les phases de cette

courte agonie, dégringola, quand la dernière convulsion fut terminée, et en chemise, se précipita vers la jeune fille qu'il voulut serrer dans ses bras.

Mais elle le saisit par le bras, le fit pirouetter d'une main vigoureuse et le rappela aux convenances en lui disant :

— Allez passer votre culotte, maître Antoine ; quand on est aussi maigre que vous, on cache ses mollets, mon garçon.

Dans ses expressions elle était déjà devenue un peu homme.

Antoine, confus, alla s'habiller.

Jeanne, le coup fait, s'était mise à la position du chasseur qui attend, son fusil appuyé à terre, elle au fusil.

— Hourrah, lui avait crié Nadief, voilà une balle bien placée.

Et sans façon, il l'avait embrassée avec enthousiasme.

Antoine, convenablement vêtu, revint à ses sauveurs, et balbutia des remerciments.

— C'est bon, c'est bon, dit Jeanne ; conduisez-nous au camp.

— Ah ! mademoiselle, quel courage ; qui eût cru cela de vous !

— Au camp ! te dis-je.

— Venez.

« Mais on m'aurait dit qu'un jour, avec votre petit air si doux, vous tueriez un lion, je ne l'aurais pas cru, voyez-vous.

— Mais tais-toi, sempiternel bavard.

— Allons, Antoine, dit le chasseur, laissez cela et contez-nous comment il s'est fait qu'on vous ait trouvé perché sur un arbre comme un merle ou un sansonnet.

Antoine, dit *Ali-Baba*, dit *les 40 Voleurs*, raconta naïvement les choses.

— Bien ! fit Nadief.

« Tu resteras encore cuisinier ; mais je t'accorde un peu d'estime.

« Tu as eu quelque courage. »

Antoine se rengorgea.

On arriva au camp.

Les chasseurs apprirent l'odyssée de leur camarade, firent fête à Jeanne et à leur chef, et ils allèrent chercher le lion.

XXIV

Où la marquise veut se venger.

Le soir, Nadief apprit à ses braves compagnons ce qui était arrivé à Raoul et tint conseil avec eux. Il fut résolu qu'un chasseur se procurerait un mahari et pénétrerait dans le ksour pour prévenir, par tous les moyens possibles, la prisonnière que l'on s'occupait de sa délivrance.

Le plus vieux des chasseurs fut choisi pour cette mission.

Il devait en même temps sonder le terrain et voir ce qu'il y avait à faire; en même temps il avait à tâche de découvrir si Raoul, de son côté, n'aurait pas déjà envoyé quelque messager au ksour dans le même but.

Le chasseur partit.

Il se procura un chameau coureur et arriva rapidement.

Il se déguisa en colporteur juif, et se présenta, muni de recommandations et d'anoyas en règle, au caïd du marché.

On l'accueillit bien.

Il apportait une foule de bibelots français : bijoux, glaces, miroirs, brimborions élégants, menus objets chers aux gens du Sahara, et qu'il avait achetés, en passant, dans une de nos redoutes de la frontière du sud.

Le vieux chasseur avait la finesse naturelle des hommes âgés.

Il connaissait le cœur des femmes et les mœurs des Sahariennes.

Son premier soin fut de chercher à séduire une des esclaves qui servaient la marquise de Nunez au palais où elle était captive.

Il se présenta comme marchand, étala son éventaire, excita la cupidité des négresses avec beaucoup de patience; en distingua une, et fit miroiter à ses yeux un collier de perles fausses qu'il lui fit fort cher.

La pauvre fille, au désespoir de ne pouvoir se le procurer, accepta la proposition que lui fit le chasseur de gagner l'objet.

Elle remit une lettre à la comtesse.

Celle-ci la lut avec joie.

Elle contenait ce qui suit :

« Nadief est en marche pour vous délivrer; Raoul, de son côté, rassemble ses amis; dans peu de jours, vous serez sauvée. »

La jeune femme, qui croyait à l'échange de sa personne contre la prétendue sœur d'Akmet, craignit que Raoul ne compromît sa vie inutilement, elle répondit :

— On me traite avec égards.

« Je dois être sous peu de jours échangée contre une sœur d'Akmet, que le gouverneur de l'Algérie détient en otage.

« Le roi du désert priera Raoul de lui pardonner. Il a été charmant pour moi. »

Quand le chasseur reçut cette réponse, il comprit que la jeune femme était trompée par le roi du désert, et il lui fit passer au plus vite cette note laconique, mais expressive :

« Défiez-vous.

« Akmet n'a pas de sœur! »

La marquise, en recevant cet avis, pâlit et soupçonna qu'un piège dangereux lui était tendu; elle songea à s'assurer que le chasseur ne se trompait pas, et qu'Akmet avait menti.

Le jour même, elle en eut l'occasion.

Souvent Akmet partait pour quelque tribu voisine.

Il allait prêcher la guerre.

Ce matin-là, il vint lui dire au revoir avant son départ.

Quand le jeune homme s'absentait, Ali demeurait au palais.

— Laissez-moi vous accompagner jusqu'aux jardins du ksour, demanda la jeune femme ; je me promènerais volontiers ce matin.

Akmet, sans défiance et croyant Raoul en prison, sachant la fuite impossible pour une femme à travers les sables arides, Akmet accepta et donna, du reste, deux cavaliers d'escorte à la jeune femme.

Ils quittèrent le ksour.

Ali était demeuré à la kasbah, retenu par une audience à donner.

Comme kodja du maître et cadi (juge), il rendait des arrêts en l'absence du chef du ksour ; il y avait procès ce jour-là, comme tous les jours de l'année ; les Sahariens sont chicaniers.

La marquise, en chevauchant à côté d'Akmet, le questionna adroitement.

— Les noms de vos femmes sont bien durs, dit-elle, et peu gracieux.

Elle avait amené la conversation sur la langue arabe.

Akmet tomba dans le piége.

— Mais non, dit-il.

« Aïcha, Fatma, Lethmos, sont des noms très-doux à l'oreille.

— Ceux-là, oui ; mais il y en a d'autres. Vous choisissez les plus euphoniques, et vous manquez de bonne foi, mon cher geôlier.

— Vous vous trompez.

« Je prends au hasard.

— Je n'en crois rien.

« Pour me convaincre, laissez-moi vous questionner à ma guise.

« Nous verrons bien si vous étiez impartial dans la question.

— Je suis à vos ordres.

— Dites-moi, alors, comment s'appelaient votre mère et votre grand'mère ?

— Ma grand'mère, Raïda.

« Ma mère, Cora.

— Et votre sœur ?

« Comment se nomme-t-elle ? »

Akmet était pris.

Il fallait répondre.

Il se dit que cette question était sans importance, tant elle venait naturellement; il n'hésita pas et répondit au hasard :

— Meriens!

« C'est la traduction de Marie.

— J'avoue mes torts, fit la marquise; ces noms sont charmants.

« Mais je vous quitte.

« Nous sommes à la lisière des jardins; au revoir, monsieur.

— Je vous souhaite une bonne promenade, madame la marquise, dit Akmet en saluant, et il piqua des deux au galop.

La marquise revint en toute hâte au ksour et fit mander Ali.

Celui-ci quitta l'audience.

— Que désirez-vous, madame? demanda-t-il à la marquise avec empressement.

— Un renseignement, dit-elle d'un ton sec et bref; je crois qu'on me trompe ici, et je vais le savoir de suite, monsieur.

« Si vous hésitez à me répondre, je serai fixée sur votre bonne foi.

— Et de quoi s'agit-il?

« Vous êtes tout émue.

« Nul ne voudrait vous mentir.

— Je vais le savoir.

« J'ai questionné votre maître; je lui ai brusquement demandé comment se nommait sa sœur; il m'a répondu d'un air embarrassé.

« Maintenant, je vous prie de me dire le nom de cette jeune fille? »

Ali était perplexe.

Il comprit qu'il devait jouer le tout pour le tout et paya d'audace.

— Akmet, se dit-il, a dû prendre l'un des noms les plus répandus; d'autre part, une femme peut avoir plusieurs petits noms.

« Disons les trois qui sont les plus communs au désert. »

Et il dit :

— La sœur d'Akmet, madame, se nomme Aïssa-Sarah-Meriens.

Aux deux premiers, la figure de la jeune femme prit une expression de dédain et de colère; au dernier, elle tressaillit.

Ali surprit cette impression.

— Bon ! pensa-t-il.

Et il ajouta :

— Meriens est le nom préféré par le frère; il le lui donne toujours.

La marquise sentit sa défiance tomber devant cette phrase.

— J'avais tort ! fit-elle.

Ali triomphait.

— Comment donc vos soupçons vous sont-ils venus? demanda-t-il.

— En songeant ! fit-elle.

« Je me suis dit que, peut-être, vous aviez inventé une sœur de fantaisie.

— Oh ! madame...

— N'en parlons plus...

Elle donna sa main à baiser au jeune homme, qui se releva.

« Le chasseur s'est trompé, pensa-t-elle; il était mal renseigné.

Mais au fond, elle avait encore quelque arrière-pensée de doute.

Toute la journée elle y pensa.

Vers le soir, elle prit une résolution.

Elle fit appeler la négresse qui lui servait d'intermédiaire entre elle et le chasseur, et songeant que cette femme, qui avait déjà trahi son maître, le trahirait encore, elle résolut de savoir la vérité par elle.

— Fatimé, lui dit-elle, tu es une bonne fille, et je t'aime beaucoup, ma fille.

« Je veux te faire gagner ce bracelet d'argent massif et ces boucles d'oreilles d'or, par une petite complaisance qui ne te compromettra pas du tout.

— Parle ! fit la négresse.

« Que veux-tu ?

— Savoir si ton maître a une sœur ?

— Non, kebira (maîtresse).

La négresse avait un accent de vérité auquel il était impossible de se tromper.

— Et y a-t-il longtemps que tu sers dans ce palais, ma fille? demanda la marquise.

— Dix ans!

— Et tu n'as jamais entendu dire que le roi du désert eût une sœur?

— Non.

« Pour sûr, il n'en a point?

« Bien, mon enfant!

« Voici les bijoux.

« Retire-toi. »

La marquise, restée seule, tomba dans un accablement profond; elle avait la triste certitude d'être trompée, et pressentait quelque chose de sinistrement mystérieux dans la conduite du roi du désert.

Elle se souvint que chaque soir on lui faisait prendre des sorbets.

Elle eut un vague pressentiment de la vérité, et creusa ses soupçons.

Elle se rappela qu'après avoir pris ces rafraîchissements, elle était toujours saisie d'une torpeur dont elle s'était plainte, et qu'Akmet avait mise sur le compte de la chaleur du Sahara.

Elle avait surpris un sourire d'Ali à cette réponse, très-plausible pourtant.

Dès lors, tout l'inquiéta.

Elle se décida, le soir même, à tenter une expérience pour s'éclairer.

Akmet revint.

Elle l'accueillit avec les apparences de la cordialité, le questionna sur son voyage, lui montra un visage souriant et endormit sa vigilance.

Le jeune homme ne savait que penser.

Il avait coutume, chaque soir, pour le dîner, de prendre le frac européen; c'était une galanterie à l'adresse de sa prisonnière.

Il alla s'habiller.

Ali le surprit à sa toilette.

— Akmet, lui dit-il, nous avons failli être joués par la marquise.

— Que dis-tu?

— Qu'elle a eu des soupçons.

— Sur quoi?

— Sur ta prétendue sœur.

« Elle a pensé qu'on lui avait fabriqué là une sœur de fantaisie.

« Entre nous, elle n'avait pas tort.

— Par les djenours (diables)! cette femme est une des plus rusées que je connaisse; j'ai été pris par elle au dépourvu, et je ne me suis douté de rien, mon pauvre Ali; j'avais sottement oublié de convenir du nom de la sœur en question avec toi et le personnel de la maison.

— C'était une imprudence.

— Imagine-toi, cadour (mon cher), que cette petite femme m'a roulé complétement.

« Elle a amené la conversation sur les noms, m'a demandé celui de mes ascendants, puis celui de ma sœur, et j'ai donné Meriens au hasard.

— Et moi, questionné aussi, j'ai flairé le piège, et j'ai donné trois de nos noms bien connus.

— Dont Meriens!

— Dont Meriens!

« Puis j'ai prévenu tout le monde ici, pour qu'on sût que tu avais une sœur de ce nom, retenue à Alger.

— Bravo, Ali!

« Tu es un garçon précieux.

— Elle s'est convaincue qu'on ne la trompait pas, et la voilà rassurée sur ce point.

— J'ai reçu le plus charmant accueil.

— Tant mieux.

« Pourtant, elle est si fine, qu'à ta place, cousin, je prendrais toutes sortes de précautions.

« Elle est capable de se douter que les sorbets sont opiacés et de faire semblant de les prendre, et de faire mine d'être endormie.

— Mais elle m'a reçu avec le plus gracieux sourire, et m'a complimenté.

— Raison de plus.

« Ou elle a voulu te faire oublier sa défiance, pensant bien que je te raconterais ce qui s'était passé entre elle et moi après ton départ, ce matin.

« Ou elle veut te tendre une embûche.

« Je crains que ce ne soit cette dernière supposition qui soit la vraie, mon cher Akmet.

« Donc, agis prudemment.

— Nous verrons tout à l'heure comment elle se tiendra au dîner, avec moi.

— Je la surveillerai.

— Je serais désespéré si elle découvrait la vérité, car ces nuits, que je passe auprès de cette merveille endormie, me sont plus chères que la vie.

— Il faudra bien pourtant, qu'à la fin la situation se dessine.

« Tu ne peux la garder éternellement ainsi.

« Elle trouvera, au bout de quelques mois, que l'on tarde à la délivrer.

— Nous verrons! dit Akmet d'un air sombre.

« Je prévois une catastrophe! »

Sur ce mot menaçant, les deux jeunes gens se séparèrent.

Au dîner, la marquise, qui s'observait, ne fut ni trop gaie, ni trop affable.

Les deux Sahariens, si fins qu'ils fussent, ne purent saisir le moindre indice.

— Décidément, il n'y a rien à craindre, dit Akmet à son cousin; on ne joue pas un rôle sans laisser voir quelque menue ficelle.

— Elle a été parfaite de naturel; mais, à ta place, je m'observerais sans cesse.

« Bonne nuit, cousin. »

. . . .

A dix heures, la négresse chargée de ce soin apporta à la marquise le plateau de sorbets; elle le posa sur un guéridon et s'éloigna.

La jeune femme appela aussitôt son chien favori, un grand et beau lévrier que lui avait donné Akmet, et qu'elle avait pris en affection.

Elle lui donna les sorbets.

Gourmand de sucre, comme tous les chiens, le lévrier lappa tout le plateau.

La marquise se coucha.

Le chien aussi.

Elle ne le quitta pas du regard.

Il s'endormit bientôt.

Elle l'appela alors.

Il ne vint point.

Elle se leva, le secoua.

Peine inutile.

L'atroce vérité était alors évidente.

La marquise pleura, pleura longtemps; son amour était profané; Raoul était perdu pour elle; l'heure de mourir était venue.

Toutes les radieuses espérances s'étaient envolées à tire-d'ailes.

L'affreuse réalité pesait sur elle.

Elle ne balança pas une seconde.

Mais après les pleurs, après la défaillance, elle sentit naître en elle un mâle désir, une noble soif de vengeance; elle voulut se tuer, mais tuer aussi Akmet.

Elle connaissait le palais.

Quittant sa chambre, elle se glissa sans bruit dans les appartements, cherchant une salle où elle avait remarqué une panoplie.

Elle ne rencontra personne sur son chemin, parvint à la chambre où étaient suspendus des trophées d'armes enlevées par Akmet, et elle choisit parmi les poignards une sorte de stylet.

Revenue chez elle, elle cacha le stylet à portée de sa main, et fit semblant de dormir profondément.

Bientôt Akmet entrait...

XXV

Les chasseurs d'autruches.

Madame de Nunez était bien déterminée à tuer Akmet et à se tuer ensuite.

Mais, pour réussir, elle, faible, contre un homme vigoureux, il fallait qu'elle profitât d'une occasion favorable; elle voulut attendre ce moment d'abandon où le délire s'empare du cerveau, et égare l'imagination.

Akmet, immobile d'abord, s'approcha lentement; elle entendait ses pas légers.

La jeune femme eut alors une émotion indicible; l'heure fatale approchait.

Mais le roi du désert, au lieu de l'acte infâme qu'elle lui supposait l'intention de commettre, se contenta de se mettre à genoux auprès de sa couche; puis s'emparant d'une de ses mains, il y colla ses lèvres brûlantes et la couvrit de longs baisers.

N'était-ce qu'un prélude ?

Elle le craignit.

Elle trouva son rôle difficile à jouer; il lui fallait demeurer immobile, inerte; il lui fallait subir, sans un geste, sans un tressaillement, ces caresses légères, il est vrai, mais passionnées.

Le sang de la marquise bouillonnait dans ses veines, se révoltait contre ces privautés; et son bras pendait sans force en apparence, la main molle, suivant les ondulations qu'Akmet lui imprimait.

Ce supplice dura plus d'une heure.

Le roi du désert murmurait des mots sans suite, entrecoupés de soupirs étouffés, paraissant lutter contre une violente tentation.

Tout à coup il se leva.

— Non ! s'écria-t-il soudain.

« Pas plus qu'hier !

« Pas plus qu'à la première nuit !

« Jamais !

« Elle est sous mon toit, elle est mon hôte, elle me sera sacrée aujourd'hui et demain, et toujours !

« Qu'elle dorme en paix !

Puis il s'enfuit plutôt qu'il ne se retira.

A peine eut-il disparu que la marquise se leva radieuse sur sa couche, et se prit à pleurer de joie; les dernières paroles d'Akmet lui prouvaient qu'il l'avait respectée.

— C'est un noble cœur ! murmura-t-elle.

Et elle jeta son poignard.

Pauvre marquise.

. . . .

En la quittant, Akmet était rentré chez lui, Ali l'y attendait.

— Eh bien, demanda le jeune homme. Comment cela s'est-il passé ?

— Au mieux.

— Tu as joué ta comédie ?

— En acteur consommé.

« Je lui ai baisé le bout des doigts ; puis je suis resté en contemplation.

— Dure situation !

— En effet.

« La position était fatigante et pour elle et pour moi, mon cher ami.

« Pour elle !

« Car elle faisait des efforts inouïs pour paraître dormir; je sentais tous ses muscles se contracter et le satin de sa peau frémir.

« Pour moi.

« J'éprouvais un trouble si réel que j'ai craint un instant de ne pas pouvoir me dominer jusqu'au bout de cette scène.

« Il se passait en moi... bien des choses.

— Tu t'en es bien tiré, enfin ?

— Admirablement.

« Avec des tremblements de voix que je n'avais aucune peine à simuler, je lui adressais des protestations d'amour exaltées qu'elle n'osait contredire ; puis, à la fin, je suis parti sur une phrase qui doit la convaincre que je l'ai toujours respectée.

— Bravo ! cousin.

« Mais, elle dormait peut-être ; la négresse m'affirme qu'elle a pris les sorbets.

— Allons donc !

« C'est Muriaour, le souloughi (lévrier) qui les a avalés, ces sorbets.

« Au lieu de venir à moi, comme il en avait coutume, il est resté couché sur sa natte, ne bougeant pas plus qu'un terme.

— Alors, la farce est jouée ?

« Mais causons sérieusement, cousin.

« Que feras-tu, demain ?

« Elle ne prendra plus de sorbets.

— Bah !

« Il y a mille manières de la faire dormir ; on sera prudent et adroit.

« Nous avons de l'éther.

« On guettera le moment où elle sommeillera pour imprégner sa chambre d'un courant d'éther ; elle s'endormira dès lors profondément.

« Puis on lui fera avaler quelques gouttes de laudanum, et l'on en attendra l'effet.

« Après quoi, on ouvrira les fenêtres et les portes pour chasser l'odeur d'éther et...

— Et tu entreras.

— Cette fois je ne me contenterai plus du rôle de l'amoureux transi du sieur Paul de Kock; je serai hardi comme par le passé, et mes bonnes nuits recommenceront.

— On aura plus de besogne pour te les préparer, voilà tout ; dit Ali.

« Mais c'est assez causé de la femme.

« Parlons un peu de l'homme.

— En as-tu des nouvelles ?

— J'en reçois à l'instant.

« L'un de nos guerriers arrive de Nemours, et il nous apprend que le Coupeur de Têtes s'est évadé.

« On l'avait mis dans un silo qui passe pour ne pas garder ses prisonniers; il n'a pas été retrouvé le lendemain matin; de lui, pas de traces.

« C'est une étrange évasion.

— Diable d'homme !

« Nous allons l'avoir sur les bras.

— Que peux-tu craindre ?

« Tu as une armée.

« Il n'a que quelques compagnons !

— Et avec cette poignée d'hommes il a une infernale audace, une adresse incroyable.

« Il est capable de me tuer au milieu de mon palais, au milieu de mon camp.

En ce moment l'on gratta à la porte.

— Entrez, cria Akmet.

Un chaouck parut.

— Sidna, dit-il en s'inclinant, un cheik de la tribu des Ben-Meltra demande à te parler.

— Qu'on l'introduise.

Le cheik pénétra dans la chambre, salua avec la courtoisie familière des Orientaux, s'assit sur une natte, s'informa de la santé d'Akmet, de celle d'Ali, de celle de ses chevaux, de ses chiens et de ses esclaves, accepta des rafraîchissements, parla récolte, soleil, amour et batailles.

Akmet brûlait d'impatience.

Mais c'était la coutume.

Pour tout au monde un Arabe ne voudrait pas paraître pressé d'annoncer ou de savoir une nouvelle ; on ne s'explique qu'après des salamaleks à n'en plus finir, sur le but qui motive une visite.

Enfin le cheik se décida.

— Il se passe, dit-il, des choses singulières.

« Akmet désire-t-il les connaître ?

— Sans doute.

« Parlez, cheik.

— Le désert est envahi par une armée bizarre, une armée de djenouns, une armée invisible.

— Ah !

« Explique-toi.

— On a vu des bandes de chasseurs d'autruches arriver de toutes parts, se dirigeant toutes vers le même point à peu près, s'y réunissant et disparaissant.

Ali et Akmet se regardèrent.

Le cheik continua :

— Les chasseurs sont des ennemis redoutables; on les respecte et on ne touche jamais à l'un d'eux ; ceux qui affrontent ces hommes-là périssent dans l'année.

« Nous sommes en guerre avec les Français; mais nous n'avons rien avec les chasseurs d'autruche; aussi les a-t-on laissés passer sans obstacle.

« Seulement on les a observés.

— On a bien fait, cheik.

— On a pensé qu'il était bizarre de voir arriver jusqu'à trois cents chasseurs dans la même région, avant la saison des gazelles et des antilopes.

« On a donc couru le Sahara pour découvrir leur battue ; on a sondé les ravins, les mamelons, l'espace fauve, et l'on n'a rien aperçu.

« Rien.

« Pas un homme.

— C'est étrange ! fit Akmet.

— Nos chameliers, tu les connais, ont l'œil du lynx et le flair du meilleur chien.

« Ils ont sillonné l'océan des sables sans résultats; c'est à croire à un prodige.

— Peut-être vont-ils au Soudan.

— Non.

« Une bande de dix hommes a été cernée sans qu'elle pût le savoir.

« Un cordon de vedettes l'entourait à distance et ne la quittait pas un instant.

« Cette bande a campé près du puits d'El-Arouch, dressant ses tentes.

« Nos sentinelles veillaient de loin.

« Au jour, plus de tentes, plus de chasseurs, plus de traces, tout s'était évanoui en fumée sans laisser d'indice qui nous mît sur la voie.

« C'est inouï.

— Le cheik a raison, dit Akmet.

Le chef arabe reprit :

— J'ai cru devoir te prévenir.

« Tu as ravi au Coupeur de Têtes une femme qu'il aimait, il veut se venger.

« Je ne m'étonnerais pas qu'il eût assemblé ses amis contre toi.

« Or, dix chasseurs, tu le sais, déciment, massacrent, écrasent, anéantissent une tribu.

« Que ne peuvent cent de ces hommes ?

« Que ne pourraient trois cents ?

« Et bientôt les pantalons rouges vont fouler le sol du Sahara ; les cavaliers bleus (chasseurs d'Afrique) vont envahir les sables ; les fantassins noirs (chasseurs d'Orléans) vont inonder nos plaines immenses...

« Il faut aviser.

« Des Français, je me soucie peu.

« Tu les battras.

« Mais les chasseurs sont insaisissables ; ils frappent sans qu'on les ait vus.

« Comment échapperas-tu à leurs coups ?

— Cheik, j'aviserai, dit Akmet.

« Ou Allah me protége, et j'échapperai à tous dangers ; ou il veut ma fin, et je mourrai.

— Que le prophète te protége ! dit le cheik.

Et il se retira.

— Qu'en penses-tu, Ali ? demanda Akmet.

— Que le Coupeur de Têtes est au désert ; qu'il commande à ces chasseurs.

« Garde à toi !

— Il faut les écraser de suite.

« C'est une dangereuse vermine que ces coureurs de bois ; ça se glisse partout, invisibles.

« On combat une armée.

« Eux, échappent à tout.

« Les voilà déjà si bien cachés qu'on ne parvient pas à les découvrir, dans un pays où l'œil sonde vingt lieues de terrain du haut d'une colline. »

Le chaouck gratta encore.

Akmet lui cria :

— Ouvre !

Puis lui demanda :

— Qu'est-ce encore ?

— Sidna, monseigneur, c'est un pâtre qui t'apporte un avis pressé, dit-il.

— Amène-le.

Le chaouck introduisit un berger.

Akmet lui demanda :

— Qui es-tu ?

Le pâtre répondit :

— Je suis du douar des Ouleds-Balad ; je faisais paître mes troupeaux dans le val d'El Arouch, quand des chasseurs d'autruches m'en ont chassé.

« Je m'en allais, lorsque je rencontrai une immense caravane qui traversait le Sahara, allant vers le puits d'El-Arouch, ce qui me surprit.

« Ce n'est pas le chemin des convois qui s'en vont commercer au Soudan.

« Je poussai mon troupeau hors de la route que suivaient ces gens-là, et le laissai à la garde de mes chiens pour voir qui étaient les émigrants.

« Eh bien, Sidna, j'ai reconnu la tribu des Beni-Meniquirs, avec son cheik.

« J'accours te prévenir.

« On dit que nous allons avoir la guerre avec les chiens de Français.

« Peut-être les Beni-Meniquirs veulent-ils se soustraire à ton autorité. »

Akmet fronça le sourcil.

— Dix douros à cet homme, Ali, dit-il ; qu'il se retire et accepte mes remerciements !

10.

Ali donna les dix douros.

Le chaouck emmenait le pâtre.

Akmet le rappela.

— Il y a combien de temps que tu as vu l'émigration? demanda le roi du désert.

— Deux heures au plus.

— Elle ne doit pas être loin.

— Pour venir vite, j'ai monté sur un mahari; tes coureurs pourraient en quatre heures avoir atteint et observé la tribu, et être revenus.

— Bien! dit Akmet.

« Retire-toi! »

Le pâtre s'en alla, ravi d'avoir gagné cinquante francs si rapidement.

— Que dix chameliers montent en selle, courent et suivent la trace des fuyards, ordonna Akmet, qu'on ne lâche pas leurs traces, surtout!

L'ordre fut exécuté promptement.

— Voilà du nouveau! dit Akmet.

« Les Beni-Méniquirs sont les plus dangereux pillards de tous les Sahariens.

« Des gens de sac et de corde.

« Je comptais sur eux.

— Moi aussi, dit Ali.

« Mais je reconnais à leur défection que ce maudit Nadief les a ensorcelés de sa parole d'or; il est aussi de la troupe des chasseurs d'autruches.

« Voilà deux cents fusils de plus contre nous, mon cher Akmet.

« Et quels fusils! »

Akmet se tordait les moustaches avec fureur.

— Je vois ce qu'ils vont faire, murmurait-il, je le vois bien clairement.

« Pendant que les Français engageront contre moi les hostilités régulièrement, ces maudits chasseurs feront la petite guerre où ils excellent.

« On me rasera mes ksours.

« On me pillera mes douars.

« Il faut en finir, tendre une grande embuscade, exterminer tout ce monde.

« Et d'abord les Beni-Meniquirs.

— Ceux-ci avec leurs femmes, leurs troupeaux, leurs tentes, ne vont pas, je pense, disparaître tout à coup; pas de cachette assez grande pour eux.

— Mes chameliers vont revenir dans quelques heures, fais monter à cheval ou sur les mahara le plus de monde possible, Ali.

« On donnera de suite la chasse aux fugitifs. »

Ali obéit.

. . . .

Cinq heures plus tard, un messager revenait harassé de fatigue.

— Sidna, dit-il à son chef, nous n'avons rien vu. Les Beni-Meniquirs ont disparu.

« Mes compagnons continuent la recherche.

« Mes compagnons ont décrit un cercle immense pour devancer les fuyards et leur couper leur route; il est impossible de passer sans être reconnu.

« Peut-être vas-tu recevoir la nouvelle qu'ils sont découverts; mais j'en doute.

« Avec des troupeaux l'on ne va pas vite, et nous les aurions rattrapés. »

A partir de ce moment, les messagers se succédèrent de deux heures en deux heures, chacun venant affirmer que la tribu était invisible.

La chose devenait prodigieusement mystérieuse.

Alors Akmet fit mettre tout son monde en route pour battre la campagne.

Il inonda le désert de dix mille cavaliers.

XXVI

Le fleuve souterrain d'Oued-el-Akbar.

Non loin d'El-Arouch, dominant son puits, se trouve une montagne de sel.

Sur la montagne deux hommes, dont la tête seule dépassait le sol, étaient en vedettes; ils étaient courbés dans une de ces rigoles profondes que la pluie creuse aux flancs de la *colline fondante*.

Les Arabes donnent ce nom aux mamelons faits de sel, parce que l'eau les dissout et les pénètre en hiver au point d'y tracer des ravines là où se forment les ruisseaux.

Les deux hommes causaient en fumant.

C'étaient des coureurs de bois.

L'un, maître Antoine, dit *Ali-Baba*, dit les *Quarante-Voleurs*, avait remplacé son tricorne par un gigantesque chapeau de paille, comme en ont les chefs du désert.

Plus de quinze plumes d'autruche y formaient un triomphant plumet.

L'autre était le Parisien dont nous avons parlé au début de cette histoire.

Il se nommait François Lebigre.

Joyeux compagnon et garçon d'esprit, il jouait un peu dans

la bande le rôle de lieutenant des deux chefs : Nadief et Raoul.

Placés en sentinelles, ils causaient.

— On a ici une singulière manie, disait maître Antoine; laisser les gens en faction pendant vingt-quatre heures, me paraît pyramidal.

— Nous préférons cela, dit Lebigre; rien de bête comme de se déranger pour faire sentinelle pendant deux heures; on déplace les gens à chaque instant.

— Oui, possible.

« Mais avec ce joli système-là, je n'ai pas vu le fameux souterrain, moi, mon cher.

— Dites donc, maître Ali-Baba ; pas de familiarité, s'il vous plaît; vous n'êtes pas chasseur.

« Vous ne m'êtes pas cher.

« Vous m'êtes inférieur.

« Tuez votre lion, mon bonhomme, et l'on vous traitera d'égal à égal, mon garçon.

« D'ici là, pas de : mon cher. »

Le pauvre Antoine baissa la tête.

— C'est dur, ça ! fit-il.

Puis, après un silence :

— On le tuera, ce lion.

— De dessus un arbre.

— Non.

« A terre, et crânement.

« Mais, en attendant, je voudrais bien qu'on vienne nous relever.

« Ça doit être curieux, ces immenses avenues dont on m'a tant parlé.

— Parbleu, oui.

— On dit qu'il y a un fleuve dedans.

— C'est lui qui a creusé les grottes.

« Voyez-vous, maître Antoine, les fleuves, c'est malin au Sahara.

« Il fait trop chaud pour eux à la surface, ils coulent dans le fond.

« Le sable les boit.

— Une sacrée soif !

— C'est altéré, vous comprenez !

« L'eau descend, descend au fond de ces sables jusqu'à ce

qu'elle rencontre une couche de terre imperméable, et là elle se met à couler souterrainement.

« On sait où sont ces cours d'eau ; on peut creuser au-dessus et y faire des puits.

« El-Arouch en est un.

— Comment s'appelle la rivière qui est dessous nous ? demanda le garde.

— Oued-el-Akbar.

— Ce qui veut dire ?

— La plus grande de toutes.

— Bon ; mais je ne vois pas comment elle a creusé les souterrains, cette rivière ?

— C'est bien simple.

« Elle coule sous la montagne de sel, elle la dissout et se creuse un lit immense, gagnant toujours à droite, à gauche, par le fond, et se creusant davantage chaque année, lançant des bras par-ci, des bras par-là.

— C'est singulier.

« Les Arabes ne savent pas cela ?

— Non.

— Qui a découvert la chose ?

— Nous !

— Et comment ?

— Ça se passait il y a dix ans.

« Nous étions vingt dans la troupe de Nadief.

« Nous voulions nous établir dans cette station ; mais le puits, ensablé depuis longtemps, avait besoin d'être désensablé ; il ne servait plus depuis trente ans ; les caravanes ne passaient plus par là.

« Nous nous mettons à l'œuvre.

« La tradition disait que l'eau se trouvait à trente pieds, nous ne l'avons rencontrée qu'à cinquante, et encore extrêmement saumâtre ; ce qui nous étonna.

« Puis, peu à peu, on remarqua qu'un courant s'établissait au fond du puits.

« Les parois se creusaient des deux côtés.

« Peu à peu les passages s'agrandirent, et l'on vit qu'ils menaient à d'immenses grottes ; nous nous y aventurâmes et fûmes émerveillés.

« Vous concevez, maître Antoine, ce qui était arrivé ; le puits avait descendu en quelque sorte jusqu'à fleur de la rivière souterraine; celle-ci, par son courant, nous avait peu à peu ouvert le chemin vers les excavations.

« Et voilà comment tant de monde se trouva caché sous les sables.

« Nous avons toujours gardé ce secret pour nous servir en cas de besoin.

— C'est égal, fit Antoine, ce n'est pas dans le Berry qu'on voit le terrain vous avaler des fleuves d'une seule gorgée ; je crève d'envie de descendre au puits.

— Vous allez y aller, digne Ali-Baba ?

« On vient. »

En effet, deux chasseurs parurent.

— Enfin ! fit Antoine.

Il se leva.

— Couchez-vous donc, imbécile ! dit brutalement le Parisien ; on voit un homme à vingt lieues sur une colline quand on est au Sahara.

« Votre bête de figure se découpe sur le fond de l'horizon, et les Arabes sont f.... ichus de vous voir.

Antoine se coucha en maugréant.

— Vieux chien hargneux ! va ! fit le Parisien.

Les deux autres chasseurs arrivaient en rampant, prenant les plus grandes précautions.

Ils s'installèrent près de leurs compagnons.

— Eh bien ! demandèrent-ils.

« Quoi de nouveau ?

— Rien, jusqu'ici.

« On a vu des vedettes, des coureurs, des cavaliers isolés battant l'espace.

« Point de corps de troupes !

— Ah ! fit tout à coup Antoine.

« J'en vois un.

« Là-bas ! »

Les chasseurs inspectèrent l'horizon.

— C'est vrai ! firent-ils.

« Le vieux chacal a de bons yeux.

— Oh ! fit le Parisien, s'il était plus crâne, moins vieille femme, moins faraud, on en ferait quelque chose.

— C'est une armée, fit un chasseur.

— Douze ou quinze mille cavaliers!
— Prévenons Nadief.
— Allez.
« Nous veillerons, nous.
« Ils viennent droit au puits.
— Diable!
« Hâtons-nous.
« Car voici les mahara.
« Allons, en route! Ali-Baba, et à plat ventre. »

Maître Antoine imita son ami pour sortir de son trou; puis il rampa avec lui jusqu'au puits, au fond duquel l'attendait le plus étrange spectacle qu'on pût rêver.....

XXVII

Où le Parisien est mal récompensé de son dévouement.

Les deux chasseurs arrivèrent au bord du puits; c'était un vaste trou creusé dans le sable et consolidé par des poutres de palmier entrecroisées; ces sortes d'ouvrages, exécutés par les Sahariens, sont des plus solides.

Au fond du puits, on voyait l'eau couler, car ce n'était pas là une simple source; la rivière passait au bas de ce conduit ouvert sur elle.

Une échelle conduisait au fond.

Maître Antoine, dans son empressement, descendit le premier; le Parisien le suivait; mais, arrivé vers le bas, le garde fut bien embarrassé.

— Camarade, dit-il d'un air inquiet, je suis au dernier échelon; que faut-il faire?

Le Parisien répondit laconiquement :

— Descendre !

— Mais je sens l'eau sous mes souliers.

— Qu'est-ce que ça fait?

Antoine, pour ne pas être rudoyé, chercha sous l'eau un autre échelon, puis un autre; il eut bientôt de l'eau jusqu'à la ceinture.

Il demanda timidement :

— Camarade !

Le Parisien répondit avec mauvaise humeur :

— Quoi ?

— Est-ce qu'il faudra descendre longtemps comme cela ? J'en ai jusqu'au nombril !

— Il faut aller jusqu'au bout.

— Est-il loin le bout ?

— Allez, vous verrez.

Antoine se résigna.

Le puits était noir comme... un puits.

L'eau s'engouffrait sous terre avec un bruit sinistre ; on l'entendait couler avec un clapotis funèbre ; Antoine crut remarquer qu'elle sortait d'un conduit souterrain pour entrer dans un autre ; elle passait sous des voûtes naturelles de sel ; entre elles et la surface du fleuve, il n'y avait pas place pour la tête d'un homme.

— Où sont donc les souterrains qui cachent la bande ? demanda Antoine.

— De l'autre côté de la voûte ! fit le Parisien. Mais dépêchez-vous donc ?

— C'est que je ne sais pas comment nous irons rejoindre nos amis.

— En passant sous la voûte.

— Je ne sais pas nager.

— Ce n'est pas nécessaire.

« Mais il est ignoble qu'un chasseur soit assez bête pour ne pas savoir nager.

« C'est honteux. »

Antoine avait de l'eau jusqu'au cou ; il se trouvait le plus malheureux des hommes.

— Camarade, je vous en prie, ne vous moquez pas de moi, dit-il avec angoisse.

« Il est impossible que l'on passe par là.

— Je vous assure que si.

— Mais les Arabes n'ont pu prendre ce chemin ! Jamais leurs bœufs n'y auraient consenti. Les femmes et les enfants se seraient noyés.

— Les Arabes ont été introduits par un souterrain qui arrive à fleur du sol.

« C'est un trou creusé par les eaux du puits, élargi par nous.

« Il y a beaucoup de ces conduits dans la montagne; l'eau nous vient par eux.

« Celui par où la tribu a pénétré est assez vaste pour qu'un chasseur y passe; c'est le lit d'un torrent qui, du flanc de la montagne, s'engage sous terre et va rejoindre le fleuve.

— Et si les Arabes trouvaient cette route ?

— Ils ne la trouveront pas; la tribu passée, on a bouché l'ouverture.

« Mais, n.. d. D...! c'est assez causé, entrez donc, que diable, maître poltron!

— Encore une fois, camarade, je ne sais point nager du tout; et vous comprenez...

Le Parisien ne comprit qu'une chose, c'est que parlementer l'ennuyait.

Il fit rouler le garde dans l'eau d'un coup de pied brutal, et se jeta dans l'eau derrière lui; ils furent emportés tous deux.

Mais il y avait entre eux cette différence, que le Parisien aidait au courant en nageant vigoureusement, tandis qu'Antoine, dit Ali-Baba, se débattait, essayait d'appeler à l'aide et se désespérait, en ne réussissant qu'à avaler de l'eau.

Enfin, il revint à la surface.

Le fil de l'eau l'avait poussé; en se débattant, il avait remonté, et il put respirer, car la voûte allait s'élevant de plus en plus.

— Une main l'empoigna.

Il étendit le bras, trouva un corps à sa portée, le saisit et s'y cramponna.

— Sacrée vieille bête! cria une voix; il va me faire couler bas, l'animal!

C'était le Parisien, qui avait attendu son homme au passage.

Mais, comme tous ceux qui se noient, le garde l'étouffait bêtement et le paralysait.

Le Parisien, pour se dégager, n'eut d'autre ressource que d'étourdir maître Antoine d'un formidable coup de poing entre les deux yeux, ce qui fit évanouir le bonhomme. Il gigota un peu, étendit les bras, puis s'enfonça sous l'eau doucement.

Mais le Parisien le ramena à la surface, et le poussa devant lui en nageant.

L'entrée n'est tout de même pas commode, murmurait-il.

« Surtout pour remonter.

« Enfin, il vaut encore mieux cela que de tenir l'autre passage ouvert.

« Celui-ci est moins facile à deviner. »

Et il poussait toujours Antoine.

. . . .

Lorsque le garde revint à lui, il se trouva couché sur un sable fin et sec.

Une femme lui versait de l'eau sur la figure; c'était Jeanne.

— Merci, mademoiselle, lui dit Antoine avec reconnaissance; vous êtes bonne, vous.

« Ce n'est pas comme les autres.

« Quels butors !

— Vous vous y ferez, Antoine, dit la jeune fille; l'écorce est rude, le cœur est bon chez vos camarades.

« Mais que vous est-il arrivé ?

— Je me suis noyé à demi.

« Puis, je crois que le Parisien m'a assommé d'un coup de poing, dans l'eau.

— C'est parce que vous l'aviez saisi à la gorge et qu'il était étranglé.

« Tenez, buvez. »

Elle lui tendit une gourde.

Le garde avala une gorgée de rhum, se remit complétement et se leva.

Il vit une scène étrange.

Sous de grandes voûtes très-irrégulières, il aperçut, à la lueur de plusieurs torches, le bivac d'une tribu entière, avec tous ses troupeaux.

C'était un spectacle bizarre.

Les bêtes allaient pêle-mêle au milieu des gens, tantôt dans l'ombre, tantôt dans la lumière; les guerriers, les femmes, les enfants formaient des groupes pittoresques autour de feux sur lesquels cuisait le couscoussou.

Les chevaux bondissaient librement, jouant avec les chiens et se roulant sur le sable.

Çà et là, on apercevait un chasseur au milieu des indigènes; il semblait l'objet de la curiosité des femmes et des enfants qui l'entouraient.

Les bagages de la tribu étaient entassés sans ordre; chaque famille près des siens.

C'était un fouillis complet, mais plein de couleur et de charme.

Les voûtes, semées de paillettes de sel, étincelaient comme une moire antique et faisaient miroiter les reflets pourpres des torches; elles reflétaient, en se les renvoyant mille fois, les scintillements des feux.

Au milieu de cette illumination féérique, les figures, les vêtements, les gestes de cette foule grouillante prenaient des caractères d'une saisissante originalité.

Le garde en restait bouche béante.

Après un certain temps, il murmura :

— C'est drôle !

Et il regarda Jeanne en riant.

— Le métier a ses embêtements, reprit-il, mais il a ses bons côtés aussi, mademoiselle.

« On voit de singulières choses. »

Le garde et Jeanne s'acheminèrent près d'un grand feu; ils y trouvèrent le Parisien.

Celui-ci faisait son rapport à Nadief.

— Les Arabes arrivent, disait-il; ils se dirigent sur le puits; ils sont très-nombreux.

— Combien ?

— Dans les dix à douze mille.

— A-t-on bien veillé ?

— Pour ça, j'en réponds.

« J'étais de garde.

« Avant moi, c'était l'Ourghil.

— On n'a vu personne ?

— Sûrement non.

— Alors, les Arabes ne se doutent pas que nous sommes ici, n'est-ce pas ?

— J'en répondrais.

— Tout va bien, sèche-toi.

« Qu'ils aillent, qu'ils viennent, qu'ils nous cherchent; ils ne nous trouveront point. »

Et Nadief se mit à fumer paisiblement.

Raoul était près de lui.

— N'y a-t-il rien à faire contre ces dix mille hommes? demanda-t-il.

— Peut-être! fit Nadief.

« Je crois tenir une idée. »

Et il demanda du café.

— Bon, dit le Parisien à Raoul.

« On va voir du nouveau.

« Quand Nadief demande du café, il est bien près de trouver un bon plan.

« Ah! voilà cet escogriffe d'Ali-Baba.

« Ici, vieux merle.

« Viens te chauffer. »

Et il ajouta en riant :

— Cet animal-là m'a forcé à l'assommer; j'ai cru qu'il m'étoufferait.

— C'est égal, Parisien, dit Antoine, vous vous y êtes pris dûrement.

— Fallait-il mettre des gants?

En ce moment parurent deux chasseurs tout mouillés, c'étaient des vedettes.

— Ah! fit Nadief.

« Vous voilà?

— Oui.

« Ils sont là-haut.

« Écoutez! »

On entendit des bruits sourds au-dessus des têtes, et les chasseurs purent se convaincre qu'on foulait le sol de la montagne.

On écouta.

— Ils s'installent, dit Nadief.

« Les gaillards vont camper là.

« A leur aise! »

— Il faudrait un espion, dit Raoul.

« Il est toujours bon de connaître les projets de l'ennemi; mais comment diable aller là-haut?

— Je m'en charge, moi, dit le Parisien.

— Que veux-tu faire ?

— Remonter au fond du puits.

— Et puis ?

— Crier à l'aide.

— Mais les Arabes viendront te jeter des cordes, chercher à te sauver ; ils te remonteront.

— C'est ce que je veux.

« Je leur dirai que je suis un pauvre colporteur kabyle que vous avez jeté dans le puits pour vous débarrasser d'un témoin inopportun.

« Ils s'apitoieront sur mon sort.

« Ils me demanderont ce que j'ai vu, et je leur raconterai qu'une fois dans le puits je n'ai plus rien aperçu, que je me suis cramponné à une poutre, et que j'ai attendu la nuit avant d'essayer de remonter.

« Je pense qu'on a retiré l'échelle ?

— Certainement.

— Tout va bien.

Nadief sourit.

— Voilà bien le Parisien, dit-il.

« Etourdi, toujours.

« Te voilà sorti, soit.

« Mais comment rentrer ?

— En sautant dans le puits.

— Et si l'on te voit ?

— On ne me verra pas.

— Comment feras-tu pour en être sûr ?

— Je trouverai un moyen quelconque.

— Non.

« Il faut l'avoir avant de monter là-haut.

« Voici ce que tu feras.

« Les chevaux sont entravés dans un camp arabe ; mais les mâles cherchent à se débarrasser de leurs liens pour courir aux juments ; tu couperas une centaine de cordes.

« C'est facile.

« Cinq minutes après, il y aura un bruit épouvantable dans tout le bivac.

« Tu profiteras de ce trouble pour faire ton plongeon ; car tous les cavaliers courront aux chevaux.

— Merci du conseil, Nadief.

Le Parisien endossa un burnous indigène, se jeta à la nage et remonta le courant.

Arrivé au puits, il poussa des appels désespérés qui furent entendus...

Des indigènes accoururent.

— Qui est là? cria une voix.

— Un ami! fit le Parisien.

« Un pauvre diable qui a besoin de secours, et qui vous en demande au nom du prophète.

Les Arabes dénouèrent des ceintures, improvisèrent une corde, et retirèrent le jeune homme.

Il parlait fort bien le kabyle et toutes les langues de l'Algérie; questionné, il répondit de façon à contenter les plus soupçonneux; on le conduisit au roi du désert qui le reçut sous sa tente avec empressement.

— On me dit, demanda Akmet, que tu es un colporteur kabyle.

— On a dit vrai, cheik.

— Tu as été jeté à l'eau par ces misérables Beni-Meni-Keuë, n'est-ce pas?

— Oui, cheik.

« Ils m'ont rencontré près du puits.

« D'abord ils m'ont volé, moi, malheureux Kabyle, placé sous la sauvegarde de Dieu; moi, que chacun doit respecter et protéger comme un être sans défense.

— Ce sont des bandits.

« Mais, dis-moi, n'as-tu rien entendu qui puisse guider mes recherches?

— Rien, cheik.

« Il me semble pourtant qu'ils ont pris la direction du Grand-Palmier.

— C'est tout ce que tu peux me dire?

— Oui, cheik.

— Bien.

« Retire-toi.

Et Ali qui assistait à l'interrogatoire :

— Qu'on fasse manger cet homme.

Ali sortit, ordonna à un chaouck de s'occuper du Kabyle, puis il rentra!

— Que penses-tu de ce Kabyle? demanda Akmet à son cousin avec défiance.

— Qu'il ment, peut-être.

« Mais à coup sûr c'est un vrai Kabyle.

— Je le crois aussi.

« Est-il espion?

« Voilà ce que j'ignore.

— Ces chasseurs sont si fins.

« Ils ont peut-être laissé exprès cet homme dans le puits pour jouer une comédie...

— Il faut le surveiller.

— Je lâcherai, derrière lui, mon plus fin limier.

— Va.

Pendant qu'on soupçonnait sa ruse, le Parisien cassait une galette que lui offrait le chaouck, et mangeait en apparence avec le plus grand appétit.

Ali le surprit à cette occupation.

— Akmet, lui dit-il, t'offre l'hospitalité dans son camp pour cette nuit.

« Tu dormiras, si tu veux, à un feu de bivac ; il serait dangereux pour toi de partir ce soir.

« Pendant les ténèbres on risque de faire des rencontres périlleuses.

« Demain, au jour, tu gagneras le ksour le plus voisin.

— Merci, sidi, de ta bonté, et merci au seigneur Akmet, fit le Parisien avec effusion.

Le jeune homme acheva tranquillement son repas, et ne parut pas empressé de s'éloigner.

— Si c'est un espion, murmura Ali, c'est un garçon bien fort; il dissimule bien.

Le cousin d'Akmet appela le chaouck à part et lui dit à voix basse :

— Tu vas, de ma part, aller trouver le nain de la tribu des Arregs-Dins.

« Tu lui diras de surveiller le colporteur kabyle et de ne pas le quitter.

« Que surtout il ne lui inspire pas d'ombrage.

« Toi, avec quatre guerriers solides, vous vous tiendrez toujours à distance, prêts à courir sus à l'espion au premier appel du nain.

« Tu sais tirer ?

« Tâche de casser une jambe au colporteur s'il veut fuir, se voyant découvert.

— Bien ! fit le chaouck.

Il exécuta sa commission.

Le Parisien ne se doutait point qu'il avait excité tant de défiance.

Néanmoins, prudent à l'excès, il se promena sans affectation par le camp; puis, la nuit venue, il eut l'idée originale de mendier.

Il s'en alla de feux en feux, contant sa mésaventure, maudissant les Béni-Menni-Keuë, déplorant d'avoir été volé par ces bandits.

Il tendait sa main.

On lui donnait.

Ali fut instruit de ce fait par le nain attaché aux pas du colporteur; il fut sur le point de décommander toute surveillance, tant cette quête semblait prouver que l'on avait affaire à un vrai malheureux; mais, comme on ne risquait rien en le veillant, il ne donna pas suite à cette velléité qui eût sauvé l'espion.

Ce nain, qu'on lui avait lâché comme limier, était un affreux bossu, — une rareté en Afrique, — d'une malice et d'une adresse de singe.

Haut comme la botte d'un spahi, il se glissait partout sans être vu.

Il fut l'ombre du Parisien, mais une ombre insaisissable, invisible.

Le jeune homme se coucha près d'un feu très-tranquillement et fit mine de dormir.

Il ne bougea pas avant deux heures.

Il avait eu soin de choisir un des foyers les plus rapprochés d'un cordon de chevaux, afin d'avoir peu de chemin à faire pour y atteindre.

A deux heures, il se leva sur le coude, regarda autour de lui, vit tout dormir.

Le nain veillait, lui, à vingt pas et non loin, quatre hommes n'attendaient qu'un cri pour bondir et s'emparer du malheureux espion qui jouait sa tête.

Le jeune homme se glissa près des chevaux, s'engagea au

milieu d'eux et coupa plusieurs cordes ; un léger sifflement attira son attention.

Il leva la tête.

Tout à coup un corps s'abattit sur lui ; c'était le bossu qui sautait sur ses épaules et l'étreignait avec force, le capuchonnant en quelque sorte ; avant que le Parisien eût pu s'en débarrasser, il fut entouré et réduit à l'impuissance par les quatre hommes qui accoururent.

Les cavaliers éveillés, coururent aux chevaux, et les entravèrent de nouveau en jurant tous les jurons de l'Algérie, et il y en a une riche collection en toutes langues et en toutes régions.

Quant au prisonnier il fut amené à Akmet.

Le Parisien remarqua que pendant la nuit le temps s'était chargé de nuages.

— Oh ! oh ! fit-il.

« Il va y'avoir de l'orage.

« C'est une tempête précurseur d'un coup de simoun ; mais je ne la verrai pas.

« Ils vont me couper le cou.

Amené devant Akmet, il fut interrogé par lui sur-le-champ.

— Me diras-tu, Kabyle, pourquoi tu t'avises de couper les cordes de nos chevaux.

— Pour les voler, cheik.

« Je suis coupable.

« Fais-moi bâtonner.

« Mais je suis si pauvre, que le butin m'a tenté ; j'ai tout perdu, cheik.

— Tu mens.

« Tu es un espion.

« Tu as coupé plusieurs cordes.

« Un voleur ne prend qu'un cheval.

Le Parisien voyant tout perdu, cessa de dissimuler et releva fièrement la tête.

— Je suis Français, dit-il.

« Ne me questionne plus, je vais te dire tout ce que tu sauras de moi.

« Je suis coureur de bois.

« Moi et les miens venions pour t'exterminer, toi ! ton armée, tes ksours et tes tribus.

« Avant peu, malheur à toi !

« Et maintenant, tue-moi, je ne parlerai plus.

— C'est ce qu'on va voir.

« A la torture.

« Vite un bûcher.

Et Akmet se leva et sortit précédé d'hommes qui couraient amasser des branches d'alpha et y mettaient le feu.

Le prisonnier fut amené là, dépouillé de ses vêtements, et ses pieds furent placés au-dessus du brasier, pendant que des hommes l'immobilisaient.

Il supporta cette douleur atroce sans broncher, sans même sourciller.

— Akmet, voleur de femme, hyène de désert, dit-il seulement, je te brave.

« Je ne dirai pas un mot. »

Et souriant :

— On te fera aussi une mort cruelle, à toi ; ça ne tardera pas, misérable.

« Le Coupeur de Têtes veut se venger, et tu sais comment il se venge.

— Coupez-lui la langue, ordonna Akmet, furieux de ces insultes.

Mais Ali intervint.

— Si on lui coupe la langue, comment parlera-t-il ? demanda le jeune homme.

— Tu as raison ! fit Akmet.

Et le Parisien continua à menacer froidement le roi du désert impuissant.

Les jambes se fendaient, le sang partait tombant sur les charbons et remontant en fumée épaisse, l'héroïque jeune homme ne se plaignait pas.

En ce moment un coup de tonnerre éclata.

— Poussez le feu, dit Akmet.

On jeta une poignée d'herbes sèches sur le foyer, une

flamme claire monta et mordit cruellement les chairs du jeune homme.

Il parut insensible.

En ce moment, un second coup de tonnerre ébranla l'atmosphère...

— Poussez, poussez le feu, répéta Akmet....

XXVIII

Un troupeau d'incendiaires. — Le Parisien s'offre pour prendre une revanche terrible.

Pendant que le Parisien souffrait atrocement de la question que lui infligeait Akmet, on attendait impatiemment son retour au fond du souterrain.

Une heure se passa.

Deux heures s'écoulèrent.

Puis trois.

Les chefs tinrent conseil.

— Je crains, dit Raoul, que le Parisien ne soit découvert et pris.

« Peut-être eût-il mieux fait de passer par l'autre issue; on n'entend aucun bruit par là ; les Arabes ne sont pas établis de ce côté.

Nadief hocha la tête.

— Je ne le crains plus, murmura-t-il, j'en suis sûr; il serait déjà ici s'il n'avait été reconnu.

Un cheik arabe murmura entre ses dents avec mauvaise humeur et inquiétude :

— Nous voilà sans nouvelles.

« Qui sait ce que vont faire nos adversaires !

« Nous découvrir, peut-être ! »

Tous les cheiks du douar des Beni-Menikeue qui assistaient au conseil semblaient consternés.

— Qu'avez-vous donc? fit Raoul; vous ressemblez à des hyènes menacées du bâton.

— Ce n'est pas le bâton qui nous menace, fit un Arabe, c'est le sabre.

« Si le Parisien est pris, il sera torturé; et s'il est torturé, il parlera. »

Nadief toisa celui qui venait de parler ainsi et lui répondit avec dédain :

— Tu pèses les chasseurs à ton poids, dit-il; un Arabe vendrait ses frères pour s'éviter la douleur et sauver sa tête; mais nous, mille morts ne nous délieraient pas la langue, sache-le.

« Si je me préoccupe de notre compagnon, c'est uniquement par intérêt pour lui et non par crainte pour nous; s'il est pris, il faut le sauver!

— Des mains du roi du désert! fit un cheik; c'est de la folie, Nadief.

« Ne compte pas sur un seul d'entre nous pour cette tâche insensée.

— Je ne compte que sur mes chasseurs, rassure-toi; vous n'êtes de taille ni à concevoir, ni à exécuter de pareils projets, vous autres!

Les Arabes étaient stupéfaits.

L'un d'eux, le chef de la tribu, un vieux marabout, demanda à Nadief :

— Est-ce forfanterie?

« Veux-tu sérieusement tenter l'impossible?

— Serait-ce donc la première fois, fit Nadief, que nous vous prouvons que rien ne nous est impossible? Ne vous avons-nous pas émerveillés souvent?

— Oui.

« Mais...

— Je sais!

« Dix mille hommes!

« Qu'est-ce que dix mille imbéciles contre cent hommes intelligents!

« Raoul, prends vingt chasseurs et suis-moi. »

Puis, se tournant vers les Arabes :

— Vous allez voir ! dit-il.

Il s'enfonça sous la galerie avec Raoul et ses dix compagnons bien armés.

Les Arabes restaient écrasés par tant d'audace ; ils se regardaient entre eux, muets, effarés, humiliés, se sentant petits, et voyant des géants dans leurs alliés.

— Moabouls, moabouls, les Français, murmurait le vieux chef (fous, fous !).

« Ils vous font perdre par leur imprudence ; on découvrira le souterrain. »

Un jeune homme, plus confiant, dit :

— Mais s'ils réussissent !

— S'ils réussissent ! s'écria le vieillard, c'est que le Prophète l'aura voulu.

« Malheureusement il ne faut pas l'espérer, et je crains que nous ne soyons perdus.

« Qu'adviendra-t-il, Allah ! si le roi du désert trouve notre tanière ! »

Une voix mâle répondit :

— Il adviendra que les sabres sortiront du fourreau, que les lames boiront du sang, qu'on se battra et qu'on vaincra, ou qu'on aura un beau trépas.

C'était Nadief qui revenait.

Croisant ses bras et promenant un long regard sur les indigènes qui baissèrent la tête, il leur dit d'un ton rude :

— Mais vous n'êtes donc que des chacals glapissant de loin, n'osant mordre de près.

« Vous avez donc cru qu'il ne s'agissait que de rapines faciles, de butin sans combat.

« Vous êtes les alliés des lions et vous êtes des lâches ; la peur vous tord le ventre.

« Eh bien, il est trop tard !

« Vous voilà avec nous, il faut vaincre ou périr avec vos alliés, car d'Akmet, pas de pitié à attendre.

« Ainsi, plus d'hésitation.

« Dans une heure peut-être il y aura bataille, et je compte que vous vous montrerez braves.

« Sinon, on vous y forcera. »

Et Nadief se retira.

Les Arabes sentirent leur orgueil se révolter sous ces dures paroles; de plus, la crainte les talonnait.

Ils se consultèrent de l'œil, se comprirent et semblèrent retourner chacun à leur feu, au milieu de leurs familles; mais cinq minutes plus tard ils étaient réunis.

Ils avaient choisi pour se rassembler une espèce de grotte creusée dans le souterrain ou, si l'on préfère, une vaste niche, car le mot grotte est impropre.

Là, se voyant loin des chasseurs, séparés d'eux par leurs troupeaux, se faisant garder par des jeunes gens qui veillaient sans en avoir l'air, ils se hâtèrent de prendre une décision énergique.

Le chef prit la parole :

— Nous sommes dans une mauvaise affaire, enfants, dit-il; on s'est décidé trop vite.

« Ce Nadief aux lèvres d'or nous a parlé de pillage, de trésors, il nous a grisés!

« Mais nous devons nous hâter d'apaiser Akmet pour sauver nos têtes qui chancellent.

— Et que faire?

— Il n'y a qu'un moyen de salut.

« Nous allons attendre un instant propice, nous mêler aux chasseurs, avoir l'air de leur faire fête et de les caresser pour les endormir.

« Chacun de nous aura ses pistolets et son poignard cachés sous son burnous.

« Tout d'un coup je crierai :

« Allah akbar!

(Dieu est grand!)

« Aussitôt chacun tirera son pistolet et brûlera la cervelle à un chasseur.

« C'est facile, nous sommes dix contre un, et ils ne se méfieront pas.

« Ensuite on coupera leurs têtes, et l'on portera ces trophées à Akmet.

— Qui, malgré tout, nous accueillera très-mal peut-être, car nous l'avons trahi.

— On lui dira que l'on n'a fait semblant de s'allier aux chasseurs que pour les faire tomber dans une embuscade; il le croira volontiers.

— D'autant mieux qu'on ajoutera que jadis il nous a rasés, et que nous avions à nous venger.

Le cheik, ayant l'assentiment de tous, renvoya tous les chefs de famille.

Ceux-ci préparèrent leurs gens.

L'explosion du complot était imminente...

Pendant que l'on tramait la perte de leurs compagnons, la petite bande de Raoul prenait dans le troupeau une centaine de béliers, des ânes et des bœufs.

Les Arabes, dans leur migration, avaient eu soin d'emporter du fourrage pour nourrir leurs bestiaux et du combustible pour cuire leurs aliments; Raoul ordonna à ses amis d'attacher sur la tête des animaux des paquets de deos et d'alpha séchés.

Les herbes flambent comme la paille et durent bien plus longtemps.

Les chasseurs demandèrent à Raoul :

— Quel est ton plan ?

— Incendier le camp.

« Une idée à Nadief.

— Comment ?

— Avec ces animaux.

« Ne vous souvenez-vous pas de la Bible et des trois cents renards de Samson.

— Très-bien ! fit un chasseur.

« On mettra le feu aux herbes, et on poussera les bêtes sur le camp qu'elles brûleront.

« Jolie trouvaille !

« Mais le Parisien ?

— Je vais me mettre en quête de lui et reviendrai, fit Raoul; qu'on m'attende !

« Ah ! prenez tous des burnous.

— Bien. »

Lui-même se déguisa en indigène.

Il se dirigea vers la sortie bouchée, creusa doucement le sable pour s'ouvrir passage, se fit comme un terrier d'issue, et mit la tête dehors.

Il ne vit rien.

A deux cents pas de lui, sur sa tête, il entendit le bruit du bivac.

— Bon! pensa-t-il.

« Tout va bien. »

La sortie aboutissait sur une espèce d'escarpement, et le camp était établi plus haut.

Raoul rampa de ce côté.

Les Arabes n'ont ni grand'gardes, ni vedettes; leur surveillance est mal organisée.

Il y a bien quelques chaoucks qui font patrouille; mais ils ne se gardent que contre les grosses troupes; un ou deux maraudeurs leur importent peu.

A chacun de garder sa tente et son cheval.

Raoul entra dans le camp.

Rien ne ressemblant plus à un Bédouin qu'un autre Bédouin, il ne se gêna pas.

Il entendit du vacarme sur un point, y vit courir du monde et se dirigea par là.

Il reconnut le Parisien aux mains des Arabes et devina ce qui allait se passer.

Il retourna en hâte vers ses compagnons :

— Alerte, leur dit-il, il est temps!

Débouchant en grand l'ouverture, ils firent passer devant eux les bestiaux accouplés par bandes et les menèrent sur une autre face du camp, vers lequel on leur tourna la tête droit devant eux, car une fois effarés ils devaient courir.

— Êtes-vous prêts? demanda Raoul.

— Oui, firent les chasseurs.

— Eh bien! secouez de la poudre sur les herbes, et mettez-y la flamme avec vos pistolets.

« Puis nous nous jetterons sur notre gauche.

« On nous suivra.

— Quelle fête, mes enfants, dit un chasseur; jamais on n'aura joué pareil tour aux Bédouins.

Tous se mirent à rire.

La circonstance était grave cependant; on torturait un de leurs amis; ils étaient tous menacés; il y avait une armée devant eux, mais ils étaient inaccessibles à la peur.

Une occasion de rire se présentait.

Ils la saisissaient.

— Allons! cria Raoul.

« Feu! »

Au moment où il faisait ce commandement, on avait remarqué du camp la masse noire que formaient les quelques centaines de bêtes qu'il avait amenées.

Un groupe de cavaliers accourait.

Tout à coup, dix détonations retentirent, puis dix autres, puis dix autres encore.

Les chasseurs faisaient feu de tous leurs pistolets, et les herbes s'embrasaient soudain.

Il y eut un grand jet de lumière sur une ligne de près de trois cents mètres; puis une fumée épaisse forma rideau au-dessus de la flamme.

Derrière ce voile, les chasseurs s'enfuirent, non sans avoir lancé force coups de crosse aux bandes de bestiaux, qui s'enfuirent en beuglant.

Ils couraient droit aux tentes, secouant leurs têtes bizarres à voir, ayant des formes étranges, mugissant, bêlant et brayant avec fureur.

Les cavaliers qui accouraient tournèrent bride au galop; effrayés par la singularité de ce phénomène, qu'ils ne s'expliquaient pas et qui les surprenait.

Nul peuple n'est plus superstitieux que l'Arabe, le Saharien surtout a la tête bourrée de contes insensés; il croit aux revenants, aux sorciers, aux miracles.

Tout le camp fut en émoi.

En un clin d'œil il s'emplit de cris, de bruits, de mouvements et devint cohue.

On s'y bousculait, on s'y frappait, on y clamait et surtout l'on s'enfuyait.

Avec leurs vives imaginations, les Arabes croyaient à une attaque de monstres surnaturels.

Chacun cherchait son cheval, le trouvait ou volait celui du voisin, sautait en selle, piquait des deux et gagnait du champ, talonné par l'effroi.

Les animaux furent sur les tentes en un instant et y mirent le feu.

L'incendie se développa rapidement; tout flamba; pas un homme ne resta.

Akmet courut aux siens pour s'informer, savoir, deviner; car il ne s'expliquait pas cette brusque irruption, et il était lui-même très-effrayé.

Ali suivit son cousin.

Les chaoucks lâchèrent le patient.

Quand nous disons pas un homme ne resta, nous nous trompions, car le Parisien, abandonné, tomba sur place, les jambes sur le brasier.

— Canailles! murmura-t-il.

« Ils auraient pu, au moins, prendre la peine de me placer ailleurs. »

Et, tout en disant cela avec le plus beau sang-froid, il exécutait un merveilleux saut de carpe qui le mettait à distance des charbons.

Il se dressa sur son séant avec effort et regarda ses jambes.

— Pas trop brûlées! fit-il.

« Mais que se passe-t-il donc?

« Ils f...... le camp!

« Pourquoi? »

Il comprit, lui.

— Ah! s'écria-t-il.

« La bonne blague.

« Sûr, ça vient de Nadief.

« Il n'y a que lui pour ces idées-là.

« Mais je ne puis m'en aller, n... d. D...! c'est vexant comme tout.

« J'ai les pattes hors de service pour longtemps.

« Eh!

« Des amis! »

Raoul et ses compagnons accouraient.

Ils saisirent le patient, l'enlevèrent en courant et l'emmenèrent à la grotte.

Nul ne les vit.

Raoul, pour marquer son passage, planta la baguette de son fusil dans le sable avec un papier déchiré de son carnet, sur lequel il écrivit son nom :

Le Coupeur de têtes.

Puis il rejoignit ses compagnons.

Une heure après, Akmet avait rallié son monde et ramenait ses cavaliers au camp.

Ils y trouvèrent des ruines fumantes.

Le désespoir des guerriers, en trouvant les corps calcinés des bestiaux, ne peut se comparer qu'à la rage d'avoir été joués de cette sorte.

On apporta à Akmet la baguette de fusil et le nom de son adversaire.

Il le lut, frémissant de colère.

— A cheval! hurla-t-il.

Et tous les cavaliers sautèrent en selle, se lançant dans le désert à la poursuite d'un ennemi insaisissable.

Cependant les chasseurs étaient rentrés dans le souterrain, bouchant le trou par lequel ils passaient; nul, parmi les Arabes, n'eut la pensée d'explorer l'escarpement, au flanc duquel se trouvait le terrier.

Il était trop près du bivac.

Les chasseurs eurent d'abord à traverser les Arabes, dont les femmes, les vieillards et les enfants restaient seuls auprès de leurs bagages; ils furent accueillis avec une surprise profonde.

Le complot allait éclater, quand le bruit de leur rentrée vint en suspendre l'explosion.

Les conjurés écoutèrent.

On criait :

— Les voilà !

« Le voilà ! »

Tous se précipitèrent du côté de celui qu'on ramenait, et chacun put voir le Parisien porté par deux hommes, les jambes dans un état affreux et souriant néanmoins.

Nadief s'approcha du cheik, et lui dit d'un air narquois :

— Eh bien ! sidi ?

« L'impossible est accompli. »

L'Arabe s'inclina et répondit :

— Dieu est grand !

« Il vous protége. »

— S'il nous aide, fit Nadief, il faut convenir que nous nous prêtons volontiers à sa bonne volonté.

Et au Parisien :

— Fais ton rapport, dit-il.

Le Parisien, impassible, et comme s'il n'eût pas souffert, se fit asseoir, et dit :

— Je suis sorti.

« J'ai vu Akmet.

« J'ai vu le camp.

« Les Arabes ne se doutent de rien, même à cette heure.

« Mais j'ai été reconnu plus tard, on m'a torturé, je n'ai pas parlé, et me voilà.

« A cette heure encore, on ne sait rien là-haut.

— Bien ! fit Nadief.

Puis aux Arabes :

— Êtes-vous tranquilles maintenant ?

— Oui ! firent-ils.

Et chacun de regagner sa place.

Quand les Arabes furent entre eux, ils agitèrent de nouveau la question de la trahison; mais ils avaient tous changé d'avis; le complot fut abandonné.

Tant est grand le prestige du succès, de l'audace et de l'intelligence !

Pendant que les Arabes renonçaient à leur projet, les chasseurs, eux, en concevaient un.

On tint aussi conseil dans leur camp.

Raoul, Nadief, les plus renommés des coureurs de bois, sous prétexte d'un café à prendre, se trouvèrent assemblés; un cercle d'amis veillait à ce que nul n'approchât d'eux; ils étaient sûrs qu'aucune oreille n'écoutait.

Après un moment de silence, Nadief fit mander un chasseur, Corse de naissance, un type de beauté splendide, plus beau peut-être que Raoul.

C'était un de ces hommes auxquels les femmes ne savent pas résister à première vue; un de ces favorisés qui ont sur elles une puissante action.

Nadief le pria de parler.

— Camarades, dit-il, j'ai entendu tout à l'heure les Arabes combiner un joli petit massacre des innocents, au fond d'une niche, là-bas.

« Les innocents, c'étaient nous.

« Une fille de leur tribu, une charmante vierge de douze ans, m'avait fait de l'œil et m'avait montré la niche d'un regard; j'avais compris.

« J'entrai dans cette espèce de grotte, elle m'y rejoignit, et..... nous y étions depuis un quart d'heure à peine, quand survinrent les Sahariens.

« Ils discutèrent et résolurent notre mort.

« Après leur départ, je vins prévenir Nadief.

— Et la fille? demanda Raoul.

— Elle avait tout entendu.

— Elle va prévenir les siens que leur trahison est découverte; tes passions nous servent et nous gênent à la fois; tu mêles toujours les femmes à nos affaires.

— Peuh! fit le Corse.

« Ça me gêne peu, moi, une femme.

— Mais, enfin, celle-là causera.

— Plus jamais.

« Pensant que ça ne sait pas tenir sa langue, une fillette, songeant au danger que vous courriez tous, je l'ai fait passer devant moi en sortant de la niche; et, la tenant sous mon œil, je l'ai conduite de votre côté.

« Elle a marché sans broncher.

— Elle est donc près de nous?

— Oui.

— Où cela?

— Tenez.

« Voyez-la étendue au coin du mur, sous un manteau; on dirait un de nous qui sommeille.

— Mais, alors, elle nous a entendus?

— Allons donc!

« Elle est morte.

— Tu l'as tuée?

— Parbleu!

Il se fit un grand silence.

Cet acte sauvage, nécessaire peut-être, causait une profonde sensation.

Le Corse secoua la cendre d'une pipe tranquillement; en rebourra le fourneau, alluma son tabac et se remit à fumer, après avoir dit d'un ton calme :

— Je ne l'ai pas enterrée pour vous la faire voir; mais je crois prudent de creuser une fosse.

— C'est vrai, fit Nadief.

Seul, il n'avait pas bronché.

Seul des hommes.

Car, non loin de là, il y avait une petite femme soignant le

Parisien avec dévouement, et qui entendait tout cela d'une oreille très-distraite.

— Mademoiselle Jeanne, avez-vous entendu le Corse; il a tué la petite !

— Il a bien fait, dit Jeanne.

— On devrait exterminer tous ces bandits d'Arabes, hommes, femmes et enfants.

« C'est une race ignoble.

— Que vous ont-ils faits ?

— Ils m'ont insultée sur la place publique de Blidah; depuis lors, je les hais.

« D'instinct, du reste, je les exécrais.

Le Parisien pensa :

— C'est une haine qui tourne à la monomanie.

Au conseil, on avisa sur ce qu'il fallait faire.

— Exterminons-les !

Tel fut l'avis général.

— Mais comment? demanda Nadief.

— A coups de couteaux, en nous ruant dessus ! s'écrièrent les chasseurs furieux.

Et déjà les lames sortaient des ceintures.

Mais Nadief se leva.

— Frères, dit-il de sa voix grave, avec le rayonnement de la puissance au front, nous allons faire, si vous le voulez, une chose admirable.

« Nous allons exterminer trois mille Arabes dans ce souterrain, trois mille Arabes qui nous trahissaient, ce que j'avais prévu, car j'avais fait préparer leur mort avant que le Corse ne me parlât de leur complot.

« Nous allons exterminer sept ou huit mille cavaliers, la fleur de l'armée d'Akmet, Akmet lui-même peut-être, sur les dix mille qui sont là-haut.

« Nous allons assister à un spectacle imposant, grandiose, terrible !

« La nature seule pourrait enfanter le cataclysme que nous allons produire.

« Dans cent ans, dans mille ans, tant qu'il y aura un Saharien au désert, on parlera de nous; jamais une poignée d'hommes n'aura si bien exterminé une armée.

« J'ai fait creuser des mines aux vingt endroits les plus favorables.

« Toute la montagne de sel va sauter.

« J'ai employé à cela les provisions de poudre des Beni-Meni-Kèni, dont nous avions la garde près de la nôtre; il y en avait cent dix outres pleines.

« J'ai creusé dix piliers naturels qu'un rien peut faire crouler, et qui isoleront les Arabes, en leur bouchant la galerie où ils sont.

« Une traînée de poudre réunit les mines.

— Qui y mettra le feu? demanda une voix.

— Un homme que le sort désignera.

« On va jeter tous nos noms dans un chapeau, et celui qui sortira se dévouera pour les autres.

— Bien !

« Bravo ! dirent-ils tous.

Mais une voix protesta.

— Ne tirez pas au sort, dit le Parisien.

« Je suis perdu.

« J'ai les jambes brûlées jusqu'à l'os, il faudra m'amputer, il faudra que je renonce à ma belle vie de chasseur, et je me connais.

« Avant un an, je me suiciderais.

« Laissez-moi faire sauter la montagne.

« D'abord, je m'amuserai énormément à l'idée de me venger des Arabes; puis j'aurai un grand trépas.

Nadief se leva, vint palper les jambes du Parisien, et lui dit en lui tendant la main :

— Pour ma part, j'accepte.

Personne ne refusa ce dévouement, que tous comprenaient et eussent imité.

Il y eut alors une scène solennelle.

Tous les chasseurs, un à un, défilèrent devant le blessé et lui serrèrent la main.

Eux, graves et attristés.

Lui, souriant et gai.

— Allez ! leur disait-il; ce sera proprement fait, cette petite besogne.

« On vous les flambera mieux qu'ils ne m'ont flambé. »

Quand tous eurent fait leur dernier adieu, Nadief pria tout le monde de s'éloigner.

Il voulait donner ses instructions au Parisien.

Mais, soudain, on entendit au camp des Arabes une grande rumeur, et tous se ruèrent vers les chasseurs.

XXIX

La pipe du Parisien.

Ce qui avait causé de l'émoi parmi les Arabes, c'était la disparition de la jeune fille.

Ils l'avaient cherchée.

Ses parents, s'inquiétant de ne point la voir, l'avaient appelée, mais en vain.

Défiants, les Arabes crurent (et ils n'avaient certes pas tort) qu'enamourée d'un chasseur, elle avait commis la folie de se donner à lui et se trouvait dans la galerie occupée par leurs alliés ; ils revinrent en foule pour l'y chercher, la châtier ; peut-être même pour châtier le chasseur.

Ils savaient ceux-ci très-facilement aimés par leurs femmes, leurs sœurs et leurs filles ; ils sentent vivement les injures, et un conflit était imminent.

Froissé dans son honneur, l'Arabe oublie toute prudence, et tel qui est craintif jusqu'à la poltronnerie devient brave, si l'on touche à sa femme.

Toute la tribu accourait.

— Diable, murmura Nadief, il faut qu'ils rentrent dans leur galerie à tout prix.

« Elle seule forme un cul-de-sac.

« Elle seule peut les renfermer. »

Les chasseurs prenaient déjà les armes; Nadief leur fit signe de se tenir tranquilles.

Il alla au-devant des Arabes.

— Qu'avez-vous? leur cria-t-il.

« Que demandez-vous?

« Pourquoi cette agitation?

— On nous a enlevé une de nos filles, crièrent-ils; elle est ici, chez vous, nous la voulons.

— Il n'y a pas de femme, sauf la sœur de Raoul, parmi nous, répondit Nadief.

« Mais si vous voulez parler d'une certaine Nanouss, fille de Mehemet, je sais où elle est.

— C'est elle!

« C'est elle!

— Très-bien, alors.

« Soyez sans inquiétude.

« L'enfant a un amant.

« Je l'ai vue hier se faufiler avec lui dans une grotte, là-bas, chez vous.

« Elle y est sans doute. »

Et Nadief ricanait.

Déjà toute la tribu courait vers l'endroit indiqué; — le plus reculé de la galerie.

— Vite, cria Nadief, aux mines!

« Au pilier! »

Chacun courut à une espèce de colonne comme il s'en forme souvent dans ces souterrains que l'eau creuse au cœur des montagnes de sel; elle était très-ébranlée déjà : tous la poussèrent avec énergie.

Elle tomba avec fracas.

En même temps, une partie de la voûte s'écroulait, et la galerie était fermée par un amas immense de décombres entassés à sa sortie.

Deux chasseurs furent tués sur le coup; mais cet accident compta pour peu de chose; la mort n'était rien pour de pareils hommes.

Quand la galerie fut bouchée, Nadief conduisit le Parisien, porté par deux hommes, à un certain carrefour formé par plusieurs embranchements.

— Voici le commencement de la traînée, lui dit-il; tu n'auras qu'à secouer les cendres de ta pipe dessus, et tout s'embrasera aussitôt.

— Bien.

« Mais quand faudra-t-il faire feu?

— Le temps de fumer une pipe.

« Lorsqu'il ne restera plus que le culot, tu le jetteras sur cette poudre.

— C'est parfait.

« Partez, camarades. »

Le temps pressait, car les Arabes, hurlant, remuaient les décombres.

Il était évident qu'ils feraient les plus énergiques efforts pour se dégager.

Les chasseurs s'éloignèrent en hâte, non sans un dernier adieu au Parisien, qui leur dit :

— Jamais je n'aurai fumé une meilleure bouffarde!

Nadief s'éloigna le dernier.

Il partait à regret.

— Va donc! dit le Parisien.

« Puisque je t'ai dit que ce trépas m'allait. »

Le bruit des pas de Nadief se perdit dans le souterrain, et le Parisien resta seul.

Il bourra sa pipe et l'alluma sans hâte.

— Bon tabac, murmura-t-il en tirant les premières bouffées avec plaisir.

« Bon tabac!

« On n'en fumera plus.

« Mais baste!

« On en a assez fumé. »

Et faisant un retour sur le passé :

— En ai-je eu du plaisir!

« Des femmes... à foison; de l'or à la pelle; de belles batailles ; du bonheur!

« Et je vais bien mourir.

« Trop de chance! »

Et il était superbe, le Parisien, en parlant ainsi.

Nul ne l'entendait.

Il le croyait, du moins.

Mais une voix le fit tressaillir :

— Je n'ai eu que tristesse et désespoir, moi, disait cette voix; mais je suis heureuse de mourir aussi; la vie me pèse trop pour la regretter.

« Parisien, place près de vous?

« Nous mourrons ensemble. »

Le jeune homme, étonné, reconnut Jeanne.

— Vous ici! s'écria-t-il.

— Oui, mon ami.

« Moi.

— Sauvez-vous vite.

« Il faut que j'exécute ma promesse, et ma pipe ne sera pas longue à fumer.

— Tant mieux.

« Parisien, croyez-moi, n'insistez pas; je vous promettrais de fuir et je ne fuirais point.

« Je resterais à cent pas d'ici.

« C'est une consolation pour moi de demeurer quelques instants près d'un brave garçon comme vous; ne me tourmentez pas inutilement. »

Le Parisien regarda le doux visage de la jeune fille à la clarté d'une torche qui était plantée en terre près de lui; il lut sur ses traits une résolution énergique de mourir et un morne désespoir.

Rien de navrant comme la jolie tête de Jeanne à cet instant suprême; le jeune homme fut tout troublé, et comprit qu'un immense chagrin désolait cette âme de seize ans, flétrie à l'aurore de la vie.

— Restez! dit-il.

« Restez ici.

« Aussi bien, il faut que chacun soit libre de vivre ou de se tuer à sa guise.

« Je ne voudrais pas vous contrarier, moi. »

Puis en aparté, mais haut :

— C'est égal.

« C'est fort!

« Etre jeune, jolie, avoir Raoul pour frère, être aimée de la fine fleur de toute la colonie, n'avoir qu'un signe à faire pour que tous les plus hardis chasseurs se disputent votre main, pouvoir être femme d'un général ou d'un intendant, ou d'un prince, ou... de n'importe qui... et se suicider!

« Vrai, c'est fort ; je ne m'en dédis pas. »

Jeanne courbait la tête.

Tout à coup elle la releva :

— Parisien, dit-elle avec amertume, je ne puis être rien de ce que vous dites là.

— Ah bah !

— Hélas non !

Elle soupira profondément.

— Au point où nous en sommes, voyez-vous, reprit-elle, je puis vous dire mon secret.

« Je suis déshonorée...

— Diable ! fit-il.

Et après réflexion :

— Déshonorée, déshonorée... il faut s'expliquer : je ne suppose pas que vous, une fille noble et fière, vous vous soyez donnée à un quiconque.

« Quelque misérable vous aura promis sa foi et puis il vous aura trompée.

— Non ! fit-elle farouche.

« Ce n'est pas ça.

« J'ai été surprise endormie.

« C'est plus affreux.

— Mais plus honorable pour vous.

« Moi, à votre place, je fuirais ; il est temps encore, car, foi d'homme qui va mourir, je vous aurais épousée sans hésiter, malgré la chose.

— Nadief le prétend aussi.

« Mais on pense cela, on épouse et l'on se repent.

« Allez, j'y ai réfléchi ; ma résolution est immuable, et le sort en est jeté.

« Je meurs ici. »

En ce moment, on entendit rouler quelques pierres ; les Arabes ébranlaient la barricade.

— Tiens ! les moricauds qui se remuent, dit le Parisien en riant franchement.

« Ils se croient peut-être sauvés.

« Sont-ils bêtes ! »

Et à Jeanne :

— Je pense que l'individu en question est mort, n'est-ce pas, mademoiselle ?

— Non.
— Par exemple!
« Raoul ne sait donc rien?
— Il sait tout!
« Il a poignardé l'homme.
« Mais celui-ci a survécu.
— Et il ne l'a pas repoignardé?...
— L'heure n'était pas venue.
« Il ne perdra rien pour attendre.
« Moi-même je voulais le torturer; je ne vivais que pour ma vengeance; mais... »

Elle rougit, puis sanglota.
— Allez donc!
« Je veux tout savoir.
« Ma pipe va s'éteindre.
— Mais, reprit Jeanne pleurant toujours, ma honte devient visible à tous.
« Hier, un Arabe, croyant me complimenter, m'a dit qu'il souhaitait un fils à mon mari.
« Ceux qui ne savent rien ne s'expliquent pas ma position, et cette honte me tue. »

Puis, avec exaltation :
— Parisien, l'heure est venue.
« Le feu aux poudres! »

Le jeune homme la regarda longtemps, murmura quelques paroles de pitié, puis il dit :
— Ma foi, c'est fini.
« J'ai fumé ma pipe en conscience, ni trop vite, ni trop doucement.
« Allons-y de ce grand trépas!
« Une poignée de main, mademoiselle.
— Voilà, mon ami.

Elle était debout, elle s'assit près de lui en lui tendant sa main avec affection.
— Tiens! dit-il, vous ne tremblez pas.
« Êtes-vous prête?
— Oui.
— Fermez les yeux, alors.

Elle obéit.

Le Parisien secoua sa pipe sur la traînée de poudre et on

vit une langue de flamme courir l'espace de cent mètres, tourner une voute...

Puis. . . . .

. . . .

Les chasseurs avaient quitté le souterrain un à un, en rampant et sans bruit.

Ils avaient ordre de Nadief de suivre Raoul, qui devait les grouper à distance de la montagne, et qui avait mission de tomber sur les Arabes aussitôt après l'explosion afin de massacrer les survivants.

Nadief avait prié Jeanne de ne sortir que quand une vingtaine d'hommes auraient déjà passé; Jeanne, on l'a vu, avait voulu rester au fond du souterrain.

Nadief, inquiet, vit sortir le dernier de ses compagnons sans que la jeune fille parût; il dit aux chasseurs :

— Allez toujours.

« Ne vous inquiétez point de moi. »

Et il rentra sous terre.

Il se précipita dans le couloir et bondit à la recherche de la jeune fille.

Les autres chasseurs, sous les ordres de Raoul, profitèrent des dernières ombres de la nuit, allèrent s'abriter à un kilomètre environ du camp, au fond d'un ravin.

— C'est ici près, dit Raoul aux siens, les débris de l'explosion y tueront peut-être quelques hommes, mais nous serons plus à portée de tomber sur l'ennemi.

— Très-bien ! fit-on.

Quelques hommes morts !

La belle affaire !

On se coucha et l'on attendit.

Tout à coup Raoul demanda :

— Où est Nadief ?

— Rentré ! fit-on.

— Pourquoi ?

— Il ne l'a pas dit.

« Il nous a engagés à ne pas nous occuper de lui.

— Quelque bonne idée sans doute qui lui aura poussé, dit Raoul en souriant.

« A moins qu'il n'ait trouvé un endroit sûr pour Jeanne et qu'il n'ait voulu l'y conduire.

« Il m'a prié de lui laisser le soin de veiller sur elle.

— Le Parisien tarde bien à fumer sa dernière pipe, observat-on à la ronde.

— Attention, crièrent plusieurs voix.

Une commotion épouvantable venait de secouer le sol, tous ceux qui étaient debout furent couchés sur le sol qui ondula plusieurs fois.

Une détonation effrayante retentit, la montagne parut être d'un seul bloc lancée vers le ciel et séparée en sept ou huit tronçons ; dans son ascension elle retomba projetée en sens divers, laissant un abîme à la place où elle se dressait un instant auparavant.

Une flamme immense, une flamme que l'on vit à des distances inouïes jaillit du cratère, éclair gigantesque dont le ciel resplendit.

Des cimes de l'Atlas, à cinquante lieues de là, les Kabyles la virent.

On crut à un phénomène inconnu de la nature en révolution.

Au milieu des torrents de feu, vomi par ce cataclysme, on aperçut des masses d'hommes et de chevaux qui montaient avec une vitesse incroyable, disparaissaient dans la pénombre, au-dessus de la lumière et retombaient ensuite, traçant des sillons noirs sur le fond rouge du ciel.

Au milieu de ce bruit intense, de la formidable détonation, un cri surhumain, un cri formé de dix mille autres, avait passé dans l'air, aigu, strident, désespéré... plainte colossale d'une armée qui mourait !...

La brise portait vers le ksour de Ben-Akmet et cette terrifiante clameur y réveilla les femmes et les enfants de ces guerriers qui trépassaient.

A cette désespérante voix de dix mille agonisants, répondit le hourrah des chasseurs !

Electrisés par cette scène grandiose, ils se précipitèrent sur le camp.

Tout ce qui avait survécu fuyait égaré, éperdu, haletant, fou de terreur.

Avec leurs deux fusils, avec leurs pistolets, les chasseurs tuèrent en quelques instants quinze ou seize cents hommes, parmi les groupes qui se sauvaient vers le ksour ; ils tiraient avec une froide précision, l'œil clairvoyant, malgré l'ombre qui était revenue, la main assurée malgré les ardeurs de la lutte.

Puis quand deux ou trois mille hommes, presque tous atteints ou brûlés, eurent disparu dans la nuit, les vainqueurs parcoururent le théâtre du massacre, achevant les blessés et coupant des têtes.

Atroce coutume empruntée à leurs ennemis !

Ils entassaient par monceaux ces monstrueux trophées et en formaient des pyramides, dont l'effet était hideux sur ce terrain bouleversé.

Qu'on s'imagine sur deux kilomètres carrés de superficie unie un abime profond là où s'élevait une colline ; au fond de ce gouffre un fleuve souterrain mis à nu et dont les eaux, sans issue, sorties de leur lit, cherchaient un passage au milieu de vastes échancrures du sol dans lesquelles elles s'engouffraient en cascades ; vides bientôt comblés.

Puis, autour des rampes de ce précipice, des débris géants bizarrement entassés.

Partout des cadavres carbonisés !

Partout la mort !

Çà et là quelques débris brûlant et jetant d'incertaines et sinistres lueurs sur cette scène.

Et, au sommet des quartiers de sel, rocs de cent mètres de haut, les pyramides de têtes, qui grandissaient à chaque instant de celles qu'y ajoutaient sans cesse les chasseurs errant dans ce chaos...

Ceux qui, depuis, ont revu ce site comme nous, n'y ont plus trouvé qu'un lac paisible formé par la rivière qui a lavé toute cette terre souillée de sang...

XXX

Sous terre.

Pendant que cette boucherie s'accomplissait, un drame terrible se passait sous terre; drame rapide et fulgurant comme l'éclair.

Nadief avait couru d'abord aux mines; son but était de crier au Parisien d'attendre.

Mais la mine était loin.

Il serait arrivé à temps, toutefois, si la barricade n'avait pas barré une partie du chemin, et forcé le chasseur de se mettre à l'eau et de remonter la rivière à la nage.

Ce fut un retard.

Il se précipita néanmoins, et arriva au moment où le Parisien, qu'il voyait depuis une minute, mettait le feu à la mine; il était trop tard.

Nadief avait crié :

— Arrête !

« Arrête ! »

Mais en vain.

Comme il arrive parfois dans les défilés, le son ne portait pas, du point où il était, au point où était le Parisien; phénomène bien connu en physique.

Une salle du Conservatoire des arts-et-métiers est faite de telle sorte qu'une personne placée au centre n'entendrait rien de ce que l'on crie à dix pas d'elle.

Par une fatalité malheureuse, le souterrain était disposé de cette façon.

Nadief, rapide comme la pensée, voyant courir la flamme, saisit Jeanne, et se jeta avec elle au fond du fleuve avant que les mines sautassent.

Ce fut prompt comme la foudre.

L'explosion eut lieu.

Les eaux, secouées avec une violence indicible, furent projetées en pluie de toutes parts; le lit du torrent fut mis à sec, l'eau changea de cours; mais elle avait protégé les deux corps et formé un matelas liquide...

Un moment étourdi, Nadief reprit rapidement ses sens; il était sain et sauf.

Plus d'eau autour de lui...

A deux pas, en tâtonnant, il trouva Jeanne évanouie, et la rappela à la vie.

Il sentit sa main se fléchir et presser la sienne; elle était sauvée aussi.

La masse d'eau, pesant sur eux, les avait protégés, et ils vivaient.

Un miracle !

Mais où étaient-ils ?

Nadief chercha, chercha rapidement.

Ils étaient enfermés.

Pas de lumière.

Pas d'air.

Point de communications; des blocs de sel pesant partout sur leur prison souterraine.

— Jeanne, demanda Nadief, où êtes-vous ?

Elle vint à son appel.

— Mon ami, lui dit-elle, vous avez voulu m'arracher à la mort, et vous n'avez pas réussi.

« Votre dévouement me touche.

« Mais, au lieu d'une mort prompte, nous allons avoir une horrible et lente agonie. »

Nadief saisit la taille de la jeune fille, puis se laissa glisser à genoux.

— Pardonnez-moi ! dit-il.

« Jeanne, je me maudis moi-même.

— Mon bon Nadief, dit-elle, relevez-vous et rassurez-vous; mon supplice sera moins long que je ne le supposais d'abord; car je puis me briser la tête aux murs.

— Non, dit Nadief.

« Pas de cette mort.

« J'ai des pistolets sur moi.

« Nous nous ferons sauter le crâne.

— Très-bien, dit-elle.

« Mais je regrette que ma mort entraîne la vôtre.

— Ah ! Jeanne, consolez-vous.

« Je vous aimais trop pour vous survivre.

— Pauvre Nadief ! fit-elle.

Puis :

— Puisque vous m'aimez tant, reprit-elle, tirez-moi donc le coup de pistolet vous-même.

« Je n'ai pas la main très-sûre, moi.

— Je le ferai, dit-il.

— Merci, dit-elle.

« Hâtez-vous, alors.

— Pas encore, dit-il.

« J'ai quelque vague espoir. »

Elle ricana.

— Quoi ! fit-elle.

« Nous sommes sous des rocs; tout est clos.

« Un travail de six mois ne nous sauverait pas, probablement, et nous avons de l'air pour six heures !

« Et vous voulez espérer.

« Tuons-nous, mon ami, c'est le mieux.

— Jeanne, en grâce, attendons.

« Je dois compte de vous à Raoul; je le remplace ici; je fais ce qu'il ferait.

« Qui sait ?

« Un tassement peut se faire. »

En ce moment une goutte d'eau tomba sur le front de Nadief, puis une autre.

Il n'y prit garde d'abord.

Mais il se trouva bientôt comme sous une gouttière, qui allait augmentant.

— Ah! fit Jeanne, à défaut du manque d'air, l'eau va nous noyer, et rapidement.

« Elle forme filet, maintenant. »

En effet, l'eau filtrait par les fissures des rocs; mais en un endroit surtout.

Elle formait là comme un ruisseau.

— Je vois, dit Nadief sombre, que nous sommes perdus; Jeanne, je vous tuerai.

— Dépêchez-vous, alors.

Il ne répondit pas.

En peu d'instants ils eurent de l'eau à la cheville, puis au genou.

— Eh! Nadief, ricanait Jeanne, as-tu de l'espoir encore, mon ami; en as-tu?

Il restait toujours muet.

Il avait pris ses deux pistolets et les avait armés, les tenant élevés sur sa tête.

L'eau vint à sa ceinture.

— Mais tire donc! dit Jeanne.

Le ruisseau grandissait, augmentait, faisait torrent, emplissait la cavité.

Jeanne se sentit l'eau aux épaules.

— Ah çà! dit-elle, ne tires-tu pas?

« Tu veux que je meure noyée? »

Et elle chercha à saisir les armes.

Soudain, Nadief poussa un cri et jeta ses pistolets à l'eau.

Jeanne en entendit le bruit.

Elle leva la main furieuse, souffleta Nadief, et plongea dans l'eau en lui disant :

— Tu n'es qu'un misérable lâche!

Près d'elle, Nadief se laissa glisser aussi sous le flot, qui se referma sur ces deux corps en bouillonnant...

XXXI

Un mariage au Sahara.

Nadief avait eu raison d'espérer.

Un phénomène très-naturel, facile même à prévoir s'était produit.

Le caveau où il était enfermé avec Jeanne avait été formé par l'entassement de plusieurs rocs, s'arc-boutant l'un contre l'autre, en retombant après l'explosion; entre eux se trouvaient des interstices assez vastes, comblés par la poussière et les menus fragments résultant du choc.

Or, l'eau, nous l'avons dit, ayant son conduit souterrain d'issue fermé, avait monté.

Peu à peu, les rochers sous lesquels se trouvaient Nadief et Jeanne avaient été recouverts; la pesée des flots avait agi sur la voûte naturelle du caveau et, dans les intervalles des pierres, des filtrations s'étaient faites.

Peu à peu, le gravier s'était dégagé; ces interstices s'étaient agrandis, des passages s'étaient formés; un surtout, presque droit, vaste, et n'ayant qu'une longueur de cinq mètres environ au centre du réduit.

Au dernier moment, Nadief avait aperçu la lumière qui filtrait à travers cette espèce de tuyau; il avait mesuré la largeur, et il avait reconnu qu'il pourrait par là remonter au jour avec Jeanne.

Il plongea.

Quand il remonta avec la jeune fille, se guidant par la lumière, le trou était plein; le conduit s'était encore agrandi davantage.

Nadief le traversa par quelques vigoureux coups de talon, et parvint à la surface des eaux.

Il aperçut des chasseurs au premier regard, et les héla vigoureusement.

Puis il chercha le point d'abordage le plus rapproché, trouva un îlot, y poussa Jeanne, à demi asphyxiée; prit terre et attendit du secours.

La voix de Nadief avait été reconnue : déjà vingt hommes étaient à l'eau.

Jeanne et lui furent ramenés à bord.

Raoul les attendait.

Il se fit raconter les péripéties de ce drame par Nadief, tout en prodiguant ses soins à sa sœur qui revint rapidement à la vie, et poussa un cri de joie en apercevant son frère qu'elle voulut serrer dans ses bras.

Lui la repoussa durement.

— Raoul, murmura-t-elle étonnée, tu es rude pour moi; tu refuses une fraternelle étreinte à qui sort du tombeau ?

— Oui ! fit le jeune homme.

« Et entre nous, à moins d'un serment solennel, que j'exige et que tu tiendras, entre nous, Jeanne, il n'y aura que froideur et peut-être que haine.

— Quel serment veux-tu donc ?

— Celui de ne jamais attenter à ta vie.

Jeanne regarda son frère, puis Nadief et s'écria (en cet instant ils étaient seuls tous trois) :

— Tu ne sais donc pas ce que j'ai à souffrir, Raoul ; chaque minute du jour est un supplice.

« Chaque regard d'un étranger est une honte.

« Hier encore, un Arabe me parlait de mon mari, et je n'ai pas d'époux, moi.

« Et j'ai cessé d'être vierge, moi.

« Et je rougis à toute question.

« Et je sens que je mourrai de honte.

— N'est-ce que cela ? fit Raoul, il te faut un mari ; mais tu en as cent à choisir.

— Moi ! d'abord, fit Nadief, moi seul, car je ne souffrirai pas qu'un autre se présente.

« Laisse-nous, Raoul, je vais lui parler. »

Raoul s'éloigna :

Nadief se mit aux pieds de Jeanne émue, lui serrait les deux mains et lui dit :

— Jeanne, je vous aime.

« Vous n'en doutez pas, n'est-ce pas ?

— Non, répondit-elle.

— Eh bien ! acceptez ma main.

« Vous pourrez dire fièrement alors, voici mon mari, en me montrant ; je vous jure que la femme de Nadief sera respectée des plus puissants et des plus pointilleux.

« On sait que Nadief ne gaspille pas son honneur.

« Moi, d'autre part, je serai fier de vous, Jeanne ; vous verrez avec quel orgueil je vous présenterai partout, comme la jeune fille choisie par moi, pour la plus digne de porter un nom qui a quelque célébrité, et qui est sans tache.

« Je suis prince, Jeanne.

« Mon sang vaut le vôtre ; n'hésitez pas.

Et il ajouta avec un sourire :

— Je ne vous demanderai, du reste, rien des bénéfices de ce mariage qu'une amitié plus tendre.

« Vous serez dans l'intimité ma sœur aimée, chérie, respectée, pas autre chose.

« Vous me connaissez suffisamment pour savoir que cette clause sera rigoureusement tenue.

— Merci, dit Jeanne en souriant doucement.

« Merci, mon bon Nadief.

Et elle regarda avec attendrissement le visage triste, doux et grave du prince.

Puis, après un moment de recueillement, elle lui donna son front à baiser, en disant :

— J'accepte.

Nadief, enchanté, se leva brusquement et héla Raoul qui revint auprès d'eux.

— C'est fait ! dit-il.

« Me voici ton beau-frère.

— Bien! dit Raoul.

Il embrassa sa sœur avec effusion, et serra cordialement la main de son ami.

— Il ne reste qu'à vous marier, dit-il; ce ne sera pas long; du moins pour le mariage religieux :

— Que veux-tu dire? demanda Jeanne.

— Que nous avons ici un prêtre.

— Qui peut marier?

— Oui, certes.

« Il n'est pas interdit.

« Il a tous pouvoirs.

— C'est un Espagnol, ajouta Nadief.

« Il avait la passion de la chasse.

« Un jour il vint nous visiter dans un gourbi que nous avions établi près de sa cure; il passa près de nous plusieurs jours, s'éprit de notre genre de vie, et voulut faire campagne une fois dans le Sahara avec notre bande.

« Il écrivit à son évêque pour obtenir un congé de six mois, sous prétexte de santé, se fit remplacer provisoirement et vint avec nous au désert.

« Depuis il ne nous a plus quittés.

« Il fait partie de la bande d'Archus, ce chasseur borgne qui a amené vingt hommes.

— Mais, objecta Jeanne, il n'y a pas d'autel, il n'y a pas d'église, il n'y a pas de cérémonie possible.

— L'autel! fit Nadief.

« On l'improvisera.

« L'église !

« En voilà la voûte.

(Il montrait le ciel.)

« La cérémonie !

« Ça regarde Mastado que voici.

« Je sais qu'il y a dans son bagage un ornement d'église qu'il appelle une étole.

« Il paraît que c'est un signe sacré sans lequel il ne pourrait dire la messe.

« Quoique chasseur, il est demeuré prêtre convaincu et assez vertueux, ma foi.

« Il y a, du reste, parmi nous, des Italiens et des Espagnols fervents catholiques qui ont parfois recours à lui à leurs derniers moments.

« Il les confesse et leur donne l'extrême-onction.

« Chaque dimanche, il a quelques fidèles autour de lui quand il dit sa messe.

— Tous les dimanches ?

Jeanne n'en pouvait croire ses oreilles.

Mastado, appelé, confirma ce qu'avaient dit les deux chasseurs, et se déclara prêt à marier Nadief (historique.)

C'était un homme d'une cinquantaine d'années, ce Mastado; il avait une vraie tête de moine espagnol, sombre, ascétique, creusée aux joues.

Une tête comme on en voit dans les tableaux représentant des scènes d'inquisition.

Ce prêtre avait été pris d'une vocation irrésistible pour la vie de coureur de bois, et il vivait en anachorète au milieu de ses compagnons.

Il ne prenait part que très-rarement à leurs orgies, mais il était le premier au feu.

En chasse il avait une audace extrême.

On le respectait et on l'aimait malgré sa taciturnité passée en proverbe, parmi les chasseurs.

Raoul dit deux mots à ses compagnons.

Ceux-ci s'empressèrent de disposer une pierre en forme d'autel, et Mastado bénit cette forme de dolmen.

Revêtu de l'étole, tête nue, un petit calice d'or massif devant lui, servi par un Italien, il récita les prières de la messe dans son bréviaire.

Il avait toujours avec lui sa provision de vin et d'hosties, rien ne manqua à la validité de la cérémonie.

C'était un spectacle curieux et plein de contraste que ce mariage.

A genoux, derrière le prêtre, se tenaient Jeanne et Nadief, ayant quatre témoins, debout à leurs côtés ; tout autour de l'autel, dans les poses les plus diverses, trois cents chasseurs, appartenant à toutes les nations, faisaient cercle.

L'aube blanchissait à peine l'horizon de ses clartés blafardes, et commençait à mettre en relief les horreurs du champ de bataille encore fumant.

Tout était opposition et contraste.

La messe finie, Raoul dénoua sa ceinture pour en faire le poêle que l'on étend sur la tête des mariés, et le prêtre prononça le *conjungo vos* avec solennité.

Les chasseurs, quand il eut fini, firent une décharge de toutes leurs armes, et poussèrent un hourrah frénétique qui troubla Jeanne.

Elle se releva soudain, et regarda autour d'elle ; Nadief, prompt à se relever aussi, lui saisit la main, et la conduisant devant les chasseurs, leur dit :

— Mes amis, je vous présente ma femme ; je vous demande pour elle amitié et protection.

Une seconde volée de mousqueterie partit joyeuse, pétillant dans l'air et accompagnée de vives acclamations.

Jeanne vit tous les visages radieux.

Elle se sentit gagnée à la gaieté.

Se penchant vers Nadief, elle lui dit tout bas :

— Mon ami, je ne me tuerai plus et je vous prouverai un jour ma vive reconnaissance.

Raoul vint offrir aux nouveaux mariés le pain et le vin ; ce fut le signal d'un banquet.

Les chasseurs improvisèrent aussitôt un déjeuner ; les chevaux tués furent dépecés, rôtis par quartiers énormes devant de grands feux, et mangés avec entrain.

Jeanne et Nadief occupaient le centre du festin : on leur porta un toast avec des gourdes pleines d'eau-de-vie.

Le soleil s'était levé et éclairait, radieux, cette fête agreste, riant aux convives.

Nadief, à son tour, but à ses amis ; puis il leur fit une audacieuse proposition.

— Il faut, camarades, leur dit-il, illustrer cette journée comme nous avons illustré cette nuit.

« Mon mariage se sera célébré entre deux exploits.

« Je vous propose de prendre le ksour d'Akmet !

— Hourrah ! crièrent les chasseurs.

— Bravo, Nadief !

« Prenons le ksour.

— Les Sahariens, continua Nadief, doivent être sous le coup d'une panique profonde.

« Nous enlèverons leur ville par un coup de main.

« En marche! »

Et toute la troupe, exaltée par le triomphe de la veille, se mit en route pour le ksour...

Ainsi, ces hommes qui venaient d'anéantir une armée, allaient tenter, au nombre de trois cents, un siége aussi difficile que celui de Zaatcha, que dix mille Français avec du canon avaient mis trois mois à prendre d'assaut...

XXXII

Le siége.

On avait en vain cherché, sur le champ de bataille, les corps d'Akmet et d'Ali.

La tente du roi du désert avait été brûlée comme les autres par l'incendie, et Akmet, brisé de fatigue, après avoir fouillé le Sahara, avait résolu de pousser jusqu'au ksour et d'aller y chercher un repos complet dans son palais.

Il comptait revenir le lendemain.

En son absence, un de ses kalifats (lieutenants) commandait l'armée à sa place.

Il arriva furieux, mais non découragé.

Une autre cause l'avait poussé à revenir au ksour : il éprouvait une vague inquiétude.

L'audace des chasseurs l'effrayait.

Il craignait de leur part une tentative pour enlever la marquise de Nunez.

Sa première parole fut une information au sujet de la jeune femme; on le rassura.

Elle dormait.

— Va, murmura-t-il à part lui, va, *Coupeur de têtes*, gagne les premières manches de la partie.

« Tu m'as battu, ce soir.

« Mais j'aurai toujours le dernier mot.

« Puis, j'ai sous la main de quoi me venger. »

Il donna ordre à un chaouck de chloroformiser la chambre de la jeune femme.

Un quart d'heure après il y entrait, et, avec une joie de bête fauve, il se vengea de l'amant sur la maîtresse.....

Mais à peine cinq minutes s'étaient-elles écoulées, que l'explosion de la mine eut lieu ; tout le ksour en trembla ; les maisons chancelèrent sur leur base.

Akmet se précipita loin de la marquise, monta sur le minaret et y trouva son cousin.

— Qu'est-ce? lui demanda-t-il.

— Je ne sais, fit Ali effaré.

« L'ullemah (prêtre) prétend que le camp a sauté avec toute ton armée.

Le desservant de la marquise parut aux cris d'Akmet, qui l'appelait avec rage.

— Enfin!

« Le voilà! dit le jeune homme.

« Parle!

« Mais parle donc!

— Sidna, dit l'ullemah, je suis descendu parce que j'ai vu que la mosquée ébranlée allait crouler.

— Qu'as-tu vu?

« La mosquée m'importe peu.

« Ce sont mes troupes qui m'inquiètent.

— Ah! sidi!

« Quel malheur!

« Je montais pour chanter l'appel de la quatrième heure, quand je vis une grande lumière.

« Dans cette lumière, il y avait de grosses masses sombres ; c'était la montagne qui était lancée en l'air avec ton camp, et tes guerriers, et tes chevaux.

En ce moment, le bruit affaibli de la fusillade arriva jusqu'au ksour.

Au désert, les sons portent à d'incroyables distances.

— Ce sont ces maudits chasseurs, s'écria Akmet ; ils se battent avec les miens.

Il descendit, suivi d'Ali.

Tous deux montèrent à cheval.

Ils coururent à la rencontre des fuyards et recueillirent de leur bouche le récit de ce qui s'était passé.

Akmet, sombre, terrible, subit ce désastre en homme de bronze qu'il était.

Il revint au ksour.

— Ah! dit-il à son lieutenant, je te confie la défense de la ville en mon absence.

— Tu pars?

— Oui...

« Je vais rassembler tous mes contingents, et je jure de ne prendre ni paix, ni trêve, que tous ces chiens ne soient massacrés jusqu'au dernier.

« Tu as ici dix canons.

« Tu as encore quelques milliers d'hommes.

« Les murailles sont solides.

« Tiens bon.

— Et la marquise?

— Je te la laisse.

« S'il t'arrivait d'être réduit à la dernière extrémité, tue-la plutôt que de la rendre.

« J'y compte...

— J'obéirai, dit Ali.

— Je vais prendre avant peu, dit Akmet, une revanche éclatante contre ces bandits.

« Ils me croiront enfermé au ksour, et auront l'audace de l'assiéger.

« Je vais passer sans bruit partout, donnant mes ordres; à un certain jour, de toutes parts, partiront mes contingents, et ils marcheront sur la ville.

« Les assiégeants seront cernés.

« Avec les masses dont je dispose, pas de fuite possible; j'en aurai fini avant que les colonnes françaises n'arrivent; elles ne seront prêtes que dans un mois.

« Au revoir, Ali.

— Au revoir, cousin.

« Et réussis. »

Akmet prit une escorte et s'éloigna...

Sept heures plus tard, la troupe de chasseurs paraissait devant le ksour et s'établissait hors de portée du canon.

La marquise, qui avait coutume de se promener après la sieste, voulut sortir.

Ali l'avait confiée à la garde de deux hommes sûrs qui ne devaient plus la quitter.

Elle s'étonna de cette précaution :

— Qu'y a-t-il donc? demanda-t-elle.

— Tu vas le voir, répondirent les gardiens.

Elle sortit du palais inquiète, et vit les gens du ksour armés, sur leurs remparts de pisé.

Elle monta sur les murs.

Le camp des chasseurs se déroulait devant ses yeux.

— Que se passe-t-il? questionna-t-elle.

— Les chasseurs, répondit un des gardiens, nous assiégent; ils sont conduits par le Coupeur de têtes.

La marquise poussa un cri d'étonnement.

— Quoi! fit-elle.

« Raoul est là! »

Et elle regarda le bivac avec une ardente curiosité, essayant, mais en vain, de distinguer les objets.

— Est-ce qu'il y a des troupes françaises avec les chasseurs? demanda la jeune femme.

— Non! dit l'Arabe.

— Combien sont-ils donc?

— Trois ou quatre cents...

— Et ils osent venir assiéger la ville!

— Oui.

« Ils ont osé bien autre chose.

« Cette nuit, ils ont tué dix mille hommes à Akmet, notre maître; ce sont des enragés. »

Et l'Arabe raconta prolixement les combats de la veille.

Le cœur de la marquise tressaillait d'un légitime orgueil au récit de ces hauts faits.

L'Arabe le remarqua :

— Tu sembles heureuse de nos malheurs, toi, la femme d'Akmet, notre chef, dit-il.

— Je ne suis pas sa femme, dit-elle.

« Le Coupeur de têtes est le mari que j'aime. »

L'Arabe lui jeta un regard de haine et ne dit plus mot; il comprenait la position de la jeune femme, que les gens d'Akmet ignoraient presque tous.

Pour eux, c'était une des femmes de son harem, pas autre chose; la révélation de la marquise rendit son gardien muet et circonspect; mais elle en savait assez.

On la laissa faire le tour de la ville.

Elle vit les canons en batterie.

Elle vit des milliers d'hommes armés.

Elle se demanda comment jamais Raoul pourrait s'emparer de cette ville.

Quand elle rentra, la négresse qui déjà lui avait apporté un message, lui en remit un autre.

Raoul lui annonçait une délivrance prochaine.

Elle lut son mot et le brûla.

Ali entrait presqu'aussitôt.

— Madame, lui dit-il, je viens vous annoncer que Raoul nous a déclaré la guerre.

« Il nous assiége.

« Je viens vous prier de lui écrire.

— Et pourquoi?

— Parce que, madame, j'ai la garde du ksour, Akmet me l'a confié, je désire le lui rendre.

« Or, je vous préviens que je vous brûlerai la cervelle plutôt que de vous laisser tomber aux mains du comte de Lavery; de ceci ne doutez pas, madame.

« Je vais lui dépêcher un cavalier qui lui annoncera ma ferme résolution.

« Appuyez mon dire d'un mot.

— Mais, monsieur, j'avais cru que l'on devait bientôt me rendre à Raoul?

— On devait, oui, madame.

« Mais votre... ami.

— Dites mon amant, monsieur; le titre m'importe peu; il est mon amant aujourd'hui, demain il sera mon mari.

— On verra...

« En attendant, madame, comme il vous a voulue de vive force, comme il nous a attaqués, tout est changé; c'est la guerre à outrance entre nous et lui.

— Et vous pensez que je vais l'engager à reculer ; que je vais lui conseiller une lâcheté?

« Non, monsieur.

« Non!

— Ainsi, madame, vous me refusez ?
— Oui, monsieur.
— Alors, je me passerai de vous.
Ali salua sèchement et se retira.
Mais un quart d'heure après, Raoul recevait son message et apprenait sa décision.
— Ah ! dit le jeune homme, maître Ali nous fait savoir ce que nous tenions tant à connaître.
« Ah ! Marie est au ksour !
« Ah ! on ne l'a pas envoyée plus loin pour la soustraire à nos recherches !
« Mais tout va bien.
« Il faut que j'entre au ksour et que je la soustraie au poignard de ce garçon.
« Puis, nous prendrons la ville après.
— Tu veux aller au ksour ? demanda Nadief.
— Oui, certes.
— Tu as raison.
« Je sais un excellent moyen d'y pénétrer.
— Lequel ?
— Tu verras.
« Donne-moi jusqu'à demain matin ?
— C'est long !
« Mais j'attendrai.
— Le moyen, reprit Nadief, est excellent en ce sens qu'il te permettra de parler à ta maîtresse, de l'enlever, d'agir au palais comme chez toi.
« Mais il est dangereux.
— Qu'importe !
Nadief fit un geste qui signifiait :
— Je sais bien que le péril ne t'effraye pas.
Et il prit congé de son ami.
Une heure plus tard, il était déjà à trois lieues du camp, galopant pour une destination inconnue.
En même temps que Nadief quittait le bivac, Ali faisait ouvrir les portes de la ville à deux hommes déguisés en chasseurs d'autruches européens.
— Cinq cents douros si vous réussissez, leur dit-il ; surtout ne faiblissez pas.
— Sois tranquille ! dit un des hommes.

« Je le connais personnellement, du reste.

« Je ferai mon attaque vers une heure du matin; attendez que l'affaire soit chaudement engagée, et jetez-vous dans la mêlée franchement.

« Les chasseurs seront sans défiance en voyant votre costume et vous prendront pour deux des leurs.

« Approchez-vous de lui, visez à bout portant, tuez-le et revenez.

« Votre fortune sera faite.

« En l'absence du maître, je vous offre une somme déjà considérable; lui, au retour, vous accablera de ses bienfaits et vous comblera d'honneurs. »

Après avoir ainsi échauffé l'enthousiasme de ces deux assassins, Ali en prit congé.

Il venait d'imaginer une combinaison très-dangereuse pour Raoul.

Le plan était de faire une sortie.

Les deux assassins devaient se tenir sur les derrières du bivac, et pendant la mêlée se jeter parmi les chasseurs.

Alors, profitant de l'obscurité et de leurs déguisements, ils devaient tuer Raoul.

Un immense danger planait sur la tête de celui-ci.

XXXIII

La sortie.

Ali disposait de plusieurs milliers d'hommes contre les trois cents coureurs de bois ; mais il n'était pas sans éprouver quelque inquiétude sur le résultat de la sortie qu'il méditait ; il sentait ses guerriers découragés, l'ennemi plein d'assurance, il hésitait.

Mais il ne pouvait faire réussir un plan d'assassinat que par une attaque ; il dut la tenter et organisa son monde pour la nuit même.

Les deux assassins, eux, s'étaient glissés aux abords du camp des chasseurs ; ils attendaient le moment propice pour y pénétrer.

Vers minuit, le bruit des goums d'Ali, quittant le ksour pour présenter la bataille aux chasseurs, prévint les deux Sahariens que l'heure approchait, où ils auraient leur sanglante mission à remplir ; ils se tinrent prêts.

Pendant toute la journée les chasseurs avaient préparé leur défense.

Un fossé entourait leur bivac et les terres, tirées de cette tranchée, formaient une enceinte basse, mais suffisante pour abriter des tireurs.

Ali, s'assurant du regard que murs et fossés étaient franchissables pour un cheval, avait laissé tous ses hommes montés sur leurs coureurs ; il en avait formé plusieurs groupes, confiés chacun à un chef énergique, et il avait prescrit de courir bride abattue sur le camp au premier coup de feu, de l'emporter d'un seul élan et de sabrer.

Les cavaliers, remis de leurs frayeurs, sachant combien l'adversaire était inférieur en nombre, se montraient disposés à bien donner...

Les assiégés se dirigèrent vers le bivac, s'attendant toujours à recevoir la première décharge qui devait être le signal de la charge ; mais aucun coup de feu ne retentissait.

On fit deux cents pas hors des murs, on en fit cinq cents, on en fit mille...

Pas une détonation...

Pas un : Qui-vive...

Rien...

Dans le camp un silence de mort.

Tant de fois les Arabes avaient été joués par les chasseurs, que les gens d'Ali s'arrêtèrent instinctivement, redoutant quelque nouveau piége.

Ils croyaient sentir le sol trembler sous leurs pas et ils frémissaient.

Ali se mit à la tête d'éclaireurs qui piquèrent vers les tentes.

Sur les murs, personne.

Dans le bivac, pas apparence d'un chasseur.

Moins leurs adversaires paraissaient, plus les Arabes les redoutaient ; Ali fit dire à ses goums d'avancer, ils le firent avec circonspection.

Plusieurs Arabes, pour tâter l'ennemi, se mirent à tirailler ; mais l'écho seul répondit à leur provocation ; le bivac restait muet.

Survinrent les deux assassins qu'Ali avaient envoyés contre Raoul.

— Eh bien ! leur demanda le jeune homme, que se passe-t-il donc ?

— Nous ne savons, firent les Arabes. Nous venions te demander pourquoi tu ne commençais pas l'attaque, comme nous en étions convenus.

— Ne voyez-vous pas, fit Ali, que ces damnés chasseurs nous préparent quelque embûche ; ils se tiennent cois sous leurs petites tentes, pas un ne bouge ; que méditent-ils ? On ne sait.

Jamais homme ne fut plus perplexe.

Pendant cette conversation, des cavaliers rôdaient autour de l'enceinte, s'en approchaient, fuyaient, revenaient; mais personne ne la franchissait ; nul n'osait aller sonder le mystère que cachaient et ce mur et ce fossé et ces tentes.

Enfin, Ali sentit qu'il fallait agir ou battre en retraite.

— A moi ! dit-il à ses cavaliers et chargeons !

Il s'élança.

On ne le suivit point.

Il gourmanda les chefs dont l'un lui répondit très-judicieusement :

— Pourquoi donc exposer plusieurs milliers d'hommes à la mort.

« Fais explorer le bivac par une petite troupe qui viendra nous rassurer ou qui nous découvrira les intentions de l'ennemi.

— Tu as raison, dit Ali.

Et il demanda des volontaires ; nul ne se présenta à son appel.

Il pria, supplia, ordonna ; mais en vain ; un prestige de terreur planait sur les chasseurs ; les Sahariens se sentaient froid dans le dos en pensant à eux ; ils se souvenaient d'El-Arouch et de la montagne de sel éclatant soudain.

Ali donna un grand exemple à son armée ; sans un mot de reproche, sans forfanterie, il se détacha en avant; puis, soudain, lança son cheval et sauta seul le fossé et l'enceinte.

Il se fit un silence de mort dans les rangs ; chacun retenait sa respiration ; mais rien ne justifia ces appréhensions.

Ali reparut.

Il sortit du camp, revint aux siens et s'écria en riant bruyamment :

— Nous sommes des sots !

« Les chasseurs ont appris que le roi du désert allait revenir avec des forces énormes et qu'il les écraserait entre lui et le ksour ; ils ont fui abandonnant tout, sauf leur butin léger qu'ils emportent. »

A cette déclaration, les Sahariens s'empressèrent d'envahir le bivac.

Il fut pillé en un clin d'œil.

Mais tout à coup, du ksour, un coup de canon retentit...

XXXIV

L'escalade.

Voici ce qui s'était passé.
Dans l'après-midi qui précéda l'attaque, un chasseur en vedette sur un palmier, d'où il avait vue sur le ksour, vint prévenir Raoul que les assiégés se donnaient du mouvement.

Raoul et le chasseur se hissèrent sur l'arbre qui servait d'observatoire et remarquèrent des allées et des venues, des prises d'armes, des rassemblements de cavaliers par bandes.

— Qu'en penses-tu, camarade? demanda Raoul à la vedette, un vieux coureur de bois.

— Je les vois former des groupes, conduire leurs chevaux vers les portes, les entraver ou les attacher dans les rues le long des maisons.

« A mon avis, c'est une sortie.

— Je pense comme toi.

— Les gaillards ont repris courage ; ils vont tâcher de forcer le camp.

— Si c'était vrai, le ksour serait à nous dès cette nuit même.

Et Raoul eut dans les yeux un éclair d'espérance qui fit rayonner son front.

— Pour enlever le camp, fit le vieux chasseur, ils peuvent *se fouiller* (ce mot d'argot était déjà connu à cette époque); mais enlever le ksour me paraît roide, si déjà il nous faut repousser la sortie.

— Baste! Tu te trompes, vieille tête blanche, ils prendront le retranchement très-facilement et ils pourront coucher dans nos tentes cette nuit, si bon leur semble, car ils seront maîtres du terrain; en revanche nous dormirons sous les toits de leurs maisons.

— L'échange m'irait.

« Mais comment feras-tu?

— Viens, nous allons tenir un conseil de guerre; tu dois en être.

Raoul fit mander tous les chefs de bande et les réunit.

— Camarades, leur dit-il, il est probable que les Sahariens feront une sortie.

« On va, dès ce soir, les guetter aux portes mêmes du ksour et, s'ils sortent, les vedettes les signaleront par le cri du chacal bekeur poussé deux fois faiblement; juste pour être entendu.

« Si vous approuvez mon projet, nous allons préparer de suite avec les palmiers des échelles d'escalade pour cette nuit.

— Nous donnerons donc l'assaut après avoir repoussé cette sortie? fit un chasseur.

— Ce n'est pas ainsi que je l'entends.

« Nous quitterons le camp en silence et sans nous faire voir en passant dans les jardins et en emportant nos échelles de franchissement.

« Nous ferons le trajet du camp à la ville, pendant que les Arabes feront celui de la ville au camp; ils ne trouveront personne à qui parler chez nous; nous de même chez eux.

« A part une poignée d'hommes laissés par Ali pour ouvrir les portes à son retour, à part ses canonniers qu'il laissera à leurs pièces pour protéger sa retraite, la ville ne comptera que des femmes, des enfants, des infirmes.

« Nous nous en rendrons maîtres en un tour de main et sans perdre un homme.

— Bravo! crièrent les chasseurs.

— Alors, mon plan vous va?

— Oui, hourrah!

— Que ceux qui sont capables de manœuvrer une pièce se forment en compagnie et se choisissent des chefs; nous aurons peut-être à mitrailler Ali s'il tente de rentrer dans son ksour.

— Raoul, dit un des chasseurs, que les Sahariens sortent et la ville est à nous.

« Nous te devrons l'honneur de l'avoir conquise, alors qu'Abd-el-Kader n'a pu enlever Aïn-Meddin, qui n'avait point d'artillerie, alors que dix mille Français ont mis cinquante-quatre jours à faire le siège d'un ksour moins fort que celui-là.

— Ce ne sera pas tout que prendre, il faudra garder et garder longtemps! dit Raoul.

« Le roi du désert va se présenter bientôt avec des contingents immenses.

— On tiendra bien trois mois!

— Espérons-le.

— Les Français viendront à notre aide.

— Et s'ils sont vaincus?

— Akmet a quatre-vingt mille guerriers.

— On périra dans le ksour en le faisant sauter; ce sera une belle fin.

— Hourrah! hourrah! crièrent les chefs en se répandant par le camp pour y apprendre la future expédition et y donner des ordres.

Tous les chasseurs se mirent à l'œuvre, confectionnèrent des échelles et, avant le soir, il y en avait une par escouade de dix ou douze hommes.

Les vedettes furent placées.

On les déguisa, selon la coutume, en buissons vivants.

Voici comment on s'y prend.

L'homme se met entièrement nu.

Selon les plantes qui poussent dans le pays, on le transforme soit en jujubier, soit en palmier nain un peu monté, soit en brûle-capotes.

Cette fois on fit des vedettes de magnifiques palmiers à mi-grandeur.

On les enveloppa dans des écorces rugueuses jusqu'aux bras; le corps formant tronc; puis autour du cou et des épaules on composa le bouquet de palmes.

Le tout solidement ficelé, les jambes pouvant mesurer un pas de cinquante centimètres.

La nuit venue les *buissons vivants* (c'est le terme consacré), s'en furent prendre leurs postes à cent pas des portes et des chemins.

Dans les ténèbres, rien n'est plus difficile que de reconnaître un homme ainsi caché; il ressemble aux autres arbres et n'attire pas le regard, pour peu que le terrain soit un peu couvert.

On a vu des colonnes entières, traversant la campagne dans des marches de nuit, se diviser autour d'un buisson vivant, les soldats l'évitant comme ils évitaient les autres broussailles et bouquets d'arbustes.

Quand les Arabes sortirent, ils furent presque immédiatement signalés.

Tant de chacals hurlaient la nuit sur les flancs même des colonnes en marche, que personne ne prit garde aux avertissements des védettes imitant le glapissement particulier du *bekeur*.

A cet appel de leurs sentinelles, les chasseurs quittèrent leurs bivacs, rasant le sol.

Jeanne suivait son frère pas à pas.

On gagna les murs sans encombre; dans la marche on entendait celle des Arabes; eux, ne pouvaient saisir le bruit de pas des chasseurs; les sabots de leurs chevaux faisaient beaucoup trop de train.

En face de l'enceinte, les assaillants dressèrent sans bruit leurs arbres disposés pour favoriser le franchissement et ils grimpèrent avec ensemble.

Une sentinelle cria éveillant un poste; poste et sentinelle furent égorgés en un clin d'œil.

Les chasseurs suivirent l'enceinte, surprenant les artilleurs couchés près des pièces; ils laissaient un service à chacune d'elles.

Puis Raoul établit des postes, groupa son monde, organisa la défense.

Il avait hâte de courir à la marquise et de la délivrer;

mais il fit son métier de chef jusqu'au bout avec une patience incroyable.

Quand il eut tout réglé sans qu'aucun trouble se fût élevé dans le ksour, sans que la ville endormie se doutât qu'elle était prise, il prit dix hommes et courut au palais.

Il en força la porte, trouva une soixantaine de guerriers dans les cours, se jeta sur cette troupe, effarée à son aspect, la dispersa et s'élança à la poursuite de sa maîtresse.

Il ne la trouva pas.

Il fouilla le palais de fond en comble, ne négligea rien, sonda les murs, les planches, mit ses meilleurs chasseurs en quête, et ne trouva rien.

En ce moment, un coup de canon partit.

Les chasseurs, fatigués de voir les Arabes dans une profonde illusion sur leur compte, les prévenaient que la ville était prise.

Ce coup de canon et le boulet dont il fut précédé jetèrent les Arabes dans une stupéfaction profonde; ils n'en croyaient pas leurs oreilles.

Ali ne supposa pas la ville enlevée.

— Qu'ont donc les artilleurs? s'écria-t-il; sont-ils tout à coup devenus fous?

« Ils tirent sur nous ! »

Raoul ne le laissa pas longtemps dans l'erreur; la détonation avait réveillé la ville; tous les habitants qui ne portaient pas d'armes, toute la population sauta dans les rues pour savoir ce qui se passait; car on ne l'avait pas mise dans le secret de la sortie.

Le ksour s'emplit de bruits et de clameurs, d'appels déchirants, de cris, de sanglots.

Raoul fit mettre le feu à deux maisons qui servaient de postes.

Rappelé aux remparts par la lutte, il avait abandonné, la rage dans le cœur, ses recherches infructueuses pour courir au combat.

Il fit ranger ses chasseurs en bataille sur les murailles, autour de lui; les deux incendies, flambant rapidement, éclairèrent la ville; les Arabes purent voir avec stupeur leurs ennemis dominant la plaine, du haut de l'enceinte qu'ils couvraient.

Une salve de coups de canon retentit, saluant le drapeau tricolore, que Raoul avait fait improviser avec des lambeaux d'étoffes, et qu'on hissait sur le sommet de la casbah.

Les cavaliers, consternés, se regardaient entre eux; Ali, désespéré, fixait sur cette scène un œil morne et désolé; il sentait qu'il ne reprendrait pas le ksour.

Mais tout à coup une lueur de joie passa sur son front plissé.

— Il ne *la* trouvera pas! dit-il.

En ce moment un cavalier accourait; c'était un habitant dépêché par Raoul.

— Je viens, dit-il, au nom de ce damné Français qui a surpris le ksour, te sommer de lui révéler la retraite de sa maîtresse.

« Si tu refuses, il fera massacrer toute la population sur-le-champ. »

L'homme parlait haut.

Tous les guerriers l'entendirent.

— Qu'il massacre, dit tranquillement Ali, jamais je ne lui dirai où est la Française, qui mourra de faim dans sa retraite avant huit jours.

Les Arabes, courbés sous le joug de leur aristocratie, sont timides devant les chefs; mais un esprit plus démocratique anime les cités sahariennes.

La réponse d'Ali excita des murmures, dont le jeune homme parut fort peu se soucier du reste; il promena son regard impassible sur les guerriers, sembla les défier, et reprit d'une voix tranquille :

— Pars vers le Coupeur de Têtes, dis-lui que sa maîtresse est perdue pour lui.

« Quant à ses vengeances, peu m'importe; avant peu, il sera cerné et décapité.

« J'attends le retour du roi du désert, qui l'écrasera avec ses guerriers. »

Le messager s'éloigna rapidement.

— Seigneur, dit-il au Coupeur de Têtes, Ali ne veut pas révéler le secret.

— Bien, dit Raoul; on va prendre ses parentes, il doit en avoir ici; elles seront attachées aux canons et écharpées; nous verrons s'il se décidera.

Les chasseurs, — gens aussi féroces que les Arabes, — ne se firent pas prier pour remplir les instructions de leur chef; on se mit en quête de la famille d'Ali, et on amena sur le rempart une douzaine de personnes, qui furent liées à la gueule des pièces.

L'incendie, brûlant toujours, éclairait la scène sauvage qui allait se passer.

Raoul, sans qu'un muscle de son visage tressaillît, surveillait les apprêts.

Il était l'ennemi né des indigènes, qui lui avaient fait plus d'une fois la guerre à mort, sans merci, sans pitié, sans trêve.

Raoul avait toujours vu l'ennemi massacrer les prisonniers, les femmes et les enfants s'acharner sur eux; il rendait œil pour œil, dent pour dent, et, cette fois surtout, rien ne pouvait l'attendrir, car il s'agissait pour lui de retrouver Marie ou de la venger.

Les victimes de l'entêtement d'Ali ne proféraient pas une plainte; elles avaient l'étrange résignation que donne le fatalisme musulman.

Quand elles furent garrottées devant les batteries, Raoul commanda :

— Feu !

Les cavaliers virent du camp l'horrible spectacle de ces chairs mutilées, projetées au loin par l'explosion; ils laissèrent échapper un cri d'horreur.

D'autres victimes succédèrent à celles-là; d'autres, amenées sur les murailles, formaient de sombres files...

Les cavaliers, — presque tous gens du ksour ou des gourbis voisins, — comprirent que le terrible chef des chasseurs exterminerait la ville entière si Ali ne parlait pas.

A la seconde exécution, plusieurs chefs s'entendirent, et prirent sur eux d'envoyer un exprès à Raoul, pour le supplier d'attendre, avec promesse d'obtenir d'Ali, par la force au besoin, le secret qu'il refusait de révéler.

Raoul fit suspendre le massacre.

Les Sahariens, poussés par les plus influents d'entre eux, se révoltèrent.

Ils entourèrent Ali, le menaçant.

— Cède, lui dit un chef.

« On tue nos femmes et nos enfants; qu'importe cette Française, après tout?

« Nous ne laisserons échapper ni elle, ni le Coupeur de Têtes, ni aucun chasseur.

— Si vous étiez des mâles et non des femelles lâches et sans énergie, vous donneriez l'assaut à ces remparts, répondit Ali, au lieu de me supplier.

« Voulez-vous me suivre? nous escaladerons la muraille, et nous sauverons notre ksour.

« Qui vous prouve que, sachant où est cette femme, et la possédant, il ne recommencera pas le meurtre de la population?

« Du courage ! et en avant ! »

Les guerriers étaient ébranlés.

— Allons ! de l'âme ! fit Ali.

« Que mille hommes attaquent une face, cinq cents la tour carrée, autant la porte de la Mecque, et les autres se chargeront d'attirer l'ennemi sur cette face en les fusillant sans relâche.

Les Sahariens crurent que c'était là, après tout, la meilleure résolution à prendre.

— Vite, crièrent-ils, en avant!

Ali divisa ses forces, et avec un gros parti se mit à fusiller les chasseurs.

Ceux-ci ripostèrent.

Les détachements qui devaient tenter l'escalade se glissèrent sous les palmiers, essayant d'arriver aux murailles sans bruit; mais Raoul avait trop bien organisé la défense.

Un canon de la tour dont Ali avait parlé laboura les assaillants de coups de mitraille terrible, dont les pièces les couvrirent de pierres et de ferraille sur une autre face; une grosse pièce qui balayait d'angle à angle tout un front du ksour, et fit subir d'énormes pertes aux assaillants.

Ceux-ci, sans échelles, sautèrent dans les fossés, essayant d'arriver au faîte des remparts; mais des escouades de chasseurs les décimaient par un feu violent et d'une justesse effrayante.

Il fallut plier, plier partout.

Tous les détachements se retirèrent au camp, hors de portée de la mitraille.

Les chasseurs, après ce facile succès, étaient surexcités

contre les Arabes ; ils se montrèrent plus acharnés contre les habitants.

Raoul ordonna de procéder par centaines de victimes à la fois, non plus avec des canons, mais avec les sabres, les fusils et les pistolets ; ce fut une boucherie.

Les chasseurs étaient furieux de la mauvaise foi des Arabes qui avaient promis d'imposer une révélation à Ali, et qui avaient, au lieu de cela, tenté une attaque déloyale.

— Ces brigands-là ne font jamais grâce, eux, disaient-ils ; ils tuent tout ce qu'ils prennent ; ils trahissent, ils se parjurent, ce sont des misérables.

Et le sang coulait à flots.

Chose étrange !

Les gens du ksour ne cherchaient pas à fuir, à obtenir grâce, à éviter la mort.

Ils tombaient en silence.

Race bizarre que celle-là !

Cependant au camp, il y avait un tumulte indescriptible, une émeute contre un seul homme qui tenait tête à un orage formidable.

— Tu le vois, nous sommes vaincus ; ils recommenceront plus furieux que jamais ! disaient les chefs.

« Parle.

— Jamais ! dit Ali.

« Vous n'êtes que des lâches !

— Parle au moins ! hurlaient les Sahariens.

Et les cavaliers se ruaient sur Ali, brandissant leurs armes avec rage et criant :

— A mort !

« A mort ! »

Il souriait dédaigneux.

Enfin la révolte grandit.

Un homme saisit Ali, le désarçonna, et vingt autres se précipitèrent sur lui.

— La Française ! crièrent-ils.

« Dis-nous où est la Française ou tu vas mourir ! »

Les poignards étincelaient.

— Tas de lâches ! fit le jeune homme.

Et ce fut tout.

Cet entêtement exaspérait les Sahariens; ils allaient enfin frapper Ali.

Une voix cria :

— Ne le tuez pas!

« Portons-le garrotté au Coupeur de Têtes; il le fera parler vite, lui! »

En moins de rien, Ali fut enlevé, placé en travers d'une selle et conduit vers le ksour.

— Ne tirez plus! criaient mille voix.

« Ne tirez pas!

« Voici Ali que nous vous apportons.

— Enfin! murmura Raoul.

Il fit cesser le massacre et ordonna qu'une porte fût ouverte pour recevoir l'homme qu'on lui livrait pieds et poings liés.

Ali fut amené par des chasseurs qui l'avaient reçu des mains des cavaliers auxquels on jura de ne plus sévir contre les habitants.

Raoul fit conduire le jeune homme à la casbah, le donnant à garder à une escouade de chasseurs.

Puis, sûr de tenir le secret dans la personne d'Ali, il régla tout ce qui concernait la défense pour n'avoir plus à s'en occuper et se trouver seul, sans préoccupation, en face d'un homme auquel il fallait arracher des aveux.

Tâche difficile avec un caractère trempé comme l'était celui du kodja (secrétaire) d'Akmet.

Les habitants eurent ordre de sortir dans les rues et de se ranger devant leurs maisons; ce qu'ils firent, hommes, femmes et enfants, avec la passive obéissance de véritables moutons; nul n'osa désobéir.

Les chasseurs les poussèrent vers les portes et les chassèrent de la ville un à un, les visitant minutieusement pour les empêcher d'emporter du butin.

Les cavaliers recueillirent cette foule, qui se dispersa dans les ksours voisins.

Deux ou trois cents pauvres diables demandèrent à rester et à servir les assiégés; Raoul leur accorda cette faveur, augmentant ainsi son effectif.

Cela fait, on fit la visite des maisons, on assembla les vivres, et on reconnut que les provisions étaient presqu'inépuisables.

Un grand point.

Alors, les sentinelles placées, l'ordre de défense et la place de chacun, en cas de combat, bien déterminés, on procéda au pillage.

Tout fut entassé sur une place, et répartition des lots fut faite.

La part de chaque chasseur était au moins d'une vingtaine de mille francs.

Ali-Baba, dit les Quarante-Voleurs, était dans une joie délirante.

Vingt mille francs!

Il faillit devenir fou!

Laissant ses compagnons procéder à la distribution des objets précieux, Raoul se dirigea vers la casbah; il allait engager avec Ali un duel où le jeune homme avait pour lui son indomptable énergie; où le Coupeur de Têtes avait toutes les tortures que peut inventer un homme...

Lutte où l'avantage était balancé!

. . . .

A cette heure, la jeune femme était au fond d'une inaccessible retraite, ne sachant rien, n'entendant rien de ce qui se passait.

XXXV

Sous la voûte.

Avant de partir pour son expédition, Ali avait songé à s'assurer de la personne de la marquise, dont il ne voulait confier la garde à personne.

Comme tous les palais arabes, celui d'Akmet avait un caveau secret qui servait à cacher les richesses du maître, e les mettait à l'abri même après la prise du ksour; il n'est pas rare qu'un prince dépossédé, chassé de sa casbah, y rentre par un retour de fortune; il retrouve alors presque toujours sa fortune que l'on n'a pu découvrir.

Avec ses idées françaises, son intelligence développée au contact de la vie parisienne, Akmet avait su perfectionner le *silo* où son père enfouissait ses trésors; il avait fait mander des ouvriers à Alger, prétextant qu'il tenait à rendre son habitation confortable.

Une dizaine de colons avaient répondu à son appel, et il les avait mis à l'œuvre.

En trois mois, ces Européens lui avaient agrandi son caveau, l'avaient rendu habitable, élégant même; puis ils l'avaient fait communiquer à la campagne par un souterrain; un chaouck, dévoué à la famille, surveillait incessamment les ouvriers qui ne sortaient pas du palais.

Le travail fini, on avait grassement payé tous ces hommes et on les avait renvoyés à Alger; mais ils avaient à traverser cinquante lieues de sables.

On apprit que, sur le territoire français, à dix lieues d'une redoute, ces malheureux, attaqués par une bande de Touareggs, avaient été massacrés avec l'escorte donnée par le Roi du désert pour les protéger.

On retrouva leurs têtes et celles de plusieurs indigènes qui les accompagnaient.

On plaignit ces pauvres diables; on apprit qu'Akmet, furieux, avait rasé une tribu touaregg accusée d'avoir fait le coup, et tout fut dit.

La sombre vérité ne fut connue que plus tard, après la révolte d'Akmet.

Pour assurer le secret du caveau, le jeune chef avait ordonné à l'escorte même des Français de les assassiner et de couper en même temps la tête à cinq ou six nègres mêlés à dessein aux cavaliers; c'étaient de misérables esclaves sacrifiés d'avance.

En voyant leurs cadavres, on crut à une véritable attaque de l'ennemi.

Quant à la tribu châtiée par Akmet, elle était bien innocente de ce méfait; mais, connue pour être très-pillarde, elle ne fut plainte par personne.

Ali, Akmet et le vieux chaouck savaient seuls, depuis lors, comment on pénétrait dans le caveau; la fidélité d'Ali était à toute épreuve.

Quant au chaouck, il avait donné à Akmet des preuves de dévouement qui ne permettaient pas la défiance; il fût mort plutôt que de parler.

Une heure avant sa sortie, Ali se présenta devant la marquise, qui le reçut avec anxiété.

— Madame, lui dit-il, veuillez me suivre. Je réponds de vous, et il faut que je vous enferme, car je vais tenter un combat sous les murs du ksour, et vos amis sont assez hardis pour avoir envoyé dans la place une dizaine d'entre eux sous des déguisements.

— Décidément, fit la jeune femme avec ironie, les compagnons de Raoul sont de terribles hommes, puisqu'ils vous font trembler à ce point.

— Je rends hommage à leur intrépidité, dit franchement le jeune homme.

— Mieux vaudrait me rendre à Raoul et cesser cette guerre qui a coûté tant de sang déjà ; je suis désolée en songeant que ma captivité a fait périr plusieurs milliers d'hommes et que la guerre n'est pas finie !

— Madame, j'ai lu la traduction de l'*Iliade*, et je vous rappellerai que l'enlèvement d'Hélène jeta la Grèce sur l'Asie-Mineure.

« Vous valez bien Hélène. »

La jeune femme sourit.

— Espérons, dit-elle, que le ksour sera pris, et que ce drame aura le dénoûment du siége de Troie, moins les horreurs du pillage !

— Ne souhaitez rien de cela, madame ; la chute du ksour serait le signal de votre mort. Je vous brûlerais la cervelle de la main que voici.

La marquise pâlit un peu.

— Donc ! fit-elle, quoi qu'il arrive, je suis perdue, puisque vous m'assassinerez.

— Oui, madame.

Ce *oui* fut dit froidement.

La marquise se sentit froid au cœur.

— Raoul connaît-il votre résolution ? demanda-t-elle au jeune homme.

— Je la lui ai fait savoir ! répondit-il.

— Et il continue l'attaque ?

— Vous le voyez, madame.

Elle devint rêveuse.

Il la laissa quelque temps à ses pensées, l'observant curieusement, puis il lui dit :

— Permettez que je vous le rappelle, madame, il faut me suivre.

— C'est vrai, dit-elle.

Elle se leva.

Ali appela.

Une négresse vint.

C'était celle dont la jeune femme avait acheté la trahison et qui lui était dévouée.

Akmet lui donna un ordre; elle sortit et revint avec un foulard.

— Je dois vous bander les yeux, madame, dit Akmet; la chambre où je vais vous enfermer est à secret; je ne puis vous y conduire les yeux ouverts.

— La précaution est humiliante; mais je vous résisterais en vain; faites à votre guise.

La jeune femme tendit son front au bandeau que le kodja assujettit.

Le vieux chaouck survint et en fit autant pour la négresse.

Ali et lui conduisirent les deux femmes au silo et les y laissèrent en leur recommandant de ne pas ôter leurs foulards avant un certain laps de temps (un quart d'heure environ); on les entendit s'éloigner aussitôt.

Mais la première chose que fit la marquise fut d'arracher son bandeau.

Elle fut stupéfaite en voyant Ali, qu'elle croyait loin devant elle.

Le chaouck seul était parti.

— Madame, lui dit le jeune homme, je me doutais que, le dos tourné, vous désobéiriez.

« Vous n'avez plus droit à certains égards; il faut que je m'assure que vous ne verrez rien, ce qui va vous coûter un petit désagrément.

« J'ai là de l'éther.

« Je vais vous endormir pour un quart d'heure; c'est vous qui l'aurez voulu. »

La marquise se mordit les lèvres de dépit et ne dit pas un mot.

— Veuillez vous-même respirer ce flacon, dit le jeune homme.

Il lui tendit une petite fiole.

— Non ! dit-elle avec colère.

— Vous avez tort d'y mettre mauvaise grâce; épargnez-moi une violence.

Il avait un accent ferme et poli en disant ces mots; la marquise fléchit.

Elle prit le flacon, en aspira l'odeur et chancela comme foudroyée.

Ali la déposa sur une natte, gagna un mur, poussa un ressort et disparut.

La négresse, tremblante, avait attendu plus d'un quart d'heure.

N'entendant rien, jugeant le délai imposé suffisamment écoulé, elle ôta son bandeau et vit la marquise couchée encore, mais s'éveillant.

Elle lui aida à revenir à elle.

Elle aperçut un vase arabe plein d'eau derrière elle et l'apporta près de la jeune femme, dont elle aspergea le visage.

La marquise se remit tout à fait.

Elle fit un effort, se souleva, se mit debout; mais elle chancelait.

Par suite, elle fit un mouvement en avant et renversa l'amphore indigène qui était à ses pieds; toute l'eau qu'elle contenait se répandit sur les tapis qu'elle inonda.

— Petit malheur, fit la jeune femme en souriant; pourtant c'est fâcheux, ces nattes sont admirables.

Petit malheur !

Elle venait étourdiment de renverser une provision d'eau qui l'eût fait vivre un mois; elle s'exposait à mourir de soif.

Petit malheur !

Elle était altérée déjà et demanda à la négresse qui relevait l'amphore :

— Vois donc à me donner à boire.

L'esclave chercha.

Au fond du vase, rien.

Dans tous les coins de la chambre, rien.

— Il n'y a plus d'eau, dit-elle.

— Tant pis ! fit la jeune femme; j'attendrai le retour d'Ali qui viendra nous délivrer.

Elle prenait gaiement la chose.

Pour se distraire, elle observa la chambre et en admira la richesse.

C'était une vaste salle, disposée circulairement et fastueusement ornée.

Çà et là, dans le fond des murs, des armoires étaient creusées; les clefs posées sur les portes invitaient en quelque sorte à les ouvrir; leurs poignées brillaient aux éclats d'une lampe brûlant de l'huile parfumée au musc et à l'ambre.

Marie ouvrit tout, visita tout.

Des richesses fabuleuses étaient enfermées dans ces cachettes.

Là c'étaient des monceaux de rubis, de brillants et de perles énormes.

Ici, des bijoux travaillés et remontant aux plus lointaines époques.

Toutes les époques depuis la conquête des Romains y étaient représentées.

Marie en conjectura que la famille d'Akmet dominait dans le ksour depuis une date très-ancienne et sans aucune interruption.

Elle admira surtout un glaive de centurion romain et l'aigle d'une légion, se promettant de demander à Akmet des explications sur tous ces objets qui excitaient sa curiosité.

L'or en lingot, des barres d'argent, des piles de monnaie dont beaucoup à l'effigie des Césars, étaient entassés dans une espèce de caisse à tiroirs divers, taillés dans la pierre.

Enfin, des tissus d'un prix fabuleux, des robes de pourpre brodées de pierres précieuses, étaient appendues dans une sorte de boudoir, formant suite à cette chambre souterraine.

Elle s'amusa longtemps à ces recherches; mais la soif devenait vive.

Elle remarqua que sa négresse semblait abattue et la questionna :

— Tu es altérée aussi? lui demanda-t-elle.

Celle-ci répondit :

— Non, maîtresse, pas encore.

Mais elle semblait inquiète.

— Pourquoi es-tu si triste ? fit la marquise.

— Parce que je crains de mourir ici, répondit l'esclave avec angoisse.

— Ali va revenir !

— Ce n'est pas sûr.

— Tu supposes qu'il voudrait nous faire périr dans ce souterrain ?

— Oh! non.

— Enfin que crains-tu ?

— Qu'Ali ne soit tué dans le combat et le chaouck avec lui.

— D'autres viendraient nous ouvrir.

— Eux seuls savent ce secret.

La marquise frissonna.

Elle vit clairement qu'un grave péril la menaçait ; elle se prit à déplorer que le vase eût été renversé si malheureusement par elle.

— Es-tu bien sûre que ces deux hommes seuls connaissent le souterrain ? fit-elle.

— Il y a encore Akmet.

« Mais Akmet n'est pas ici, Akmet ne sera peut-être pas vainqueur.

— C'est vrai.

« Les chasseurs l'empêcheraient peut-être d'entrer dans le ksour; ils sont capables de tout.

« Ali et le chaouck morts, Akmet vaincu, nous sommes perdues sans ressources.

Mais reprenant espérance :

— Il serait étrange, dit-elle, que la fatalité nous poursuivît à ce point.

« Ali survivra.

— Il y a trois heures bientôt que nous sommes là ! dit la négresse.

— La bataille est longue, sans doute.

Et pour se distraire, elle se remit à visiter la chambre et les trésors.

Mais le temps lui parut long.

La négresse, elle, cherchait le secret ; elle avait le pressentiment de sa perte.

— Tu frappes aux murs? lui demanda sa maîtresse, en s'apercevant qu'elle touchait du poing les pierres sous les tentures qu'elle levait.

— Oui, maîtresse.

— Pourquoi?

— Pour tâcher de trouver le secret.

— Décidément tu supposes donc qu'Ali ne viendra pas au ksour.

— Hélas ! oui.

— Ce serait épouvantable.

Elle s'assit au milieu du souterrain et murmura :

— C'est affreux de mourir de soif!

La négresse baissa la tête en femme qui se sent accablée par le désespoir.

— Je ne vois pas, dit la marquise, que le temps écoulé puisse nous alarmer.

— Au contraire, dit l'esclave.

« Les chasseurs sont tout près du ksour établis dans leur camp, à quinze cents pas environ.

« Tous les guerriers étaient rassemblés, prêts à sortir quand Ali est venu.

« Ou les Sahariens sont repoussés déjà, ou ils sont vainqueurs depuis longtemps.

« Et tu le vois, il ne vient pas.

« Il aura été tué.

— Mais, non.

« Peut-être poursuit-il les chasseurs.

— Ceux-ci n'ont pas de montures; ils seraient atteints de suite par des cavaliers.

Tout à coup la marquise se frappa le front.

— Quelle atroce position ! murmura-t-elle.

« Tout à l'heure je souhaitais presque la défaite de Raoul pour échapper à la mort.

« C'est odieux.

Elle se prit à pleurer.

— Console-toi, dit la négresse.

« Il reste l'espoir qu'Akmet viendra nous sauver après avoir massacré les assiégeants.

— Et comment veux-tu que je souhaite cette défaite à l'homme que j'aime !...

Elle fondit en larmes.

Peu à peu ses pleurs se tarirent sans que son désespoir se calmât.

La soif augmentait.

Rien d'irritant comme cette souffrance incessante, vive, qui ne laisse aucun répit.

La faim a des crises.

Plus on avance dans le jeûne de la nourriture, moins on souffre.

Mais, privé d'eau, on endure un supplice qui va s'augmentant sans trêve, qui change de formes à chaque phase, qui ne vous quitte pas une seconde et vous laisse toute connaissance.

La faim affaiblit.

La soif laisse la force, la force centuplée pour subir la torture...

Les nerfs arrivent à subir les sensations avec une puissance inouïe; tous les sens se développent extraordinairement et sont des causes de tourments intolérables; le moindre bruit nous déchire l'oreille; la vue est blessée par la lumière et par l'ombre; le toucher est affecté par le plus petit contact.

On est tenaillé, déchiré par tous les pores; on est dévoré à l'intérieur par un feu qui vous consume lentement, brûlant la gorge, brûlant la poitrine, brûlant le cœur et l'estomac.

C'est la mort la plus terrible.

Dès les premières atteintes, la marquise comprit quelle en serait l'horreur.

Elle eut la tentation de terminer brusquement son agonie par un suicide.

— Je ne veux pas, dit-elle à sa négresse, endurer pareil supplice pendant des heures et des jours; je préfère mourir immédiatement.

« Veux-tu me rendre un service ?

— Oui, maîtresse.

— Prends une de ces énormes barres d'argent, et assomme-moi.

— Non, oh non ! fit la négresse.

— Mais, ma fille, tu me sauverais ainsi des douleurs qui m'attendent.

— Je le ferais, si Akmet ne devait pas revenir; mais il peut arriver demain, après-demain...

« Que dirait-il, vous voyant là, par terre, tombée sous le coup que je vous aurais donné ?

« Hein ! que dirait-il ?

« Il dirait : la négresse l'a tuée, il faut tuer la négresse, et je serais livrée au chaouck.

— Mais tu comptes donc lutter jusqu'au bout, vivre et attendre ?

— Oui, maîtresse.

La marquise était étonnée de la simplicité et de la force

avec laquelle raisonnait la négresse; elle sentait que cette esclave avait plus d'énergie qu'elle contre les sensations douloureuses.

Elle résolut de lutter aussi.

Elle s'étendit sur sa natte en murmurant :

— Ah! si je pouvais dormir!

Elle aperçut sur le tapis le flacon d'éther qu'Ali lui avait donné pour la forcer à s'assoupir pendant quelques minutes; elle eut un éclair de joie en l'apercevant, et elle le saisit avec transport.

— Voilà de quoi me sauver, dit-elle; avec une goutte de ce breuvage, je me donnerai un jour de sommeil, et à chaque réveil, je continuerai à y puiser l'oubli et l'anéantissement momentané.

Elle offrit à la négresse de l'imiter.

Celle-ci refusa.

— J'ai peur, dit-elle, de cette drogue; c'est peut-être du poison; je veux vivre.

La marquise n'insista pas, et but une larme d'éther, qui, très-concentré, opéra presque aussitôt.

Elle fut comme une morte deux minutes après.

. . . .

Une demi-heure plus tard, une porte s'ouvrait et un homme paraissait.

Ce n'était pas Ali.

Ce n'était point le chaouck.

Ce n'était pas Akmet.

Il s'écria en entrant :

— Allons! tout est à moi !

XXXVI

Le secret confié.

Ce que la négresse avait prévu s'était en partie réalisé; si Ali avait survécu au combat, le chaouck y avait été blessé à mort : une balle dans le ventre !

Le vieillard avait un fils.

Ce jeune homme avait transporté son père, atteint par un coup de feu, hors de portée de la mitraille et des balles; il l'avait adossé à un palmier et cherchait à le secourir.

— Il est trop tard, Mehemet, lui dit le blessé, je sens que je ne vivrai pas deux heures.

« Conduis-moi au camp.

— Ce transport va te tuer.

— Conduis, te dis-je.

Le jeune homme voulut soulever son père; mais celui-ci éprouva une telle douleur, qu'il comprit que le cahot du cheval sur lequel son fils voulait le hisser lui ferait rendre le souffle avant d'être au camp.

Il ordonna :

— Va chercher Ali.

Mehemet courut au bivac.

Le vieillard resta seul.

— Voyons, songea-t-il, le père d'Akmet m'a toujours dit que nous devions toujours être trois à connaître le secret, car deux hommes peuvent mourir ensemble, tandis que trois présentent des chances de survivre.

« Trois, c'est le nombre heureux.

« Or, il faut qu'Ali confie le secret à mon fils, car jamais il n'est sorti de la famille des chaoucks Menassit; c'est chez elle qu'est toujours choisi le troisième initié.

« Je sais que Mehemet a des défauts; qu'il est ambitieux, qu'il aime l'or.

« Mais Mehemet est mon fils, il est loyal, il sera fidèle; il a mon sang.

« Du reste, Ali va prendre la responsabilité. »

Mehemet revint.

Il était seul.

— Père, dit-il, Ali est prisonnier des chasseurs; nos hommes l'ont livré!

— Les misérables!

— Le Coupeur de Têtes va mettre le kodja à mort; il a peut-être déjà péri.

Le vieillard soupira.

— Seul, dit-il, seul pour prendre cette décision si lourde; c'est effrayant!

Il sentait la mort le gagner.

— Mehemet, dit-il, penche-toi.

Le jeune homme approcha son oreille des lèvres du vieillard, qui n'avait plus de voix.

— Aimes-tu Akmet? demanda le blessé; aimes-tu notre chef et les siens?

« Aimes-tu ceux dont notre famille a toujours ressenti les bienfaits?

— Père, je mourrais pour eux.

« Akmet n'aura pas de meilleur chaouck que moi, dors en paix dans ta tombe.

— Bien, mon enfant.

« Mais penche-toi encore, et écoute. »

Le jeune homme ferma les yeux, pour cacher son regard brûlant.

— J'écoute, père, dit-il.

Le blessé fit un effort.

— Tu sais, Mehemet, que nos maîtres ont d'immenses richesses enfouies dans la casbah?

— On le dit.

— On dit vrai.

« C'est un trésor incalculable.

« Tu vas recevoir une confidence, que je ne te fais qu'en tremblant de terreur; tu vas avoir à garder un secret qui te pèsera sur le cœur.

« Le trésor, mon fils, est au centre de la casbah; on y descend par une trappe qui se trouve sous une mosaïque représentant un échiquier; il faut presser à la fois les quatre cases des angles de l'échiquier, en étant au milieu, pour que la trappe s'abaisse, vous laissant glisser par une large ouverture; on tombe sur des nattes épaisses.

« La trappe restant ouverte, si quelqu'un te suit, tu peux lui dresser une échelle, en forme d'escalier assez commode; ce que nous avons fait cette nuit pour les deux femmes que nous avons enfermées.

« Tu vas ensuite droit devant toi, et tu arrives en face d'une porte qui est noyée dans un mur.

« Tu mesures juste le quart de la hauteur de cette porte et la moitié de la largeur; tu fais courir une ligne dans le sens de cette hauteur, une autre dans le sens de la largeur, et tu prends le point de rencontre.

« Tu tâtonnes alors un peu avec la lame de ton poignard, en pressant doucement, et tu finis par rencontrer une pierre correspondant à un ressort qui cède.

« La porte s'ouvre, et tu vois ouverte une chambre où sont amoncelées les richesses de nos maîtres, des millions et des millions de douros.

« Mais ceci t'importe peu.

« Du côté de la campagne, tu trouveras une autre entrée, qui est près d'ici.

« Tu n'auras qu'à compter soixante-dix pas, à partir de la fontaine blanche, en te dirigeant vers l'angle de la tour carrée (tous ces détails sont historiques); tu t'arrêteras, et tu déblayeras le sable à deux mètres de profondeur; tu trouveras une trappe qui s'ouvre par le même procédé que l'autre, un couloir, qui te conduira à une porte dont le secret est le même.

« Pour sortir, on prend le quart de la largeur et la moitié de la hauteur.

« Voilà toute la différence.

« Et maintenant, cours vers Akmet, et préviens-le de ce qui se passe.

« Adieu ! »

Le vieux chaouck agonisait.

La voix râlait aux derniers mots.

Alors, le jeune chaouck s'écria :

— Pauvre père !

« Il a été dupe toute sa vie, lui.

« Mais, moi, je connais Akmet.

« Il n'hésite pas à tuer ceux qui le gênent, et s'il trouve que mon père a eu tort de me révéler ce que je sais, je suis un homme mort.

« Et puis, comment ont-ils récompensé notre dévouement, ces maîtres si reconnaissants ?

« Chaoucks !

« Toujours chaoucks !

« Voilà ce que nous sommes.

« Je serai chef, moi, agha, quelque chose. »

Et il sauta en selle.

Il courait à la fontaine.

Là il descendit de cheval, mesura les soixante-dix pas dans la nuit, se mit à creuser, trouva la trappe, fit jouer les ressorts.

Il réussit.

Il suivit, dans une obscurité absolue, un couloir étroit, mais fort large, et il parvint à la porte indiquée par son père.

Alors il battit le briquet, et à l'aide d'amadou indigène, il alluma une mèche fabriquée avec un peu de haïque roulé dans de la poudre mouillée ; à la clarté de cette singulière torche, il mesura ses lignes et fit jouer les ressorts, qui fonctionnèrent aussitôt.

C'était lui qui avait pénétré dans la chambre où gisait la marquise.

XXXVII

L'ivresse.

Raoul avait voulu n'avoir plus aucun souci du siége; il avait tout réglé.

Libre enfin, il avait pris sa bande de chasseurs et, avec elle, il avait pénétré dans la casbah, où il s'était installé au milieu d'une vaste cour, ordonnant qu'Ali fût amené devant lui.

Le jeune homme vint, soutenu par deux hommes auxquels il avait été confié.

Il regarda tranquillement Raoul et sourit avec beaucoup de calme.

Le chasseur, non moins froid que son adversaire, ne sourcilla pas.

Il domina sa colère, comprima ses élans de haine et demanda froidement :

— Il est probable que tu es décidé à te taire, n'est-ce pas ?

Ali sourit encore.

— Entre gens comme toi et moi, dit Raoul, dédaigner de se répondre est de l'enfantillage ; tu ferais mieux de me dire non.

— Non, soit ! fit Ali.

— Tu vas subir l'épreuve des mèches, dit Raoul, je te traite en homme d'énergie et t'épargne les petites tortures.

— Merci ! fit le jeune homme. J'apprécie ton procédé et si par hasard je survis, à l'occasion je te rendrai gracieuseté pour gracieuseté.

Les chasseurs faisaient cercle, appuyés sur leurs fusils et suivant les détails de ce duel bizarre, se demandant qui serait vaincu.

— Les mèches, fit Raoul.

— Qu'est-ce que les mèches ? demanda maître Ali-Baba qui s'était couvert de colliers et de bracelets, portant ainsi son butin sur lui.

— Tu vas le voir, dit un chasseur.

— Est-ce dur, ce supplice ?

— Très-dur.

— Diable, c'est désagréable de voir un homme souffrir et se débattre.

« J'ai bonne envie de m'en aller.

— Reste donc, vieux lièvre, ça t'aguerrira ; il faut te faire à tout.

Le père Antoine fit la grimace.

Deux chasseurs apportèrent des cordes roulées dans la résine.

— Qu'est-ce que l'on va faire de ces cordes ? demanda le vieux garde.

— Les placer dans les mains d'Ali.

— Et on le fera parler avec cela ? Elle est bonne cette blague-là !

— Vieux crétin, on les allumera,

« Comprends-tu, maintenant ?

— Diable ! diable !

Et Ali-Baba, dit les Quarante-Voleurs, commença à pâlir assez fortement.

— Ah çà, dit-il, pourquoi est-il si bête, cet homme ? Il devrait parler.

Et s'avançant devant Ali :

— Mon garçon, lui dit-il, c'est très-ennuyeux de se faire rôtir les mains ; tu n'y as peut-être pas réfléchi suffisamment.

Moi je trouve que tu ferais bien de nous épargner l'ennui de te voir te tordre comme une anguille et...

Un large coup de pied quelque part interrompit la harangue du garde.

— Aïe ! fit-il.

Et il toucha de sa main l'endroit touché par le pied d'un des chasseurs.

— Qui m'a frappé ?

— Moi ! fit une voix

— Et tais-toi, animal ! dirent plusieurs autres voix menaçantes.

Ali-Baba, penaud et vexé, rentra dans le cercle en murmurant selon sa coutume.

Raoul fit allumer les mèches.

— A la bonne heure, dit Ali; arrivons au fait; tant de paroles pour une action me paraissent peu dignes de vous autres chasseurs.

Et il leva ses mains horizontalement.

Les mèches flambèrent ; la résine brûlante commença à rouler sur la peau, la flamme descendit, corroda les chairs, les fendilla...

Ali ne bougeait pas.

On voyait ses bras nus se roidir, la sueur couler de son front pâle, quelques muscles de sa face tressaillir, mais rien de plus.

Les ficelles qui tenaient une corde furent rongées par le feu; le jeune homme n'aurait eu qu'à ouvrir les doigts pour laisser tomber la mèche; mais il montra une fermeté superbe.

— Vous ne savez pas appliquer la question à un prisonnier, dit-il.

« Voyez !... »

Et serrant la corde, il la montrait aux chasseurs qui lui dirent simplement :

— Très-bien !

Et quelques voix ajoutèrent :

— Tu es un homme.

Il salua de la tête.

Raoul sentait que jamais Ali ne dirait un mot ; de ceci il était sûr.

La question par les mèches passe pour celle qui délie la langue le plus vite.

Ali-Baba, livide, suivait le supplice d'un œil hagard; il frémissait.

La pitié l'avait gagné.

Peu à peu, à mesure que les chairs brûlaient, il se montait et maugréait.

Enfin il n'y tint plus :

— Tonnerre de D... dit-il hardiment, qu'est-ce qu'on veut à cet homme ?

« Le faire parler.

« A quoi bon toutes ces atrocités-là quand il y a cent moyens de lui faire dire son secret.

— Tu peux lui arracher son secret ? demanda Raoul.

— Sous votre respect, monsieur le comte, je me flatte qu'il parlera avant deux heures.

— Éteignez les mèches, ordonna Raoul.

Et s'écartant avec Antoine :

— Que veux-tu faire ? lui demanda-t-il.

— Mais, monsieur le comte, à votre place je le griserais proprement avec du champagne si j'en avais; faute de champagne, je lui donnerais du rhum.

« Au fond du verre, la vérité.

— Tu as pardieu raison, dit le chasseur.

« Mais il ne voudra pas boire.

— Que si, monsieur Raoul.

« Vous allez faire mine de chercher à le faire parler par la soif.

« Quand il sera altéré, je serai censé le garder et je lui présenterai ma gourde comme par pitié, vu que j'ai déjà intercédé pour lui.

« Il *lampera* un grand coup sans s'en apercevoir, je vous le garantis.

— Qui croirait que ce vieil animal a des idées ! pensa Raoul.

Et il revint à ses amis :

— Nous allons essayer de la soif, dit-il; qu'on l'assoie sur le sol et qu'on le garde.

« S'il parle, on lui donnera à boire. »

Les chasseurs hochèrent la tête.

— Il mourra muet! dit un d'eux à voix basse ; tu ne sauras rien.

— Nous verrons! fit Raoul.

Sauf une sentinelle, tout le monde s'éloigna ; Raoul profita de ce répit pour faire un tour sur les remparts et visiter les postes.

Deux heures environ s'écoulèrent.

Ali avait été saisi d'une fièvre ardente, résultat de ses brûlures.

Il grelottait et étouffait.

Maître Antoine avait pris la faction près de lui et il le regardait d'un air apitoyé.

— Pauvre jeune homme! murmurait-il.

Et il simulait l'attendrissement.

Ali ne s'abaissa pas à prier.

Pourtant il songeait que ce vieux bonhomme avait pris sa défense, et il lui jetait des regards éloquents que comprenait le père Antoine.

— Tiens! lui dit-il tout à coup.

« Tu me fends le cœur, mon garçon. »

Et il lui tendit sa gourde.

De ses mains brûlées, Ali la saisit ardemment et but à grands traits.

Il s'aperçut trop tard qu'il avalait du rhum.

— Que m'as-tu donné? s'écria-t-il.

— Du rhum! mon pauvre garçon, du rhum; je n'ai que cela à t'offrir.

— Malheureux, tu me tues!

« J'ai plus soif encore.

— Il ne fallait pas boire.

« Voyons, l'ami, patiente; je ne peux te quitter, mais ma faction finie, tu auras de l'eau. »

Il disait cela d'un air paterne, le vieil hypocrite!

Il ne cessa de causer au patient, de le consoler, tout en suivant les progrès de l'ivresse qui se produisait très-rapidement, vu l'état du malade.

Ali commença à sentir le sang lui monter au cerveau; il murmura des phrases attestant son trouble.

— Le secret! faisait-il.

« Non, je ne le dirai pas.

« Je ne le dirai pas à ces gredins-là !

— Tu as joliment raison, va! disait le garde; moi, je t'approuve, mon petit.

« A ta place, je ne dirais rien.

— Tu es meilleur qu'eux, toi, balbutiait Ali; tu es un homme généreux.

« Va trouver Akmet, conte-lui que tu m'as secouru, et il te fera très-riche. »

L'ivresse gagna.

— Tout tourne! fit Ali.

«.Je suis ivre.

« J'ai la fièvre dans le sang.

« C'est singulier comme j'ai envie de te dire où sont les trésors et la femme !

Tous ces mots étaient entrecoupés par les hoquets et les dodelinements de tête ordinaires aux gens qui ont trop bu.

Le garde eut la ruse de dire :

— Je ne veux pas que tu me révèles rien.

« Tais-toi.

— Je... je veux te... te dire tout.

— Non.

— Si... si.

« Ecoute.

« C'est dans la salle des armes... un échiquier au centre... tu pousses les... quatre cases des angles.

Le garde faisait semblant d'être distrait.

— Ecoute! fit Ali furieux et égaré par le délire.

« Ecoute, je le veux!

« La soupape s'ouvre.

« Tu m'écoutes, n'est-ce pas?

— Oui, dit Antoine.

— Tu vas au fond... tu sais... au fond, — je parle bien le... français, moi... du couloir; mes mains me font bien souffrir, va; tu as été... gentil... toi. Tu tires une ligne au quart de la... largeur, non de la hauteur... non je ne sais plus; l'autre ligne... par moitié de la... de la hauteur... comme je vois mes idées troubles... tu pousses là où les... liiignes se rencontrent.

« Tu y es, voilà le secret!

« Si tu le dis, tu es mort!

« A boire ! »

Maître Antoine en savait assez.

Il héla un chasseur.

— Garde-le ! dit-il.

— Ah ! fit Ali qui était tombé à terre, tu vas chercher de l'eau, mer... mer... merci.

Et il s'affaissa.

— Vite, cria le garde à Raoul ; il a parlé ; vite, suivez-moi, monsieur le comte.

Ils coururent à la salle d'armes ; ils suivirent les indications données, ouvrirent la soupape, descendirent dans le couloir et parvinrent à la chambre...

Elle était vide...

Raoul poussa des hurlements de rage, chercha partout, vit l'or et les pierreries éparses et pillées, comprit qu'il y avait une autre issue, mais il ne put la trouver, malgré de fiévreuses perquisitions.

Toute la bande vint se joindre à lui ; dix hommes sondèrent chaque pierre ; on passa la nuit à ce travail, et enfin, sous une pression, la porte s'ouvrit.

On parvint à l'issue donnant sur la campagne ; les chasseurs cherchèrent les traces des pas du ravisseur et les trouvèrent sur le sol.

Peu soucieux de l'ennemi qui était loin de l'autre côté du ksour, ils poussèrent jusqu'au dehors des jardins ; mais, soudain, ils virent la place couverte par une grande armée.

Akmet arrivait.

Il barrait la route ; il fallut rentrer dans le ksour et se résigner.

Raoul crut qu'un serviteur d'Akmet, se dévouant, avait enlevé la jeune femme.

En revenant sombre et désespéré, il vit Ali qui délirait la fièvre.

Il le cloua au sol d'un coup de poignard.

— A la bonne heure ! fit Antoine. J'aime mieux ça, ce n'est pas féroce ; on meurt tout de suite.

Doux homme, le vieux garde !

XXXVIII

Deux anciennes connaissances.

Le fils du chaouck, Mehemet, avait été assez surpris de trouver la marquise sans mouvements.

— Elle est morte ! fit-il.

La négresse, qui connaissait Mehemet, lui dit :

— Non, elle dort !

Puis elle lui demanda :

— Mehemet, en grâce, emmène-nous !

« Nous mourons de soif.

— Au fait, dit-il, j'ai bien envie de l'emmener, cette petite Française qui est si belle.

Il était aux armoires.

— Qu'est-ce que je veux, moi ?

« Vivre heureux et tranquille, riche, bien riche ; mais, en somme, un million de douros, c'est dix fois plus qu'il ne m'en faut pour mon rêve.

« Et voici un collier de perles, voici ce brillant gros comme une date; voici ce diadème, voici... plus que je n'en veux emporter.

« Emmenons la petite ! »

Il fit rapidement un paquet d'une collection de bijoux ayant une valeur énorme.

— Quand j'en enlèverais plus, disait-il, ça ne me fera pas plus à l'aise.

« Mettons seulement quelques centaines de pièces dans nos poches comme monnaie.

« Il y a un chiffre au delà duquel il est inutile d'aller; et je regretterais cette petite femme, si, à sa place, j'emportais de l'or.

« Elle est superbe, la belle d'Akmet. »

Et à la négresse :

— Viens, toi, dit-il.

Il lui mit le paquet sur le dos et se chargea de la jeune femme.

La négresse, sans observation, marcha devant et éclaira le chemin.

On arriva à la fontaine.

— Tiens ! Fatma, lui dit le jeune homme en lui jetant un brillant et des poignées d'or dont il avait empli ses poches par précaution.

« Ramasse, ma fille, et sauve-toi.

— Où ? demanda-t-elle.

— Où tu voudras.

« Gagne un ksour, vends-y tes diamants, retournes-en chercher si tu veux.

« Au fait, c'est impossible ; j'ai tiré la porte derrière moi en partant.

« N'importe ! file et ne te fais pas prendre ; Akmet te tuerait. »

La pauvre négresse se sauva à cette menace et disparut dans les palmiers.

Quant à Mehemet, il plaça la marquise sur le devant de son cheval, monta en selle et piqua des deux ; il marcha dans la direction du ksour d'Aïn-Meddy, non loin de Laghouat.

Cette dernière ville, amie des Français, n'était pas encore soumise à eux pourtant.

Après cinq heures de marche, Mehemet vit le jour se lever sur le Sahara.

Avec ses rayons, il aperçut une armée en marche qui lui fermait la route.

Il comprit qu'il allait rencontrer Akmet.

Jamais homme ne fut plus empêché ; pour comble d'embarras la comtesse s'éveilla.

A boire !

Tel fut son premier mot.

Elle sortait de sa torpeur avec une soif folle, inextinguible ; elle prit, sans penser, la gourde tendue par le cavalier, et but longtemps.

— Ah ! dit-elle, merci.

Elle avait ouvert les yeux, voyait, mais ne se rendait pas compte de sa situation.

Mehemet avait arrêté son cheval.

— Descendons, dit-il.

La comtesse mit pied à terre ; il sauta près d'elle et la regarda indécis.

— Où suis-je ? demanda-t-elle.

« Pourquoi m'a-t-on emmenée du ksour ?

« Où est Ali ? »

Mehemet eut une lumineuse pensée.

— Je vous sauve ! dit-il.

« Je suis payé par les chasseurs pour vous délivrer ; il y a eu une grande bataille.

« Les chasseurs sont en fuite.

« Moi, pendant la lutte je vous ai enlevée ; mais voilà l'armée d'Akmet.

— Alors je suis perdue ?

— Non, si vous m'écoutez.

— Dites ! s'écria-t-elle.

« Je ferai tout ce que vous voudrez.

— Il faudrait vous laisser enterrer dans le sable ; je vous placerai dans la bouche le manche de mon poignard dont je vais percer le bout pour laisser passage à l'air.

« Vous respirerez par là.

« Moi j'irai vers Akmet qui ne se doute de rien ; je me donnerai comme un messager envoyé à lui pour annoncer la victoire.

« Dans peu d'heures, je reviendrai vous délivrer ; mais quoi qu'il arrive, ne bougez point.

— J'accepte, dit la marquise.

« Souvent Raoul m'a parlé de la ruse que vous allez employer.

— Tant mieux ! pensa Mehemet.

Et il se pressa de creuser la tombe et d'y installer la jeune femme.

Celle-ci le laissa agir.

Mehemet balaya le sable du pan de son burnous, fit disparaître toute apparence compromettante et remonta en selle.

— A bientôt ! dit-il.

« Ne vous levez sous aucun prétexte.

Il partit bride abattue vers l'armée d'Akmet, ayant soin de remarquer la place où se trouvait la tombe fermée...

Ce Mehemet était un garçon d'un certain esprit et doué de beaucoup de sang-froid.

Il arriva devant Akmet qui marchait à la tête de son armée et l'aborda tristement.

— Salut sur toi, sidna, lui cria-t-il ; que ta journée soit heureuse, etc., etc.

Toute la kyrielle des salamaleks.

Akmet y répondit, puis demanda :

— Et les chasseurs ?

— Ah ! seigneur, ton ksour est pris; Ali doit être mort à cette heure.

— Din Allah ! s'écria Akmet qui jura tous les jurons de l'Algérie.

« Mon ksour au pouvoir de ces chiens ?

— Oui, sidna.

Et Mehemet conta tous les détails des combats et de la surprise de la ville.

Akmet n'attendit pas la fin de ce récit ; son orgueil se révolta contre tant de honte ; il se tourna vers les chefs qui l'entouraient, et leur cria :

— Tous à vos goums !

« En avant et au trot !

« Ce soir je veux coucher dans ma casbah après vous avoir offert la diffa.

« Pendant le repas, les corps des chasseurs enduits de résine nous serviront de torches.

— You ! you (le hourrah arabe) ! crièrent tous ceux qui entendirent.

Et les quarante mille cavaliers s'ébranlaient un instant

après, faisant trembler le sol sous les pas précipités de leurs chevaux.

Très-adroitement, Mehemet dérangea la bride de son cheval, et descendit pour la rétablir ; il quitta, de la sorte, le cortége d'Akmet.

Puis il laissa cette masse de cavaliers s'enfoncer dans les sables, et l'éperon au ventre de son cheval, il poussa vers la tombe fermée.

La comtesse n'avait pas manqué à sa promesse ; elle était restée immobile.

— Vite, debout ! lui dit Mehemet, en lui aidant à secouer les sables.

La jeune femme se dressa, vit au loin l'armée qui gagnait le ksour, et poussa un cri de joie ; puis elle remercia Mehemet qui souriait sous ses épaisses moustaches de l'erreur de la jeune femme.

Il la prit sur son cheval.

Tous deux ils gagnèrent un ksour où Mehemet acheta deux magnifiques maharas, et sur ces montures, presque sans laisser de repos à la jeune femme qui put pourtant sommeiller sur un palanquin, il lui fit gagner en peu de jours Aïn-Meddy.

Homme de patience et de calme, Mehemet ne brusqua rien avec la marquise.

« Quand j'aurai établi ma maison, pensait-il, je lui dirai la vérité. »

Aïn-Meddy était gouverné par un marabout fameux qui avait été l'ennemi d'Abd-el-Kader, et qui l'aurait battu sans une perfidie de celui-ci.

L'émir mit le siége devant sa ville, ne put la prendre de vive force, obtint d'entrer dans la place avec ses soldats, sans armes, et de faire ses dévotions à la mosquée, prétextant qu'il avait fait vœu de s'y agenouiller, et qu'il ne pouvait se retirer avant de l'avoir exécuté.

Son adversaire crut à la parole de l'émir, et lui ouvrit ses portes.

Les réguliers avaient caché des armes sous leurs uniformes ; ils s'emparèrent de la ville.

Après son pillage, l'intervention des Français les força à se retirer, et le marabout rentra en possession de son pouvoir; depuis il tenait pour nous.

Dans tout le Sahara, on savait le ksour presque imprenable même avec du canon.

Mehemet s'était dit que c'était là une retraite sûre contre Akmet.

Il vint donc y demander asile.

Il se donna comme un chef maltraité par le roi du désert, et fut parfaitement accueilli; il acheta sur-le-champ une maison et son ameublement, la fit évacuer par les propriétaires, alla chercher la marquise, toujours cachée dans son palanquin, au caravansérail, et la conduisit à sa nouvelle demeure.

— Nous sommes ici, lui dit-il, dans un lieu sûr, ou à peu près; mais à une condition, c'est que vous ne vous montrerez pas avant quelque temps.

« Les chasseurs vont être poursuivis; s'ils sont vainqueurs, le Coupeur de Têtes viendra nous rejoindre aussitôt, et vous emmènera où il voudra. »

Il acheta deux esclaves mâles, trois femelles, négresses du Soudan, monta son service, cacha sa fortune avec soin, puis, très-heureux, s'endormit en homme trois fois millionnaire qui aime une jolie femme, la tient en son pouvoir, et espère en faire un jour sa maîtresse.

Le lendemain, presque sous sa terrasse, donnant sur les glacis de l'enceinte, Mehemet vit arriver une centaine de soldats.

Ils marchaient à l'européenne, très-régulièrement, et étaient commandés en français.

Cette compagnie s'arrêta en face de la terrasse, et, sous les ordres d'un officier européen richement vêtu à la turque, se mit à évoluer avec aplomb.

L'officier avait à ses côtés un interprète qui traduisait ses observations.

Le marabout parut bientôt suivi de son escorte; il venait admirer cette troupe.

Il serra la main de l'officier français, le complimenta affectueusement, et parut ravi.

Apercevant Mehemet, il lui fit signe de venir le rejoindre; le fils du chaouck d'Akmet ne se fit pas prier deux fois.

Il était très-intrigué de savoir ce qu'étaient ces soldats et leur chef.

— Mon cher hôte, lui dit le marabout, vous voyez ces cent hommes, n'est-ce pas ?

— Oui, dit Mehemet.

— Ce sont les chefs des tribus et des ksours voisins, tous ennemis des Abd-el-Kader, des Akmet, des sultans, qui cherchent à établir un empire despotique sur le Sahara, tous amis des Français, dont la bienveillance nous est acquise.

— Mais que font-ils là ?

— Ils apprennent la manœuvre européenne, et l'apprendront à leurs gens.

« Dans un mois ou deux, j'aurai une armée de dix ou douze mille réguliers.

« Déjà l'instruction de ces chefs est très-avancée, ils vont partir pour leurs tribus, et y formeront des compagnies, qui, dans quelques semaines, se rassembleront en bataillons pour les grandes manœuvres.

« Nous aurons donc une belle infanterie, outre la cavalerie dont je disposais.

« Notre but est surtout de former ces carrés qui font la force des Français ; avec dix mille hommes en carrés, je me moque d'Akmet en plaine.

— Belle idée ! fit Mehemet.

— C'est ce zouave qui l'a eue.

« Il m'a été amené sur mon marché comme esclave, il y a quelque temps.

« Je l'ai acheté et délivré.

« En reconnaissance, il organise nos forces.

— Comment a-t-il été conduit captif ici ?

— C'est toute une histoire.

« Il a fait naufrage.

« Les pirates du Kiss l'ont capturé, lui, quelques compagnons et une mulâtresse, qui était sa maîtresse et dont il a fait sa femme.

« De marchés en marchés, ils sont venus jusqu'à mon ksour, heureusement pour eux. »

En ce moment la marquise parut sur la terrasse, voilée et habillée en mauresque.

Elle vit la compagnie, l'officier qui la commandait, et l'examina.

— C'est étrange, dit-elle; je connais cette figure-là; certainement je l'ai vue.

Le zouave cria :

— Eh! là-bas! les guides à droite, t....... d. D...! on fait conversion à gauche.

Et une série d'observations que l'interprète reproduisait en arabe.

— Cette voix, fit la marquise, je l'ai entendue.

Et elle cherchait en vain à rassembler ses souvenirs confus.

XXXIX (1)

Comment le zouave s'y prenait pour connaître tous les cocus d'un ksour.

Mehemet était un adroit gaillard.

Il voulait se mettre au mieux avec un chaouck; il y réussit pleinement. Il admira la compagnie formée par le zouave; il applaudit aux idées du vieux marabout et il le combla de compliments. Puis, devant lui, il manifesta le désir de donner au zouave, qui lui parut en grande faveur, une marque de son estime.

— Emmène-le ce soir, dit le vieux marabout; tu lui feras plaisir et à moi aussi.

« Ce garçon-là est comme tous les Français; il aime la bonne chère.

« Offre-lui surtout de boire du vin; je t'enverrai deux bouteilles de ce breuvage.

« Ne va pas lui dire, surtout, que c'est moi qui en ai fait acheter; je suis marabout, et je ne devrais pas favoriser cette

(1) Pour conserver à ce chapitre son originalité nous l'avons transcrit tel que nous l'avons trouvé dans les notes qui nous ont été remises.

passion de l'ivresse, même chez un infidèle; mais j'ai la faiblesse de tenir à ce Français.

« S'il ne buvait pas, il partirait.

« Chaque jour je le fais inviter par quelques-uns de mes officiers, mes fidèles, et ceux-ci lui font boire de ce maudit vin que le prophète a proscrit.

« Tu ne t'en scandalises pas trop, n'est-ce pas?

— Pas le moins du monde, dit Mehemet.

Le vieux marabout pria son zouave de faire défiler la compagnie devant lui, et lui dit d'en remettre ensuite le commandement à son lieutenant pour se joindre à son escorte et rentrer au ksour.

Le zouave fit passer sa demi-section au pas gymnastique devant le marabout, et les laissant gagner la ville, il se rangea parmi les chefs dont le marabout était entouré.

— Cadours! dit le dernier à son instructeur, voici un chef de tribu, ennemi d'Akmet, persécuté par lui, qui m'a manifesté son admiration pour ton idée d'organiser nos forces à l'européenne, et les progrès rapides que tu as fait faire à ton peloton d'instruction.

Le zouave était toujours le même luron; il répondit en retroussant sa moustache.

— Il n'est pas dégoûté des hannetons, ce cheik-là; on ne lui en fournirait pas à la douzaine, des instructeurs de mon poil.

Chaque fois qu'il faisait une de ces réponses-là, il parlait français.

Et ce français-là, pas un interprète ne pouvait se flatter de le comprendre.

Quand il voulait se faire entendre, il parlait le sabir, mais il mettait une sourdine à la clef.

— Qu'a-t-il dit? demanda Mehemet.

— Qu'a-t-il dit? fit le marabout.

Le traducteur, qui ne quittait jamais le zouave, avait pris, en pareil cas, le parti de lui prêter des phrases répondant à la situation.

Au lieu de donner la réponse du zouave, dont il ne saisissait pas le sens, il dit :

— Seigneur, votre kalifat (lieutenant) remercie vivement ce

noble étranger de vos éloges, et il espère justifier la bonne opinion qu'on a de lui.

— Très-bien! fit le marabout.

Et s'adressant au zouave :

— Pourquoi ne parles-tu pas toujours en sabir? nous comprendrions tous.

— Ah voilà! fit le zouave.

« Le sabir, c'est le sabir.

« Le français, c'est le français.

« Il y a des choses qu'on ne peut dire qu'en français; je m'en rapporte à l'interprète. »

Celui-ci inclina la tête.

— Tête de muffle, va! fit le zouave en voyant que le traducteur l'approuvait.

Cette exclamation intrigua le marabout.

— Tête, fit-il, je comprends ça; cabessa en sabir, bacha en arabe.

« Mais muffle?

« Qu'est-ce que ce mot-là?

— Demandez-le à votre traducteur, dit le zouave; il le sait bien.

— Ça veut dire savant, fit l'interprète sans hésitation; le kalifat trouve que je suis très-fort en français, et m'en manifeste son contentement par cette exclamation.

— Je n'aurais pas cru que six mois passés dans Laghouat pouvaient mettre un homme à même de parler si bien une langue aussi difficile, dit le marabout. Tiens, Lakmit, voilà un douro.

Le traducteur prit le pourboire et remercia.

Et le zouave de rire dans sa barbe.

Tous les matins des scènes semblables se renouvelaient.

Mehemet observait tout finement; il devina que le Français se moquait des Sahariens et se prit à redouter cet esprit caustique.

— Sidi, lui dit-il en sabir, tu vas aider le marabout le plus vénéré du Sahara à faire triompher contre Akmet la cause de la liberté; permets-moi de t'offrir un présent en signe de sympathie.

Et il tira de son doigt une bague ornée d'un brillant qui pouvait valoir un millier de francs.

16.

Le zouave plongea son regard dans celui de Mehemet. Il fouilla à fond celui-ci qui se troubla un peu, prit la bague, la passa à son doigt et dit :

— Je suis le serviteur de notre marabout; si ta cause est la sienne, elle sera la mienne; si tu es pour lui, je serai pour toi; merci du cadeau.

« A l'occasion, je te prouverai que je suis, quoique moins riche que toi, très-capable de te faire aussi un don précieux; tu verras cela, cheik.

Et en français :

— Voilà un coco qui m'a l'air d'avoir deux airs; je m'en vais le *reluquer*.

« On ne donne pas des brillants comme ça pour des prunes, c'est connu. »

Il fut en défiance dès ce moment.

— Que dit-il? demanda Mehemet.

— Il dit, seigneur, que tu es généreux comme le lion, et qu'il sera ton ami.

— Bien! fit Mehemet.

— Très-bien! fit le marabout.

— Demande-lui s'il veut me faire l'amitié de venir chez moi ce soir prendre des sorbets?

— Compris! dit le zouave.

« Je sais assez d'arabe pour avoir saisi le sens de ton invitation.

« J'accepte. »

Et en français :

— Pour sûr il y a une anguille sous roche; mais j'ai mon idée.

Et au marabout familièrement :

— Sidna, si nous rentrions en ville? je crois que nous ferions bien; les conversations creusent l'estomac, et rien n'altère comme les commandements.

Il cligna de l'œil.

Le marabout comprit.

— Cheik, dit-il à Mehemet, ton chemin est la porte du nord; deux cavaliers vont t'y conduire; au revoir, et que ta journée soit bonne.

Mehemet salua et prit congé.

Quand il fut éloigné, le marabout dit au zouave d'un air étonné :

— Tu veux parler ?

— Parbleu !

« Quand je te cligne de l'œil, ce n'est pas parce que j'ai un tic, c'est parce que la langue me démange.

— Hein ? fit le marabout.

« Tu dis... »

Le traducteur s'approcha.

— Toi, fit le zouave durement et en arabe presque pur, f...-moi le camp.

Le pauvre diable baissa la tête et s'écarta humblement sans riposter.

— Pourquoi le rudoies-tu ? demanda le marabout. C'est un taleb (savant).

— Oui, oui, fit le zouave, un taleb; je te conseille de lui donner un jour le titre de professeur de langue et de littérature française si tu fondes un collège dans ton ksour !

« Il est très-fort, cet homme !

« Mais causons.

« Qu'est-ce que ce Mehemet ?

— Un cheik.

— De quelle tribu ?

— Des Aloutchas.

— Tu en es sûr ?

— Il me l'a dit.

— Comme si c'était là une raison !

« Quoi ! tu as la barbe blanche, l'expérience, tu sais combien il est facile de trouver des traîtres, des assassins et des intrigants; tu as mille raisons de te défier, tu vois arriver ici un b..... que nul ne connaît, et tu ne fais pas faire une enquête sur son compte !

— Tu as raison, fit le marabout.

« C'est étrange que, jeune comme tu l'es, tu puisses en remontrer à un marabout blanchi par les ans; je ferai faire l'enquête, et nous verrons ce qu'est cet homme.

Le zouave montra la bague donnée.

— Qu'est-ce que ça vaut ça ? fit-il.

— Mille francs.

— Eh bien! tiens pour certain que ton Mehemet est une vraie canaille.

— Ah bah!

« Pourquoi?

— Es-tu naïf, vénérable marabout! l'es-tu assez, grand Dieu, l'es-tu!

« Je ne m'étonne plus qu'Abd-el-Kader t'ait monté le coup. »

Et à un geste du cheik :

— T'ait dupé, enfoncé, refait, tu saisis?

— L'émir était réputé loyal; j'ai cru à sa parole; j'ai été trompé.

« Quand on a le cœur chevaleresque, on ne suppose pas les infamies.

— Ta phrase fait bien dans le discours, murmura le zouave, mais elle est jobarde comme tout.

Et tout haut :

— Si tu veux, je la ferai, moi, l'enquête sur cet animal, qui donne des mille francs comme ça à un instructeur de recrues?

« Mon opinion est qu'il veut m'acheter, et me proposer de te trahir.

— Comment le sauras tu?

— Je prierai un de tes amis, qui m'a offert d'excellent vin d'Espagne, d'en envoyer ce soir chez ce Mehemet, avec qui je soupe.

— Et après?

— Nous boirons...

— Tu boiras...

— Je dis nous boirons, vénérable marabout; je t'assure que je ne me trompe pas.

— Et qu'arrivera-t-il?

— Que ton Mehemet, quand il aura bu, me fera toutes sortes de confidences.

« Le vin délie la langue.

— C'est singulier, cet effet de votre liqueur rouge. On prétend, en effet, qu'elle rend bavard.

— Si bavard, que tous tes chefs, après s'être grisés avec moi, m'ont tous confié leurs secrets.

— Ils ont donc bu?

— Parbleu !

— Quoi !... mes chaoucks... mes kalifats... mes...

— Oui, oui, tous.

— Allah ! Allah !

— Laisse donc ton Allah en paix, et sache bien, vénérable marabout, que si je voulais te faire boire une bouteille, tu la boirais, accompagnée de plusieurs autres.

Le marabout n'osa pas relever ce défi; il était stupéfait.

— Tu me confonds, murmurait-il.

— Oh ! fit le zouave, si tu les entendais jaser, tes amis et serviteurs, quand ils ont la tête échauffée, tu les prendrais pour des pies ou des perroquets.

« Tiens, ton chaouck Benek, tu sais, le joli Benek ? Il est l'amant de Rima, la femme aimée de Maccara, le gros Mozabite qui est si jaloux.

« Ce joli, joli, très-joli garçon, se fait donner cent douros de temps à autre par cette femme, qui est un peu vieille pour être aimée pour elle-même.

— Quoi ! Benek ! faire de pareilles choses !

— On ne le dirait pas, quand il murmure des versets du Koran à la mosquée d'un air pieux.

« Attends donc.

« Le cheik Arnak-el-Anouk, — ce grand borgne qui a l'air si dur, un homme solide, — est battu comme plâtre par sa dernière femme.

« Il m'a conté ses malheurs.

« Dernièrement encore, il avait un œil poché; il avait reçu une volée de coups de matraque.

— Pas possible !

Et le marabout de rire.

— Attends, attends.

« Tu as une fille ? »

Le marabout pâlit.

— N'aie pas peur.

« Ta fille est tout simplement aimée par son cousin, qu'elle adore; il n'y a rien entre eux de plus que des fleurs échangées et des baisers furtifs; mais tu ferais bien de les marier.

Le marabout sourit.

— Le mariage se fera sous huit jours, dit-il.

Et le zouave passa en revue tout le ksour, disant le fait de chacun.

— Ah ! fit le marabout, quelle chose précieuse qu'une bouteille de vin !

— N'est-ce pas ? fit le zouave.

— J'aurai toujours ma provision.

— Quand je le disais !...

— Mais je n'en boirai pas, je le ferai boire aux autres.

— Il ne faut pas dire :

« Rivière, je ne boirai pas de ton eau, » fit le zouave philosophiquement.

Le vieux marabout murmura entre ses dents :

— Ce zouave est le jenoun (le diable). Ne le mettons pas au défi, il me ferait pécher.

Et il rentra dans sa casbah, tout heureux de savoir les intrigues de sa ville.

Le zouave s'en alla chez lui.

Il y trouva Lisa, qui l'attendait, Lisa, qui, sans intervention de maire ni de curé, était devenue sa femme, une femme quasi-légitime.

C'était un joli ménage.

Elle l'aimait... bêtement, bonnement, en aveugle, sans s'inquiéter d'autre chose.

Lui l'aimait tendrement, car elle était charmante, naïve, gracieuse, et parce que c'était la meilleure pâte de fille qui fût au monde.

Point jalouse surtout.

Ainsi sont les négresses.

Il lui contait ses fredaines; elle en riait aux larmes; plus il était apprécié des dames du ksour, plus elle en était fière et heureuse.

Elle vint, quand son zouave parut, se jeter à son cou, et l'embrassa à pleines lèvres.

— Bonjour, l'*enfant* (il l'appelait ainsi), dit-il; on a donc été matinale ?

— Oui, dit-elle.

« Et c'est bien heureux, va !

— Pourquoi ?

— J'ai vu maîtresse.

— Maîtresse, tu as vu maîtresse ?

— Oui.

— Ah! ma maîtresse à moi, la nouvelle; la petite Felvatché, une mulâtresse?

— Non, non.

« Ma maîtresse à moi.

— Tu n'en as pas.

— Et madame Marie?

— La marquise du bateau, celle qui aimait le Coupeur de Têtes, celle...

« Tu l'as vue?...

— Oui.

— Ici?

— Sur la terrasse de la maison qu'habite cet étranger, tu sais, le réfugié?

— Ah! par exemple, voici qui est salé; tu m'abrutis de surprise, l'enfant.

— Je l'ai bien reconnue.

— Et elle?

— Elle n'as pas eu l'air de me voir.

— Tu n'as pas pensé à l'appeler?

— Ne m'as-tu pas défendu de parler ou d'agir sans te consulter?

— C'est vrai, l'enfant.

« Vous aviez la langue trop libre à votre arrivée, et je vous ai engagée à mettre une serrure à la porte aux paroles.

— Je n'ai pas osé l'appeler; tu en as l'air fâché.

— Mais non, mais non.

« L'obéissance avant tout. »

Et il reprit :

— Je m'en vais déjeuner, puis je ferai ma sieste, puis... ce que tu sais.

(Lisa sourit.)

Le zouave continua :

— Puis ce sera l'exercice, le dîner, la promenade à l'enfant et le souper chez cet animal; je ne vois pas une minute à consacrer aux recherches sur cette aventure qui me paraît épatante.

« Je ne pourrai sonder mon homme que pendant notre petite partie de gueule.

— Veux-tu, demanda Lisa, que j'installe la vieille Nonouss sur la terrasse?

« Elle me préviendrait, si madame Marie venait par hasard à se montrer.

— L'enfant, c'est une idée.

La Nonouss fut mise en vedette.

Mais le zouave déjeuna, fit sa sieste et aussi ce que Lisa attendait (un secret entre eux) sans que la marquise se fût montrée.

Au retour de l'exercice, rien.

Pendant le dîner, rien.

Rien enfin avant le souper.

— Ah! dit le zouave en partant, ce Mehemet m'intrigue, et ce sera un habile homme s'il ne me raconte pas comment la marquise est ici.

FIN DU DEUXIÈME VOLUME.

Sceaux. — Typographie de E. Dépée.

COLLECTION A 1 FRANC LE VOLUME.

PAUL DUPLESSIS.
vol.
- Les Peaux-Rouges. . . . 2
- Juanito le harpiste. . . . 1
- Une Fortune à faire. . . 1
- Le Batteur d'Estrade. . . 2
- Les Mormons. 2
- Etapes d'un volontaire. . 4
- L'Illustre Poligario. . . . 1
- Un Monde inconnu . . . 1
- Aventures mexicaines . . 1
- Grands-Jours d'Auvergne. 4
- La Sonora. 2
- Les Boucaniers 4

A. DE GONDRECOURT.
- Le Légataire. 1
- Chevalier de Pampelonne. 2
- Le Baron La Gazette. . . 2
- Les Péchés mignons. . . 2
- Un ami diabolique. . . . 1
- Le bout de l'Oreille. . . 3
- Le dernier des Kerven. . 2
- Médine. 2

PUBLIÉS PAR ALEXANDRE DUMAS.
- La Princesse de Monaco. 2
- Mémoires d'un Policeman. 4

JULES BOULABERT.
- La Femme bandit. . . . 4
- Le Fils du Supplicié. . . 2
- Catacombes s. la Terreur. 2
- La fille du pilote 3

HENRI DE KOCK.
- Amoureux de Pierrefonds. 1
- L'Auberge des 13 pendus. 2
- L'amant de Lucette. . . 1
- La Tigresse 1
- Les Mystères du Village. 2
- La Dame aux émeraudes. 4
- Brin-d'Amour 1
- Les Femmes honnêtes. . 1
- La Tribu des Gêneurs. . 1
- Minette. 1

ALEX. DUMAS FILS.
- Sophie Printemps. . . . 1
- Tristan le Roux 1

ÉLIE BERTHET.
- Le Garde-Chasse. 1
- Le Château de Montbrun. 1
- Les Mystères de la famille. 1
- Une Maison de Paris. . . 1
- Le roi des Ménétriers. . 1
- Antonia. 1
- L'Etang de Précigny. . . 1
- Le Nid de Cigogne. . . . 1

MARQUIS DE FOUDRAS.
vol.
- Madame Hallali. 1
- Lord Algernon. 2
- Caprice de Grande Dame. 3
- Soûlards et Lovelaces. . 1
- Capitaine de Beauvoisis. 2
- Gentilshommes Chasseurs. 1
- Jacques de Brancion. . . 2
- La comtesse Alvinzi . . . 1
- Madame de Miremont. . 1

ALEX. DE LAVERGNE.
- La duchesse de Mazarin. 1
- La Pension bourgeoise. . 1
- Recherche de l'Inconnue. 1
- Le comte de Mansfeld. . 1

XAVIER DE MONTÉPIN.
- La Perle du Palais-Royal. 1
- La Fille du maître d'école. 2
- Compère Leroux 1
- Les Valets de Cœur . . . 1
- Sœur Suzanne. 2
- L'Officier de fortune . . 2
- Un Brelan de Dames. . . 1
- La Sirène. 1
- Viveurs d'autrefois. . . . 1
- Les Amours d'un Fou. . 1
- Geneviève Galliot 1
- Chevaliers du Lansquenet. 4
- Pivoine. 1
- Mignonne. 1
- Les Viveurs de Paris. . . 4
- La comtesse Marie. . . . 2
- Les Viveurs de Province. 3

ERNEST CAPENDU.
- Le Pré Catelan. 1
- Mademoiselle la Ruine . 2
- Les Mystificateurs. . . . 1
- Les Colonnes d'Hercule. 1
- Le Chasseur de Panthères. 1

ADRIEN ROBERT.
- Jean qui pleure et Jean qui rit 1
- Les Diables roses. . . . 1
- Léandres et Isabelles. . . 1

MADAME V. ANCELOT.
- Laure. 1
- Le Nœud de ruban . . . 1
- Gabrielle 1
- Georgine. 1

CHARLES DESLYS.
- Le Mesnil-au-Bois 1
- La Jarretière rose 1
- Le Canal Saint-Martin . . 2
- Simples Récits. 1
- L'Aveugle de Bagnolet. . 1

VICTOR PERCEVAL.
vol.
- Un Amour de Czar. . . . 1
- La plus Laide des Sept. . 1
- Béatrix 1
- Un excentrique. 1

CHARDALL.
- Les vautours de Paris. . 2

G. DE LA LANDELLE
- Les Iles de Glace 2
- Les Femmes à bord. . . 1
- Contes d'un Marin. . . . 1

DIVERS.
- La reine des lièvres, par Jean Bruno. 1
- Etait-il fou? par De Peyremale. 1
- Le Comte de Soissons, par Alexis Muénier. 1
- Ces Messieurs et ces Dames, par Jules de Rieux . . 1
- Mémoires de Roquelaure. 4
- La jolie fille du Marais, par Louis de Montchamp. . 1
- La Bergère d'Ivry, par Octave Féré 2
- La Louve, par Paul Féval 2
- Le Médecin des Femmes, par Jules Rouquette et Eugène Moret. 2
- Le chien de Jean de Nivelle, par Fabre d'Olivet 1
- Mémoires d'une Lorette, par Maximilien Perrin. 1
- Les gens de notre âge, par Victor Thierry 1
- Les Orages de la vie, par Charles Maquet 1
- Les Amours de d'Artagnan, par Albert Blanquet. . 2
- La Succession Lecamus, par Champfleury . . . 1
- Chasses et Pêches de l'autre monde, par Bénédict Révoil. 1
- Rachel, par Léon Beauvallet 1
- Les Inutiles, par Angelo de Sorr 1
- Six mois à Eupatoria, par Léon Pallu 1
- Une Histoire de soldat, par Louise Colet 1
- Les Secrets du hasard, par Louis Beaufils 1
- Souvenirs d'une Actrice 1

Sceaux. — Typographie de E. Dépée.

www.ingramcontent.com/pod-product-compliance
Lightning Source LLC
Chambersburg PA
CBHW062014180426
43200CB00029B/578